현대인을 위한

알기 쉬운 불교교리

현대인을 위한

알기 쉬운 불교교리

최정인

불교시대사

책을 내면서

대학 교단과 포교를 위한 불교교양대학에서 부처님 이야기를 한 지 벌써 10년이 넘었다. 그 동안 나에게는 하나의 화두(話頭)로 생각되어질 만큼 무거운 짐이 있었다. 그것은 어떻게 하면 불교를 배우는 이들에게 종교학이라는 딱딱한 관념에서 벗어나 재미있고 쉽게 이야기하면서도 신앙심이 일어나게 할 수 있느냐는 것이었다. 이번에 출판하는 ≪현대인을 위한 알기 쉬운 불교교리≫는 이러한 나의 오랜 화두를 다소나마 풀 수 있지 않을까 하는 생각에서 용기를 낸 것이다.

제1장 '부처님의 생애'에서는 석가모니 부처님이 사바세계에 출현하여 어떻게 성장하였으며 어떤 수행 과정으로 성도(成道)를 이루고 불교가 탄생하게 되었는지 그 역사적 사실을 살펴보았다.

제2장 '경전과 선의 세계'에서는 경전이 성립된 경위와 주요 경전의 내용을 알아보고, 선(禪)에 대해 간략히 살펴보았다.

제3장 '불교의 윤회사상'에서는 인간 사후 49일간의 여정과 극락과 지옥에 대하여 서술하였다.

이상의 제1장에서 제3장까지는 불기 2532년 출판된 졸저 ≪현대인을 위한 불교≫를 함께 합본하였다.

제4장 '불상에 대한 이해'에서는 불상의 기원과 역사 그리고 불상의 분류와 각 불상의 주된 신앙 대상 등을 설명하였다. 이를 통해

우리가 사찰에서 친견하게 되는 불상이 각 사찰, 각 법당마다 다른 것에 대한 궁금증을 풀 수 있을 것이다.

제5장 '불교에서 나온 말'에서는·우리들이 일상생활에서 사용하고 있는 단어들 가운데 의미의 원류가 불교용어에서 시작된 것을 찾아 '가, 나, 다' 순으로 열거해 놓았다. 이를 통해 불교가 우리 민족의 삶 속에 얼마나 깊이 자리잡고 있는가를 알 수 있으며, 불교인의 자긍심과 신심을 북돋우는 데도 도움이 될 수 있을 것이다.

제6장 '알아두면 유익한 불교용어'에서는 불교 전문용어 및 어구의 난해함을 해결해 보고자 중요한 불교 전문용어와 어구를 나름대로 쉽게 해석하여 보았다. 이 6장은 불교를 처음 접하는 일반인들이 불교를 공부하는 데 많은 도움을 줄 것이다.

《현대인을 위한 알기 쉬운 불교교리》는 필자에게는 네번째 책이다. 그전에 출간한 책도 그렇지만 이 책을 내게 된 것 역시 부처님의 가피력 때문이라 생각된다. 삼가 부처님 앞에 옷깃을 여미며 출판에 도움을 주신 불지사 신도 여러분, 특히 카파티 회원 여러분께 깊은 감사를 드린다.

불기 2544년 사월 초파일 부처님 오신 날을 기념하면서
최정인 합장

차 례

제4장•불상에 대한 이해

제5장•불교에서 나온 말

제6장•알아두면 유익한 불교용어

제1장
●
부처님의 생애

1. 탄생에서 성도(成道)까지

1) 삼보(三寶)에 귀의

불교는 석가모니(釋迦牟尼, Sakyamuṇi) 부처님의 가르침이다.

석가모니를 부처님(Buddha, 佛陀)이라고 부르는데, 이것은 '진리를 깨달으신 분'을 의미하는 존칭이다.

불교는 석가모니 부처님을 개조(開祖)로 하는 종교(宗教)이며, 이분의 가르침을 법(法, 혹은 教)이라고 한다. 이 법을 한데 모아 정리하여 놓은 것이 경전(經典, 혹은 聖典)이다. 경전은 부처님이 이 사바세계(娑婆世界)에 머무시는 동안 중생구제를 위하여 설해 놓으신 영원불변한 진리의 말씀이다. 이 진리의 가르침을 영원토록 보전하며 전승하는 곳이 교단(教團＝僧伽)이다. 교단은 부처님 법을 믿고 따를 것을 발원하여 모인 사람들로 비구(比丘, bhikkhu)·비구니(比丘尼, bhikkhuṇī)·사미(沙彌, sāmaṇera)·사미

니(沙彌尼, sāmaṇerī)·우바새(優婆塞, 재가 남자신도, upāsaka)·우
바이(優婆夷, 재가 여자신도, upāsikā)로 구성된 단체이다.

석가모니 부처님(佛)과 부처님의 가르침(法), 그리고 부처님의
모든 것을 받들어 모시고 있는 교단(僧伽), 이 셋을 불교에서는 삼
보(三寶)라고 한다.

불교를 믿는다고 할 때는 반드시 삼보의 귀의에서 시작되어 최
후에도 삼보의 귀의로 끝이 나야 한다.

2) 부처님의 태몽

부처님께서는 카필라밧투(Kapilavatthu, 지금의 티베트領) 국에서
왕자의 신분으로 태어났다. 카필라 국은 조그마한 나라이지만 문
화수준은 상당히 높았다고 한다. 부왕(父王)은 정반왕(淨飯王)이며,
어머니는 마야(摩耶, Māyā)왕비였다. 나라는 태평성대하였지만 정
반왕과 왕비 사이에는 후손이 없었다.

두 사람이 수십 년 동안 자식만을 기다리고 있던 어느 날, 왕비
는 여섯 개의 상아(象牙)를 가진 흰 코끼리가 자신의 몸 속으로 들
어오는 꿈을 꾸었다. 부인이 아침 일찍 해몽가를 불러 해몽을 부탁
하자, "왕비시여, 이 꿈은 훌륭한 태자를 잉태할 꿈입니다."라고 기
쁜 소식을 알려 주었다.

이것이 태몽 전설이다. 이 소식은 국왕을 비롯하여 온 백성에게
알려졌으며 축제 분위기 속에 시간이 흘러갔다.

마야 왕비는 출산을 위하여 당시 풍습에 따라 친정의 나라 코살
라(Kosalā)로 길을 떠났다.

때는 봄날, 길가에는 아름다운 꽃들이 피어 있고 이름 모를 산새들이 지저귀고 있는 동산에서 여행의 피로도 풀 겸, 왕비는 맑은 호수에서 목욕한 후 무우수(無憂樹)란 나무 밑에 앉아 쉬고 있었다. 이때 산고(産苦)의 고통도 없이 부인의 겨드랑 밑으로 태어난 아기가 석가모니 부처님이다.

그곳이 바로 룸비니 동산, 때는 사월 초파일이었다. 룸비니 동산은 지금 불교의 4대 성지 중 하나이다.

태자의 탄생으로 왕비와 수행한 궁녀들이 기뻐한 것은 물론이고, 산천초목과 모든 짐승들도 축복의 노래를 불렀으며, 범천(梵天, brahma)도 우담바라 꽃을 피웠다고 한다. 땅과 하늘 모두가 부처님의 탄생을 기뻐한 것이다.

어느 누구든 새 생명의 탄생은 존귀하고 값진 것이다. 그런데 만인의 축복 속에 태어났을 때는, 그 가치는 더욱 빛나는 것이라 할 수 있다. 위대한 부처님의 탄생은 우주 생명체가 '구제와 구원'을 받을 수 있다는 의미이기도 한 것이었다.

부처님은 보통 아기들과는 판이하게 겨드랑이 밑으로 태어났다. 이것은 물론 의학적으로는 도저히 이해할 수 없는 이야기다. 따라서 이 전설을 전설로서 보아 넘기는 것은 각자 나름의 사고이겠지만, 때로는 범부의 상식을 초월한 사건들이 현실로 존재한다는 사실을 우리들은 잊지 말아야 할 것이다.

3) 탄생 선언

마야 왕비의 몸을 빌어 세상에 출현하신 석가모니 부처님

(sakyamuṇi bhagavat)은 출태(出胎) 후 곧바로 일곱 걸음을 걸으시면서, '천상천하 유아독존(天上天下 唯我獨尊) 삼계개고 아당안지(三界皆苦 我當安之)' 즉, '하늘 위나 하늘 아래에서 내가 가장 존귀하나니, 삼계의 고통받는 중생들을 내 마땅히 편안케 하리라.' 는 일성을 소리 높이 외친다. 이 외침은 장차 이 세상 모든 중생을 구제하겠다는 예고적인 선언이라고 할 수 있다. 눈 먼 세상에서 헤매고 있는 중생들을 위하여, 불사(不死)의 북을 치겠노라는 일성이다.

이 외침이 끝나자 도솔천(兜率天, Tusitadeva)에서 관정의식(灌頂儀式)을 내려 주신다. 도솔천(본서 윤회의 세계, 도솔천 참조)은 부처님이 사바세계에 나오시기 전에 계시던 곳으로, 사바세계 중생들을 살펴보시던 곳이다. 부처님의 호법신(護法神)인 제석천왕(帝釋天王)이 가운데에 서고, 난타용왕(難陀龍王)과 우바난타용왕(優波難陀龍王)이 좌우에 서서, 허공에서 내려오는 청정한 온수와 냉수를 받아 아기 부처님 머리에 부었다고 한다. 사월 초파일에 아기 입불상(立佛像)에 관욕하며 축원하는 모습을 흔히 볼 수 있는데 이 의식의 유래가 여기에서 시작되었을 것이다.

한편, 태자의 탄생 소식이 카필라 국에 전해지자 정반왕은 룸비니 동산까지 몸소 코끼리를 타고 나왔으며, 궁궐 안팎에서는 축하연이 베풀어졌다. 왕의 기쁨은 태자의 이름에서도 충분히 짐작할 수 있다. 태자 생후 5일째 되던 날, 이름을 '싯닷타(Siddhattha)'라고 지었는데 그 뜻은 '목적을 얻은 행운아'이다.

늦게 자식을 얻은 정반왕의 심정을 충분히 읽을 수 있는 이름이다. 싯닷타는 부처님의 유아 시절, 즉 출가 전 태자 때까지의 이름이다.

4) 어머니의 죽음

인간살이는 기쁨과 슬픔이 있게 마련이다. 자식을 얻었다는 기쁨이 채 가시기도 전에, 산후 7일 만에 마야 왕비는 세상을 떠나고 만다. 정반왕은 싯닷타의 양육문제 때문에 두번째 왕비를 맞이하기로 하였는데 싯닷타와 전혀 무연(無緣)한 사람보다는 유연(有緣)한 사람이 싯닷타의 성장에 도움이 된다고 생각하여 마야 부인의 동생 파자파티(Pajāpatī)를 계모로 맞이한다. 즉 계모인 동시에 이모가 된다. 파자파티는 실제로 싯닷타를 친모 이상으로 정성을 다해 키웠다고 한다.

자식에 대한 기대감과 사랑은 옛날이나 지금이나 변함없는 것 같다. 정반왕은 싯닷타 태자가 장래 어떠한 인물이 될까 궁금하여 선인(仙人)이라는 이름난 예언가에게 점을 쳐보았다. 예언가 아시타는 "태자에게는 두 갈래 길이 있습니다. 하나는 재가(在家)에 있는 길인데, 만일 이 재가의 길을 택한다면 위대한 제왕(帝王)이 될 것입니다. 나머지 한 길은 출가(出家)의 길인데, 이 길을 걷는다면 틀림 없이 전 인류를 구원하는 부처님이 될 것입니다. 이 두 길 중 어느 쪽을 택할지는 태자님이 29세 되는 해에 스스로 결정할 것입니다."라고 정반왕에게 말했다.

정반왕은 싯닷타 태자가 위대한 제왕의 길을 선택하여 국토를 확장하고 나라를 부강하게 하여 백성들로부터 추앙받는 왕이 되어주기를 바랬다. 그래서 제왕이 되는 예비수업으로 천문학·문법학·점성학·제례학·수학·기하학 등을 가르쳤다. 태자는 두뇌가 명석하여 일곱 살 때 학식은 정점에 달하였다고 한다. 태자의 스승 보사밋타는 "태자에게 가르쳐 줄 단계는 이미 끝났다. 태자는 스승인 나 이상으로 박학하다."라고 술회하였다.

5) 그림자를 잡은 소년

싯닷타 태자의 나이 열두 살 되던 해, 기전식(起田式) 날이었다. 기전식이란, 그해 농사일을 시작한다는 의미에서 농지를 개지(開地)하는 날이다. 이 날은 왕이 직접 성 밖으로 나와 오곡풍년을 기원하는 의식을 지내며, 농민들은 왕과 대신들이 보는 앞에서 시농작업(試農作業)을 시작했다.

태자도 이 광경을 지켜보기 위하여 나왔다. 농부들이 농기구로 밭을 갈아엎자, 아직 동면(冬眠)에서 잠도 깨지 않은 벌레들이 흙 밖으로 튕겨 나왔다. 그러자 어디에서 날아왔는지 날짐승들이 그 벌레들을 낚아 채어 갔다. 그곳에 참석한 자들은 이 광경을 보자 재미있는지 즐거운 함성을 질렀다. 그러나 이를 본 태자는 '이 세상은 지옥과 같은 무서운 덩어리다.'라는 생각이 들었다. 태자는 그 자리에서 일어나 조용한 나무 밑으로 옮겨 앉았다. 전설은 그때의 광경을 이렇게 전하고 있다.

태자는 태양이 동쪽에서 서쪽으로 기울 때까지 종일토록 앉아 있었는데 태자를 가리고 있던 나무 그림자의 위치는 조금도 변함 없이 처음 위치 그대로 있었다. 그러다가 태자가 명상삼매(瞑想三昧)를 풀자 날은 캄캄하였다.

'그림자를 멈추게 한다'는 것은 시공을 초월한 것이다. 즉 태자

의 삼매에 방해될까 하여, 삼라만상이 조용히 지켜본 것이다. 이
광경을 바라본 대신들은 경탄의 말도 잊은 채 엎드려 예(禮)만을
올렸다고 한다. 위대한 사람의 행동은 가끔씩 사람들을 놀라게 하
는 모양이다.

6) 출가를 결심하다

정반왕은 외아들 싯닷타가 출가의 길보다 제왕의 길을 스스로
선택하게끔, 물심양면으로 정성을 쏟았다. 더운 계절, 추운 계절,
장마철을 각각 편안하게 지낼 수 있도록 세 개의 궁전을 지어 주
고, 더욱이 태자의 취향대로 아름답게 꾸며 주었다.

예를 들면 장마철을 보낼 수 있는 궁전이란 이런 것이다. 인도에
서는 5, 6, 7월에 비가 집중적으로 내린다. 더운 인도 지방에서는
이때를 제외하고는 일년 중 거의 비가 없다. 이때를 위하여 지어진
궁전이다. 이 장마철에는 또한 모든 생명이 집중적으로 탄생하게
된다. 당시 교단에서는 이때를 우기(雨期)라 정하여 놓고 비구니들
의 출입활동을 금하였다. 따라서 비구니들은 마을 가까운 곳에 자
기 스스로의 힘으로 원두막 같은 보잘것 없는 집을 지어 놓고, 장
마가 지나갈 때까지 생활해야 된다.

이렇게 활동을 금했던 가장 큰 이유는 새 생명이 태어날 때 돌
아다니다 보면, 발 밑에서 밟혀 죽는 생명이 있으므로 살생을 피하
기 위해서이다. 이러한 것이 시초가 되어 불교가 세계 각지로 전해
지면서 하안거(夏安居), 동안거(冬安居) 제도가 생겨나게 된 것이
다. 마을 가까운 곳에 작은 집을 짓는 것은 탁발하기에도 편리하

고, 마을 사람들에게 설법하기에도 편리하기 때문이다.

정반왕은 태자가 성장함에 따라 야소다라(Yasodharā)라는 태자비를 간택하여 주었다. 태자는 야소다라와의 사이에 라후라(Rāhula)라는 아들까지 낳게 된다. 태자는 이처럼 더 이상 부족함이 없는 행복을 누렸다. 그러나 태자는 "이 행복이 진실한 행복일까? 이 행복이 영원하여질까?"라는 의문을 떨칠 수가 없었다.

어느 날 태자는 시종 찬타카와 함께 성의 사문(四門)을 순차적으로 유관(遊觀)하게 된다.

동문으로 가보니 늙고 쇠약한 노인이 눈에 보였다. 남문에는 병들어 신음하는 자가 있었으며, 서문에는 사자(死者)의 시체가 보였다. 북문에는 앞 삼문(三門)과는 달리 출가수행자의 모습이 보였다. 순간 태자는 확고한 신념으로 결심하게 된다. 이전부터 노(老)·병(病)·사(死)라는 인생의 근본적인 고(苦)에 직면하여 사색하고 있던 태자의 의문을 풀 수 있는 길을 찾은 것이었다. 그 결과 태자는 "혼미한 세계에서 깨달음이 있는 세계로. 이것이 전 인류를 구원하는 길이다."라고 결론짓고 출가를 결심한다.

7) 아들 라후라(Rāhula)의 탄생

사문유관(四門遊觀) 후 태자 싯닷타의 출가심(出家心)은 더욱 간절하게 끓고 있었다. 그런데 공교롭게도 부인 야소다라로부터 아들 출산의 소식을 듣게 된다. 이 소식은 매우 반가운 소식이었다. 그러나 지금 갓 태어난 아들마저 두고 가야 한다는 생각 때문에 태자의 마음은 괴로웠다.

'아, 또 하나 끊기 어려운 인연이 생겨났구나.'

태자는 혼잣말로 중얼거리면서 아들의 이름을 라후라(Rāhula, 장애·방해·장애가 생기다.)로 지었다. 이 아들의 이름에서 우리는 당시 태자의 심정을 충분히 이해할 수 있다. 남편의 책임과 아버지로서의 도리를 못하게 되었다는, 자기 자신에 대한 죄책감의 심정에 나온 말일 것이다.

부친 정반왕은 싯닷타의 출가를 눈치채고, 동서남북 사방에 병사들로 하여금 성문을 굳게 지키게 하였다. 뿐만 아니라 궁내에서도 태자의 행동을 감시하도록 전보다 많은 시녀들을 뒤따르게 하였다. 이렇게 며칠이 계속되던 어느 날 새벽, 제석천에서 제석왕이 내려와 신통력으로 병졸과 시녀들을 모두 잠들게 하고, 태자 싯닷타를 백마에 태웠다. 그리고는 힘센 사천왕에게 명하여 백마를 공중으로 들어올려 성문 밖으로 빠져나오게 하였다.

성문을 나온 태자 싯닷타는 아노마(Anomā)라는 강을 건너 말라(Mallā) 국경으로 들어갔다. 여기서 왕족 복장과 장신구 등을 시자 찬타카에게 건네 주고는 스스로 삭발한다. "나는 최고의 진리를 찾을 때까지 절대로 카필라 국(태자의 고향)으로 돌아오지 않을 것이다." 라는 말을 마지막으로 남긴 채 부귀와 영화를 버리고 고된 출가 수행의 길로 들어간 것이다. 이 날이 2월 8일이다.

8) 사문(沙門)* 으로서의 입문

출가의 몸이 된 싯닷타는 이제 한 수행자에 지나지 않았다. 궁 안에서의 모든 감미로웠던 생활과 영화와는 멀어지게 되었다. 이

22

제는 싯닷타 태자라는 이름조차도 필요없게 되었다.

당시 인도에서는 바라문교를 비롯하여 다른 여러 종류의 수행자들이 있었다. 바라문**들의 권위주의에 대항한 자유주의 사상가들의 수행도 있었다. 그 대표적인 예가 육사상가(六思想家, 불교에서는 이들을 육사외도***라고 칭하고 있다.)들이다. 이 자유사상가들은 사문(samaṇa)이라 불렸다. 싯닷타 태자도 이제 수행자의 몸이기 때문에 사문에 속한다. 따라서 당시 다른 수행자들은 수행중의 싯닷타 태자를 석가사문(Sakya - samaṇa), 혹은 고타마 사문(Gotama-samaṇa)으로 주로 불렀다. 석가(釋迦)는 석가족을 의미하며, 고타마는 싯닷타 태자의 성을 의미한다. 부처님이 후에 무상등정각(無上等正覺)을 이룸에 따라서 당시 사람들은 고타마 붓다(Gotama-

---

* 사문(samaṇa) : 식심(息心)·공로(功勞)·근식(勤食)으로 번역, 부지런히 좋은 일을 닦고, 나쁜 일을 짓지 않는다는 뜻. 바라문교도를 제외한 인도의 모든 자유 수행가들을 총칭하는 말로, 불교 수행승을 비롯한 외도(外道)들도 사문이라 불렀다. 처자식을 버리고 출가 수행하는 자들을 호칭하는 대명사이다. 그러나 후세가 되면서 외도들의 교세가 멸망하여 없어짐에 따라 부처님 교단, 즉 불교 수행승(특히 비구)을 가리키는 말로 사용되고 있다.

** 바라문(婆羅門, brāhmaṇa) : 당시 인도의 4성(四姓) 계급제도 가운데 최고의 지위에 있는 종족이다. 바라문교의 권위를 강조, 임금보다 윗자리에 있으며 신(神)의 후예라 자칭하였다. 베다(veda)를 성전(聖典)으로 삼아 범아일여(梵我一如)를 최고 목적으로 하고 있다. 이들의 생활은, 어렸을 때는 부모 밑에 있다가 소년기가 되면 집을 떠나 스승을 모시고 베다 성전을 학습한다. 그러다가 장년기가 되면 다시 집에 돌아와 결혼하여 살다가, 노년기에는 산속으로 들어가 다시 수행한다.

*** 육사외도(六師外道)
① 아지타·케사캄바라(Ajita Kesakambala)-쾌락주의자(快樂主義者)
② 산자야·벨랏팃풋타(Sañjaya Velaṭṭhiputta)-회의론자(懷疑論者)
③ 막카리·고살라(Makkhali Gosāla)
④ 파쿠다·캇챠야나(Pakudha Kaccayana)
⑤ 푸라나·캇사파(Purāṇa Kassapa)-특히 이들 세 사람을 사명외도(邪命外道)라고 하며, 생활법을 엄밀히 규정하여 놓고 준수하는 자들로 알려져 있다. 일종의 고행주의자(苦行主義者)들이다.
⑥ 니간타·나타풋타(Niganṭha Nātaputta)-상대주의자(相對主義者)

buddha), 혹은 석가족의 성자(聖者)란 의미로 석가모니불(釋迦牟尼佛, Sakyamuni-buddha) 등으로 부른 것이다.

고타마 사문(부처님)은, 말라 국(Mallā)에서→ 밧지 국(Vajī)을 지나→갠지스 강(Ganges)을 건너→ 마가다 국(Magadha)의 수도 라자가하(Rājagaha, 왕사성)에 도착하였다.

그 당시 인도 전 지역에는 크고 작은 민족이 부족국가를 형성하고 있었다. 그 가운데 큰 부족 열여섯을 십육대국(十六大國)이라 불렀다. 부처님이 출생한 카필라밧투(Kapilavatthu)는 이들 십육대국에는 들지 않았다. 십육대국 가운데서도 마가다 국은 초강대국으로 알려져 있었다.

9) 수행을 위한 유행(遊行)

고타마 사문은 이곳 마가다에서 수행하던 어느 날, 마가다 국왕 빔비사라(Bimbisāra)를 우연히 만나게 된다. 빔비사라 왕은 고타마 사문의 용모를 보고 제왕(帝王)의 자질이 갖추어져 있음을 알아보고는, "고타마 사문이여, 당신은 제왕의 자질을 갖추고 있습니다. 고된 수행길보다 제왕의 길을 선택하십시오. 나의 마가다 국토의 반을 그대에게 드리리다."라고 부탁하였지만, 자신의 나라도 버리고 수행의 길에 올라 진리를 찾고 있는 고타마 사문이 허락할 리없었다. 왕은 재차 "고타마 사문이여, 당신이 수행하여 성불하면, 꼭 이 마가다 국에 오시어 나의 백성을 위하여 법(法)을 설하여 주실 수 있겠습니까?"라고 부탁한다. 성도(成道) 후 부처님은 실제로 이 마가다 국 왕사성에서 안거하시면서 126회 설법하신 기록이남아 있다.

고타마 사문은 수행을 위하여 당시 유명하다는 두 사람의 수행자를 찾아가 잠깐 지도받은 적이 있다. 최초로 만난 자가 알라라·칼라마(Ālāra Kālāma)라는 수행자이다. 이 수행자는 '무소유(無所有)'의 경지에 도달한 선인(仙人)이다. 그 무소유란, 어디에도 모든 것은 존재하지 않는다. 이렇게 출발하여 일체(一切)의 욕망을 버리고, 아집을 떨치고 무일물(無一物)의 생각에 몰입한다. 나아가서, 이 무일물 상태에서 근심 걱정하지 않는 경지에 도달하는 것이다. 알라라·칼라마는 이 경지에 자신이 도달하는 데 140년이 걸렸다고 술회한다.

두번째 만난 자는 웃다카·라마풋타(Uddaka-Rāmaputta)이다. 이 사람은 '비상비비상(非相非非相)'의 경지에 도달했다. 비상비비상이란 잡념을 떨쳐 버리며 또한 잡념뿐만 아니라 순수사상(純粹思想)에 도달했다는 것조차도 떨쳐버린, 무념무상(無念無想)의 경지에 도달한다. 그리고는 이 염상(念想)을 부정(否定)한 비상(非相)인 상태, 그 비상 또한 부정한 비비상(非非相)의 경지를 추구하는 사상이다.

고타마 사문은 이 두 사상을 짧은 시간 동안 터득하였다. 그러자 두 사람 모두 각자 자기 교단에 들어와서 지도자가 되어 달라고 간청하였다고 한다. 이들 두 수행자의 공통된 근본주의는 '모든 것은 정신통일에 의한 일종의 망아(忘我)의 세계에 몰입하는 것'이다. 고타마 사문은 이들의 가르침으로 얻은 것은 있었지만 만족하진 못하였다. 그 이유는 정신통일을 하고 있는 동안은 평온함을 얻을 수 있었지만 정신통일을 풀어버리면 역시 번뇌(煩惱)와 불안이 항상 붙어 있기 때문이었다.

이 정신통일 수행을 수정주의(修定主義)라고도 부른다.

10) 6년 고행

부처님 당시 수행법은 크게 두 가지로 나눌 수 있다. 그것은 수정주의(修正主義)와 고행주의(苦行主義)다.

고타마 사문은 수정주의의 대표자라 할 수 있는 알라라와 웃다카 선인들의 수행법을 따라 해보았지만, 만족할 만한 성과를 얻지 못하자 이제 남은 고행 수행으로 들어갔다.

고행주의는 적극적으로 육체의 활동을 억제하면서 정신의 순수성을 발휘하려는 수행이다. 실제적 수행방법으로는 단식·감식(減食)·호흡을 길게 하는 고행·한쪽 다리로만 걷는 고행·불 위, 나무 위로 걷는 고행·몸의 팔 다리를 구부리고 있는 고행 등 여러 가지 방법으로 스스로의 몸을 학대하여 신통력을 얻으려는 수행방법이다. 이 고행 가운데서도 대표적인 고행이 단식 고행으로 제일 고통스럽다고 한다.

고타마 사문은 고행을 하기 위하여 왕사성에서 남서쪽으로 약 70km 떨어진 우루베라(Uruvelā) 지방으로 들어갔다. 이곳은 갠지스 강의 지류로서 고행하기 다소 좋은 환경조건을 천연적으로 가지고 있었다. 이곳에서 고행 중에서도 제일 고된 단식 고행을 시작한다. 단식 고행도 여러 종류가 있는데 최고 긴 단식이 5년 2개월 28일 걸린다고 한다. 고행에 숙달된 수행자라도 이 최고 긴 단식을 끝마치기는 어렵다고 한다. 5년 이상을 하루에 겨자씨 한 알 정도의 음식과 물 한 컵 정도만 섭취하면서 자신의 육체를 학대하여 나간다고 상상하여 보자. 현대인은 도저히 할 수 없는 고행이다.

부처님이 출가하여 성도(成道)하실 때까지의 수행 기간이 6년 걸렸다고 한다. 따라서 부처님의 6년 고행 기간은 최고로 긴 단식 고

행기간인 5년 2개월 28일을 넘어서는 것이다. 부처님이 이와 같이
할 수 있었던 까닭은 귀먹고 눈먼 중생을 위하여 진리를 찾겠다는
일념과 함께 젊음과 패기가 넘쳤기 때문이라고 말할 수 있다.

그때 고타마 사문의 고행 모습을 동료들은 이렇게 말하였다.

"고타마 사문은 죽은 사람처럼 보였다. 뼈와 살가죽이 서로 붙었
고, 몸에 있던 털은 전부 빠졌다. 피부는 검은 색으로 변하였으며,
뱃가죽이 등허리 쪽으로 붙어버렸기 때문에 뱃속 창자들도 말라
붙어 없는 것 같았다."

이 동료들의 표현에서 고타마 사문의 진리를 찾겠다는 일념이
얼마나 간절하였는지를 상상할 수 있다.

11) 독창적인 수행방법

고타마 사문은 단식 고행을 끝내고 만족할 만한 결과를 얻을 수
가 없었다. 육체의 고통이 점점 더해짐에 따라 마음의 평안은 멀어
져 갈 뿐이었다. 고타마 사문은 당시 대표적인 수행방법인 수정주
의와 고행주의를 모두 경험하였지만, 일부분만 얻은 결과에 불과
하였다. 이제 할 수 있는 것은 독창적인 수행을 시작하는 것뿐이
다. 그것이 중도주의(中道主義)이다.

'진리는 극단적인 수행에 있지 않다. 재속(在俗)의 안일과 쾌락
생활이 극단적이라면, 고행생활도 또한 하나의 극단에 불과하다.
진리라는 것은 어느 극단에도 편중되어 있지 않다.'

이것이 지금까지 그 누구도 몰랐던 중도주의 수행법이다. 고타마
사문은 종래 사상가들이 만들어 낸 수행법과는 동떨어진 수행주의

를 창시한 것이다. 이것이 불교의 수행법인 동시에 다른 종교들보
다 우위의 수행법이라고 할 수 있다. 이 중도주의 수행법 속에 불
교가 있다고 하여도 좋다.

부처님 성도 후 호칭을 본다면, 부처님이 수행중일 때는 다른 동
료 수행자들이 고타마 사문이라고 호칭하였다. 그러나 성도 후는
'석가교'·'고타마 붓다'·'고타마 아라한' 등으로 호칭하였다. 이
것은 새로운 수행법에 의한 새로운 종교가 탄생했다는 의미로 볼
수도 있다.

불교를 연구함에 있어서 인도철학 사상을 무시할 수는 없지만,
인도철학과 불교는 엄연히 구별하여서 연구되어야 한다고 본다.
물론 불교 시작 이전에 인도에서는 여러 사상가들이 활동하고 있
었다. 그러나 그러한 사상들이 불교사상이라고 할 수는 없다. 부처
님께서 성도 후 45년간 설법하신 것은 불교사상 자체이지, 인도 사
상은 아니라는 것을 알아야 할 것이다.

인도 사상 속에서 불교를 찾는 것이 아니라 불교 속에서 불교를
찾아야 할 것이다.

12) 보리수 밑에서 정각(正覺)

고타마 사문은 극단적인 고행을 중지하고 중도 수행을 시작하기
위하여 네란자라(Nerañjarā, 尼蓮禪河) 강물에 목욕한 후 강둑에서
피로해진 육체를 쉬고 있었다.

이때 멀리서 소를 몰고 오는 소녀가 있었다. 이 목동녀는 피골이
상접한 고타마 사문을 본 순간, 수행에 지친 자임을 알고는 우유를

짜내어 고타마 사문에게 공양을 올렸다.

이 소녀의 이름은 수자타(Sujātā)로 장자(長者)의 딸이었다. 수자타의 우유를 받아 마신 고타마 사문은 체력을 회복하였다. 수자타는 이 우유공양 공덕으로 후에 천계(天界)에 태어났다고 한다.

한편 고타마 사문이 소녀로부터 우유를 받아 마셨다는 소식이 동료 고행 수행자에게 전해지자 이들은 "고타마 사문은 타락하였다. 우리는 이 타락한 자 가까이서 수행할 수 없다."라고 강력하게 비난하면서, 고타마 사문에게 이 마을을 떠나 줄 것을 요구하였다.

고타마 사문이 고행할 때 같이 수행한 5인이 있었다. 이들은 부처님이 태자의 신분으로 출가할 때 따라온 자들로 태자의 궁중 수행원이었다. 그들은 같이 수행하면서 고타마 사문의 신변을 보호한 자들이기도 하다. 후에 이들 5인은 모두 부처님의 가르침을 받고 부처님께 귀의하여 영광스러운 최초의 비구 제자가 된다.

강렬한 비난 때문일까? 고타마 사문은 네란자라 강 서쪽, 부다가야(Buddhagaya) 마을 쪽으로 건너간다. 그곳 어느 보리수 나무 밑에서 좌선하고는 "나는 이제 정각(正覺)을 이룰 때까지 이 자리에서 일어서지 않으리라."라고 마음을 모아 사유(思惟)를 시작한다. 그러나 미녀의 유혹, 악마의 유혹, 권세의 유혹, 부(富)의 유혹 등등이 고타마 사문을 괴롭혔다.

이와 같은 유혹은 아마 고타마 사문이 선정삼매(禪定三昧)에 몰입하기 전, 고타마 사문 자신의 내심(內心)의 갈등이라 생각된다.

그러던 어느 날, 사문 고타마는 조용히 선정에 몰입하여 우주를 관조하여 보았다. 과거에서 현재, 미래까지 그리고 천상계(天上界), 천상 위의 세계까지 일체 모든 세계 구석까지 돌아본 후 선정에서 깨어났다. 그때 큰별이 보였다.

'큰별이 보였다' 라는 것은 새벽녘을 의미하는 것이다. 여기서 고타마 사문은 주야 구별이 없이 정각을 이루기 위한 일념뿐이었다는 것을 충분히 짐작할 수 있다. '모든 세계 구석까지 돌아본 후 선정에서 깨어났다' 는 것은 부처님 법은 이 사바세계만이 아니라 지옥 아래, 천상 위까지 중생제도와 구원의 범위가 미친다는 것을 암시하고 있는 것이다. 그 결과로써 부처님은 이 세상에서 유일무이한 등정각자가 출현하셨음을 다음과 같이 분명히 밝히고 있다.

나는 모든 것을 이긴 자다.
모든 것을 알 수 있는 자다.
오직 나만이 등정각자(等正覺者)이다.

부처님은 그 누구도 지금까지 알지 못하고 찾지 못한 무상등정각(無上等正覺)을 밝혀 내신 것이다. 출가하여 6년, 새벽녘에 고타마 사문의 목적은 달성된 것이다. 우리 나라에서는 현재 음력 12월 8일을 성도일(成道日)로 기념하고 있다.

이제 고타마 사문은 한 수행자의 신분이 아닌, 여래(如來)·응공(應供)·정변지(正遍知)·명행족(明行足)·선서(善逝)·세간해(世間解)·무상사(無上士)·조어장부(調御丈夫)·천인사(天人師)·불세존(佛世尊)이 되신 것이다. 이 열 가지 호칭을 여래 십호(十號)라고 하는데 부처님은 어느 쪽을 호칭하여도 어울린다는 것이다.

2. 전도(傳道)에서 열반까지

1) 여래의 출현

부다가야에서 깨달음을 얻으신 부처님께서는 중생의 이익을 위하여 이타행(利他行)을 결심하시고, 바라나시에서 아직까지도 고행하고 있는 옛 친구 5인의 수행자(앞절, 보리수 밑에서 정각 참조)를 찾아가고 있었다. 즉 이들에게 깨달음의 세계를 가르쳐 주기 위함이다. 그런데 부처님 마음 속에는 다음과 같은 생각이 일어났다.

'진정으로 수행하여 내가 얻은 이 진리를, 어떻게 설하여 이해시킬까. 탐욕(貪欲)과 진욕(瞋欲)과 치욕(痴欲)에 가득차 있는 중생들에게 이 진리를 쉽게 이해시키기는 어렵다. 이것은 이 세상이 바르지 않기 때문에 욕망에 탐집(貪執)되어 어둠 속에 묻혀 있는 사람들은 이 진리를 보려 하지 않기 때문이다.'

불교 연구는 매우 어렵다고 한다. 불교가 긴 역사를 지내 내려오면서 지역적으로 널리 전개되었기 때문에, 그 전부를 알기에는 사실 어렵고 난해한 점이 있다. 그러나 불교의 진리 그 자체가 과연 난해할까 하는 점은 재고하여 볼 필요가 있다. 부처님 제자들 중에는 능력이 한없이 훌륭한 제자도 많았지만, 반면 학문적으로는 일문부지(一文不知)의 제자들도 부처님의 가르침에 의하여 깨달음을 얻은 자가 많이 있다. 부처님 법이 심심미묘하다고는 하지만, 결코 학문적 의미로 난해하다고 할 수는 없을 것이다. 다만 세속적 입장에서 보는 차원과는 다른 의미에서 난해하다고 하여야 할 것이다.

부처님 말씀에 의하면 "세인(世人)들은 감각적인 것에서 즐거움을 찾고 기쁨을 찾기 때문에, '이것 때문에 저것이 있다는 성질' 즉 연기(緣起)의 도리를 이해하기가 어렵고, 또한 모든 것에 대한 집착을 버리기 어렵고, 욕망을 없애기 어려우므로, 열반(涅槃)의 도리를 받아들이기 힘들 것이다."라고 되어 있다. 부처님은 세인들이 이렇게 감각적인 것에 눈멀어 있었기 때문에 잠시 설법을 망설이셨던 것이다.

'만약 내가 진리를 설하여도 다른 사람들이 이것을 이해하여 주지 않는다면, 나는 피로만 있고, 나의 마음만 더욱 아플 뿐이다.'

그러나 부처님의 마음 속에는 어둠 속에서 헤매고 있는 세인들을 위하여 불사(不死)의 북을 쳐야 된다는 강렬한 의지가 있었다. 그래서 이타행(利他行)을 실천하시게 된 것이다.

2) 절대 무한의 세계

원래 부처님의 깨달음은 그 내용이 심심미묘하여 쉽게 사람들에게 설명하기 어렵다고 한다. 즉 깨달음의 세계는 절대무한한 세계이기 때문이다. 그러나 이것을 설명하려면 언어를 사용하지 않으면 안 된다. 그런데 언어는 인간과 인간이 약속한 소리에 불과한 것이다. 따라서 이것은 상대유한(相對有限)의 세계에 속하는 것이다. 상대유한한 언어로써 절대무한한 세계를 설명한다 하더라도 먼 그림자 정도의 관념적인 설명에 불과하다. 깨달음의 당체(當體), 그 본래 모습을 완전하게 언어로써 표현한다는 것은 본래부터 불가능한 것이다. 문자 또한 이와 같다. 후세에 와서 불립문자(不立文字)를 내세운 의미도 아마 이런 이유일 것이다. 그렇다고 언어와 문자를 무시하고 바른 이해가 성립되는 것도 아니다. 그러므로 이 둘은 깨달음의 세계로 통하는 전달의 수단이라 할 수 있으므로 충분히 존중하지 않으면 안 된다. 마치 '지월지(指月指, 손가락으로 달을 가리키다)'의 비유와 같은 것이다. 달은 목적이고 달을 가리키는 손가락은 수단이다. 달을 가리키는 손가락이 부처님의 설법 방편이다.

방편(方便)이란 팔리 어 우파야(upāya)를 번역한 말로, '우파(upā, 가까이)'라는 접두사와 동사 '야(ya, 가다)'가 결합된 말이다. 즉 '가까이 가다'란 뜻으로 수단을 의미하는 말이다.

부처님은 세인들이 진리의 세계에 좀더 가깝게 가게 하기 위하여 '대기설법(對機說法)'의 방편을 쓰셨다. 기(機)란 기근(機根)의 뜻으로 인간 개인의 능력을 의미한다. 인간에게는 각각 개인의 능력이 있게 마련이며, 이 능력 또한 동일하지 않다. 따라서 천차만별인 개인의 능력에 맞추어 알아듣기 쉽게 설법하여 놓은 것이 대기설법이다. 이것을 '응병여약(應病與藥, 병에 따라 약을 줌)'이라고도 한다. 부처님은 전달 방법에 있어 특정교의(特定敎義)로 정형화하는 것을 강요하지 않았다. 이 전달 방법이 불교의 특징이라고도 할 수 있다.

3) 부처님이 찾아낸 진리

부처님이 보리수 나무 밑에서 깨친 내용은 일반적으로 '연기(緣起)의 이법(理法)을 깨쳤다'고 할 수 있다.

연기란 '~에 의하여 생기(生起)한다'란 뜻으로, 어떠한 사건도 독립하여 존재하는 것이 없고, 항상 다른 어떤 것과 서로 연관관계가 되어 존재한다는 이법을 찾아 그 원인을 규명하여 놓으신 것이다.

비구들아, 내가 개오(開悟)하기 전, 아직 수행하는 보살(菩薩)일 때, 다음과 같이 생각하였다. 실로 이 세계는 혹란(惑亂)에 빠져 있다. 생(生)·노(老)·쇠(衰)·사몰(死沒)하여 다시 재생하고 있다. 그러나 이 고(苦, dukkha)의 출리(出離)를 알지 못하고 노사(老死)의 출리도 모르니, 도대체 어느 때가 되면 이 고의 출리, 노사의 출리를 알 수 있을까?

그런데 비구들아, 정각(正覺)을 얻었을 때, 나는 다음과 같이 생각하였다. 도대체 무엇이 있기 때문에 노·사가 있고, 무엇에 의하여 노·사가 있을까? 비구들아, 여기 있는 내가 정사유(正思惟)하여, 지혜로써 통찰하였다. '탄생이 있기 때문에 노사가 있고, 탄생으로 말미암아 노사가 있다.' 라고.

그런데 비구들아, 여기 있는 나는 이렇게 생각했다. '도대체 무엇이 있기 때문에 탄생이 있고, 생존(生存)·집착(執着)·갈애(渴愛)·감수(感受)·접촉(接觸)·육관(六官)·심(心)과 물(物)·인식작용(認識作用)·활동(活動)이 있으며, 무슨 연(緣)으로 말미암아 탄생…활동이 있을까?' 라고

그런데 비구들아, 여기 있는 나는 정사유하여 지혜로써 통찰하였다. '무명(無明 avijjā)* 이 있기 때문에 탄생…활동이 있고, 무명

---

* 무명(無明, avijjā) 일체사물을 바로 볼 줄 모르고 불여실지견(不如實智見)한 것. 즉 진리를 분명히 이해 못한, 부달불해불료(不達不解不了)한 정신상태의 우치(愚痴)한 모습. 12연기 중 제일지(第一支)가 무명지(無明支)이다.

의 연(緣)으로 말미암아 탄생…활동이 있다. 이와 같이 이 무명으로 말미암아 활동이 있고, 활동으로 말미암아 인식작용이 있고, 인식작용으로 말미암아 심과 물이 있고… 모두가 이와 같다. 이 모든 것들이 고(苦)의 덩어리이며, 이것들이 고의 원인이다.'라고.

그런데 비구들아, 이와 같은 원인들이 바른 고의 원인이다. 나는 지금까지 그 누구도 모르던 진리에 대하여 눈(眼)이 생기고, 지(智)가 생기고, 혜(慧)가 생기고, 지(知)가 생기고, 광명(光明)이 생겼다. 비구들아, 여기 있는 나는 이렇게 생각하였다. 도대체 무엇이 없어질 때 탄생이 없으며, 생존(生存)·집착(執着)·갈애(渴愛)·감수(感受)·접촉(接觸)·육관(六官)·심(心)과 물(物)·인식작용(認識作用)·활동(活動)이 없어지고, 무엇이 멸(滅)함으로 말미암아 활동의 멸함이 있을까?

비구들아, 여기 있는 나는 정사유하여 지혜로써 통찰하였다. 무명(無明)이 없어질 때 활동이 없어지고 무명이 멸함에 따라서 활동이 멸한다. 이와 같이 이 무명이 멸함에 따라서 활동이 멸하고 활동이 멸함에 따라서 인식작용의 멸이 있다.… 이와 같이 모든 고의 덩어리가 멸한다.

비구들아, 이 멸이야말로 진정한 멸이다. 나는 지금까지 누구도 알지 못한 진리에 대하여 눈(眼)이 생기고, 지(智)가 생기고, 혜(慧)가 생기고, 지(知)가 생기고, 광명(光明)이 생겼다.

남전대장경 《상응부(Saṃyutta-nikaya)》 2권에는 이렇게 기록되어 있다. 이처럼 연기(緣起)의 이법(理法)으로 정각(正覺)의 내용을 설명하고 있다.

4) 처음 법을 설하시다

부처님은 부다가야의 보리수 밑에서 성도하신 후, 중생들이 무명 때문에 무상(無上)한 부처님의 진리를 이해하지 못할 것이라고 설법하시기를 잠시 주저하신 적이 있다. 그러나 범천(梵天)의 간곡한 부탁과 이타행(利他行)의 실천을 위하여 설법을 결의하신다.

부처님은 부다가야에서 베나레스(Benares)의 미가다야(Migadāya, 녹야원)* 동산으로 걸음을 재촉하신다. 이곳은 옛날 고행 친구 5인의 수행자가 있는 곳이다. 5인의 수행자는 부처님이 오시는 모습을 멀리서 보고는 이렇게 다짐했다.

"친구들아, 저기 고타마 사문(부처님)이 오고 있다. 그는 타락하여 수행을 버렸다. 그를 가까이 하지 말자. 그를 환영하지 말자. 그가 주는 어떠한 것도 받지 말자. 그가 와서 앉을 자리도 만들어 주지 말자. 다만 그가 스스로 앉아 쉬어가고 싶으면 쉬어가겠지."

이들은 이렇게 부처님을 고행 수행의 낙오자라고 경시하였다. 그러나 부처님께서 가까이 오자 이들은 조금 전의 약속은 모두 서로 잊어버리고, 어떤 자는 부처님의 바루와 옷을 받아들고, 어떤 자는 앉을 자리를 마련하고, 또 어떤 자는 세족(洗足)의 물을 가지고 왔다.

이들은 부처님을 가까이서 뵙고 보니, 부처님의 위덕(威德)에 사

---

*부처님의 4대 유적지
룸비니(Lumbini)동산 : 부처님 탄생지
부다가야(Buddhgayā) : 항마성도지(降魔成道地). 마군들의 방해를 물리치고 성불하신 곳
녹야원(Migadāya) : 초전법륜지(初轉法輪地). 최초로 5인 수행자에게 진리를 설하신 곳
쿠시나라(Kusināra) : 열반지(涅槃地). 부처님이 세수 80세로 입멸하신 곳

로잡히고 만 것이다. 부처님의 외모에서 깨달음이 충만하여 기쁨이 차 있는 것을 직시할 수가 있었던 것이다. 이들은 그 자리에서 부처님을 신지(信知)하고 설법을 간청하였다. 부처님은 사제 팔정도(四諦八正道)를 이들에게 설법하신다.

인생의 실상(實相)은 고(苦, dukkha)라는 사실을 알아야 한다. 이것을 고성제(苦聖諦)라 한다. 구체적으로는 4고8고(四苦八苦)가 있다. 인간이 생활하여 가는 데는 자신의 뜻대로 되지 않는 것이 사회현실이다. 따라서 고란 것은 불여의(不如意)란 뜻이다. 4고는 생(生)·노(老)·병(病)·사(死)이다. 이것들은 본인의 의사와는 관계 없이 찾아온다. 이러한 사실이 바로 진리라고 받아들일 줄 알아야 한다. 8고는 4고에 4가지 고가 더 붙는다. 애별리고(愛別離苦, 사랑하고 있는 모든 것과 헤어져야 하는 아픔), 원증회고(怨憎會苦, 서로 싫어하는 사이인데도 꼭 만나야 하는 운명), 구부득고(求不得苦, 꼭 필요하여 구입하려 하여도 얻을 수 없는 고통), 오음성고(五陰盛苦, 色·愛·想·行·識의 오온이 모아졌다가 변화하는 것을 보고 집착하여 일어나는 고통. 五取蘊苦라고도 한다.)가 바로 그것들이다.

이 고에는 반드시 그 원인(集, samudaya)이 있다는 진리를 알아야 하는 사실, 이것을 집제(集諦)라 한다. 구체적으로는 인간의 욕망이 그 원인이다.

이 고의 원인인 욕망을 버리면 고도 또한 멸진(滅盡, nirodha)된다는 진리의 사실, 이것을 멸제(滅諦)라 한다.

고의 원인을 멸하는 데는 그 길(道, magga)이 있다는 절대적 사실의 진리, 이것을 도제(道諦)라 한다. 그 길을 가는 데는 8정도(八正道)가 있다. (팔리 律, 1절)

고집멸도를 사제(四諦)라고 하며, 이 사제도리(四諦道理)는 4고8

고(四苦八苦)라는 인간고의 실상을 보고, 이 고의 원인을 추급하여 고의 원인을 밝혀내고, 이것을 멸하게 되면 고의 극복이 이루어져서 해탈할 수가 있다는 내용이다.

팔정도는 고의 길을 극복하는 여덟가지 바른 방법이 있다. 정견(正見, 바른 견해), 정사(正思, 바른 생각), 정어(正語, 바른 언어 사용), 정업(正業, 바른 신체적 행위), 정명(正命, 바른 생활), 정정진(正精進, 바른 노력), 정념(正念, 바른 주의력), 정정(正定, 바른 정신통일) 이 여덟 가지이다.

사제 팔정도를 더 간단히 설명한다면, 인간고의 원인인 욕망(갈애)를 찾아내어, 이 인간고의 극복 방법을 여덟가지로 설명한 것이라고 할 수 있다.

5인의 수행자들은 이 사제 팔정도의 가르침을 받고 부처님에게 귀의하여 영광스런 최초 비구 제자가 되었다. 또한 이들은 차례차례로 개안(開眼)하여 아라한과(阿羅漢果, arahat)를 얻었다.

5) 전도의 어려움

최초 5비구 탄생 후, 여섯번째 부처님 제자는 야사(Yasa)라는 청년이다. 그는 재산가의 자식으로 출가 동기가 부처님과 비슷하다.(1절, 6. 출가를 결심하다 참조). 야사의 출가로 야사의 친구들과 그 주위 사람 55명이 출가하였다. 이제 교단은 5비구를 포함하여 61명의 비구로 구성되고, 야사의 부모도 재가신도로서 귀의하였다. 야사의 부모가 최초의 재가신도가 된 셈이다.

부처님은 마침내 전도를 선언하셨다.

"비구들아, 나는 천상계(天上界)에서도, 인간계(人間界)에서도 모든 속박에서 해탈하였다. 비구들아, 너희들도 또한 천상계에서도, 인간계에서도 모든 속박에서 벗어났다.

비구들아, 편력(遍歷)하라. 중생의 이익을 위하여 중생들의 안락을 위하여, 세간에 대한 자비로움을 위하여, 모든 신들과 인간의 복지·이익·안락을 위하여, 하나의 길에 두 사람이 가지 않게 하여라.

비구들아, 시작도 만족하게, 중간에도 만족하게, 끝도 만족하게 하여, 내용도 있고, 문구(文句)도 갖춘 교법(敎法)을 설하여 보여라. 원만하고 깨끗한 수행을 가르쳐 주라."

부처님에게는 신과 인간들의 복지·이익·안락을 위하는 것이 전도 목적이었음을 알 수 있다.

그러나 전도의 길은 순탄하지만은 않았다. 부처님의 가르침을 받고 바로 제자가 되는 자가 있는가 하면, 도리어 배척하고 비방하는 자도 많았다. 그러나 부처님은 이들에게 조금도 개의치 않으시고 전법을 계속하셨다.

어느 날, 부처님은 마가다 국의 우루베라(Uruvelā)마을에 들어가시게 되었다. 이곳에는 우루베라·캇사파(Uruvela Kassapa), 나디·캇사파(Nadī kassapa), 가야·캇사파(Gayā Kassapa) 삼형제와 그들의 제자 1천명이 교세(敎勢)를 자랑하고 있었다. 이들 형제들은 배화교도(拜火敎徒)들로서 화신(火神)을 숭배하는 자들이었다. 이들은 부처님이 자신들의 성역을 침범한다고 여러 가지 방법으로 부처님을 괴롭혔다. 그들은 마직막으로 부처님에게 신통력으로 대결할 것을 제의했다. 부처님은 본래 무력적인 신통력은 사용하시지 않는 것을 원칙으로 하고 계셨지만, 상대방의 근기에 따라 그

제의를 받아들이기로 하였다. 삼형제 캇사파는 자신들이 숭배하고 있는 성화당(聖火堂)으로 가서 용(龍)의 몸으로 화신(化身)하여 부처님을 놀라게 하려 했다. 이에 맞서 부처님은 그 용을 뱀으로 둔갑시켜 버렸다고 한다.

졸지에 뱀의 신세가 되어 버린 이들은 부처님에게 참회하고 귀의할 것을 발원하였고, 부처님이 본래 모습으로 환생시켜 주자, 이 삼형제와 그들의 제자 1천명이 모두 귀의하였다고 한다.

부처님의 가르침은 마가다 국 전 지역으로 퍼져 나가 교단은 점점 광대해졌다. 그러던 어느 날 외도(外道)들이 순다리라는 아름다운 처녀를 매수하여 기원정사 주변을 기웃거리게 하고는 몰래 순다리 처녀를 살해하여 그 사체를 기원정사에 던져 넣었다. 그리고 부처님이 여자를 농락한 후 살해하였다고 모략하는 소문을 퍼뜨렸다. 이 소문은 온 동네로 퍼져나가 마을 사람들은 탁발하는 비구들에게 돌을 던지기 시작하였다. 제자들이 부처님에게 이와같은 모략중상은 참을 수 없다고 하자, 부처님은 "비구들아, 모략중상을 참을 수 있는 인내심을 길러라. 어떠한 모략도 7일이 지나면 사실은 밝혀진다."라고 비구들에게 말씀하셨다. 그리고 실제로 그 진실이 밝혀져 교단의 명성은 날로 높아갔다.

6) 정사(精舍)의 유래

초전법륜 이후로 제자들이 많이 생겨남에 따라, 제자들의 숙식과 수행 장소가 필요하게 되었다. 그러나 아직 교단의 정착지가 없었다. 이 소문이 마가다 국왕 빔비사라에게까지 전해졌다. 이 빔비사

라 왕은 옛날 수행중인 부처님을 뵙고는 마가다의 반을 줄테니 수
행을 그만두고 성왕의 뜻을 펴보라던 바로 그 왕으로, 만약 수행을
계속해 성불하면 자신에게 설법해줄 것을 간청하던 사람이었다.
이 빔비사라 왕은 마다가 국의 수도 라자가하(왕사성)의 대나무숲
이 있는 곳에 죽림정사(竹林精舍)라는 절을 지어 보시했다. 이 정
사의 보시로 교단은 재정적 기초를 얻게 되었다. 그 후 부처님은
이곳에서 6회의 안거(安居)를 하시면서 126회의 설법을 하셨다는
기록이 있다.

부처님 십대제자(十大弟子) 가운데는 쌍벽을 이룬 사리불(Sā
riputta)과 목건련(Moggallāna)이라는 두 제자가 있다. 이들이 최초
의 스승이던 산자야(Sañjaya, 不可知論者)의 곁을 떠나, 250명의 제
자들을 데리고 부처님께 귀의한 것이 바로 부처님이 죽림정사에
계실 때의 일이었다.

죽림정사보다 좀 늦게 기원정사(祇園精舍, Jetevana)가 생겼다.
이 정사는 마가다 국과 같이 강국이던 코살라 국의 수도 사위성
(舍衛城, Sāvatthī)에 세워졌다. 이 정사의 유래에 관하여 재미있는
이야기가 전해지고 있다.

이 사위성에 수닷타(Sudatta, 給孤獨) 장자(長者)라는 부자 상인
이 있었는데, 그는 과거 상업 관계로 마가다 국에 갔다가 그곳에서
부처님을 뵌 적이 있었다. 부처님으로부터 설법을 듣고 언젠가는
코살라 국에도 부처님을 모시기로 마음먹고 정사의 자리를 물색하
기 시작하였다. 그러던 중 코살라 국의 태자 제타(祇陀, Jeta)가 소
유하고 있는 수풀동산이 제일 마음에 들어, 수닷타는 제타 태자에
게 그 수풀동산을 자기에게 팔아 달라고 부탁하였다. 하지만 태자
는 거절하였다.

　그러나 수닷타가 끈질기게 태자에게 간청하자 태자는 절대로 팔
지 않겠다는 태도를 분명히 하기 위하여, "수닷타여, 그대가 만약
이 동산을 황금으로 덮을 수 있다면 팔 수도 있다."라고 한다. 그러
자 이 말을 들은 수닷타는 태자의 말대로 동산에 황금을 깔기 시
작하였다. 이 광경을 보고 놀란 제타 태자는 수닷타에게 매입하려
는 이유를 물어 보고는, 수닷타의 구법(求法)정신에 감동하여 무상
으로 보시(布施)하였다.

　이 넓은 땅에 수닷타가 절을 지어 부처님을 모시자 부처님은 절
이름을 기수급고독원정사(祇樹給孤獨園精舍)라고 지었다. 즉 '제타
(祇陀)태자 소유의 수풀 우거진 동산에 수닷타 장자(長者)가 정사
(精舍)를 지었다'는 뜻이다. 이것을 줄여서 기원정사(祇園精舍)라
고 부르게 된 것이다. 부처님은 이곳에서 약 25년간 계시면서 910
회 이상 설법하셨다고 한다.

7) 누구에게나 평등한 부처님의 법

　부처님이 성도(成道)하신 지 몇 년 뒤, 고향 카필라 국에 가신
적이 있다. 부왕과 양모 파자파티, 그리고 부인과 아들 라후라를
비롯한 친족들과 궁중의 사람들까지 만났다. 이들 중에는 부처님
의 설법을 듣고 그 자리에서 출가하는 자가 있는가 하면, 후일에
출가한 자들도 있었다. 이때 사촌동생 아난다(Ānanda)와 아들 라
후라, 그리고 왕가 이발사였던 우팔리(Upāli)등 다수의 석가족이
즉석에서 출가하였다. 그리고 부왕과 왕비 등은 재가신도(在家信
徒)로서 귀의하였다.

그 수년 후, 부왕 숫도다나 왕(Suddhodana, 淨飯王)이 세상을 떠나자 부처님의 양모였던 파자파티와 다수의 궁녀들이 부처님을 찾아와서 자신들도 출가하겠다며 허락을 바란다. 파자파티의 출가 동기는 한때 세속적 영화를 누렸지만, 왕의 죽음과 함께 자신의 주위에서 인생무상(人生無常)과 애별리고(愛別離苦)를 느끼게 된 데 있었다고 한다.

그런데 이때까지의 교단은 비구 교단뿐이었다. 따라서 부처님은 여자의 출가를 허락하지 않았다. 그러나 시자 아난다가 간절하게 부처님께 청원하자, 결국 출가를 허락하셨다. 그 대신 비구보다 많은 계율 조항을 지키게 하셨는데, 어쨌든 파자파티가 최초의 비구니가 됨과 동시에 비구니 교단이 성립된 것이다. 이와 같은 조치는 여자들을 천시하던 다른 외도 교단들은 생각조차 할 수 없었던 일이다.

어느 날, 시자 아난다가 탁발하고 돌아오던 중에 갈증이 일어나 물을 마시려고 한 우물을 찾아갔다. 때마침 그곳에는 노비 신분인 마탕가(mātanga, 摩登伽) 족 처녀가 물을 긷고 있었다. 아난다가 그녀에게, "마탕가 처녀여, 나에게 물 한 모금 공양할 수 있겠는가?"라고 하자, 그녀는 "존자시여, 드리는 것은 조금도 어렵지 않습니다. 하지만 저는 비천한 노비의 신분이기 때문에 어렵습니다."라고 대답하였다.

당시 인도는 사성계급* 제도사회였기 때문에, 비천한 신분은 사제자(司祭者＝수행자)에게 어떠한 물건도 직접 줄 수 없는 법이 만

＊사성계급 : ①사제자(Brāhma, 婆羅門), ②왕후족(Ksatriya, 刹帝利), ③서민(Vaisya, 毘舍), ④노예(Sudra, 首陀羅)이다. 이 종성(種姓) 제도가 확립되어 민족의 구별, 직업, 종교 등 신분이 모두 세습되어 있었다.

들어져 있었다.

마탕가 족은 가장 하층민인 노예의 신분에 속했기 때문에 그녀의 대답은 당연하였다. 그러나 아난다가 다시 말하였다.

"마탕가여, 나는 석가모니 부처님의 제자 사문이다. 인간은 모두 평등하다. 신분이 귀천을 만들었지 본래 사람에게는 귀천이 없다. 석가모니 부처님의 법은 귀천과 상하를 구별하지 않는다."

아난다의 이와 같은 발언은 당시 사회제도 밑에서는 상상조차 못할 획기적인 발언이라 할 수 있다. 그녀는 감격하여 아난다에게 물 공양을 하였다.

아난다에게 물을 바친 그녀가 귀족 출신의 사문 아난다의 늠름한 모습을 잊지 못하여 기원정사로 부처님에게 달려가 출가의 뜻을 말씀드리자 부처님은 쾌히 승락하셨다. 이처럼 노비의 신분이 출가한다는 것은 당시 다른 종교에서는 도저히 있을 수 없었다. 천한 신분으로 신성한 사제의 길로 들어선다는 것은 당시의 사회제도가 용납하지 않았던 것이다.

그러나 불교의 가르침은 통상적인 사회제도의 모순 속에서 인간 누구에게나 존엄성과 귀중함이 평등하게 부여되어져야 함을 인식시켰다고 할 수 있을 것이다.

8) 부처님의 열반(涅槃)

부처님의 명성은 인도 각지로 퍼져 나갔다. 삼의일발(三衣一鉢, 위·아래 옷과 가사, 그리고 바루)과 일소부재(一所不在)의 원칙으로 넓은 인도를 설법교화하신 부처님의 모습이 모든 사람들에게 감동을 준 것이었다.

그러나 부처님 세수(世壽) 80세, 젊고 건강하시던 체력도 한계가 찾아왔다. 29세에 출가하여 35세에 무상등정각(無上等正覺)을 이루신 후, 45년간 유행(遊行)하신 셈이다. 부처님은 시자 아난다에게 이렇게 말씀하셨다.

"아난다야, 너는 나를 위하여 사라쌍수 사이에 머리는 북쪽으로 둘 수 있는 자리를 깔아다오. 아난다야, 나는 피곤하여 눕고 싶다."

이에 아난다가 자리를 마련하여 드리자, 머리는 북쪽으로 오른쪽 옆구리는 밑으로 하고, 오른쪽 발 위에 왼쪽 발을 포개고 누우셨다. 그리고는 정념정지(正念正知)로 들어가셨다.

부처님이 누운 자세는 사자와(獅子臥)이다. 그 후 부처님이 정념정지에서 깨어나 열반에 드시려 하자 아난다는 슬픔을 참지 못하고 흐느껴 울었다. 그러자 부처님은 이렇게 말씀하셨다.

"울음을 그쳐라. 아난다야, 내가 이렇게 말하지 않았던가? '아무리 사랑스럽고 좋아하는 것이라도 생의 이별이 있고, 사의 이별이 있어 죽음으로 경계를 달리한다.'라고.

아난다야, 어떠한 것이든지 이와 같은 일은 없다. 태어나고, 존재하고, 만들어지고, 파괴되는 성질이 있는 것이 파괴되지 않는 도리는 있을 수 없다."

아난다에게 부처님의 열반은 누구보다도 큰 충격이었다. 부처님과는 피가 섞인 사촌 관계였고, 또한 25년간 그림자처럼 모신 스승이기도 하다. 부처님은 계속하여 아난다에게 이르셨다.

"아난다야, 자기 자신을 등불 삼아서 자기 자신에게 의지하며, 다른 데에 의지하지 말라. 법을 등불로 삼아 의지하며, 다른 것에 의지하지 말라."

이와 같은 말씀은 자기 자신과 부처님이 설하여 놓으신 법과 하나가 되기를 지향하라는 뜻일 것이다. 부처님은 계속하여 말씀하셨다.

"아난다야, 혹시 너희들이 이와 같이 생각할지 모르겠다. '스승의 말씀은 끝났다. 우리들의 스승은 없다'라고. 아난다야, 그렇게 생각하면 안 된다. 아난다야, 내가 설하여 놓은 '법과 율'은 나의 열반 뒤에도 너희들의 스승이다."

부처님이 남기신 마지막 말씀에는 최후의 순간까지 중생의 이익을 위하여 그 사명을 다하시려는 모습이 역력히 나타나 보인다. 부처님 입멸지(入滅地)는 쿠시나라(Kusināra)이다. 부처님의 최후 유행에 관하여서는 《대반열반경(大般涅槃經)》에 상세히 기록되어 있다.

경전과 선(禪)의 세계

제2장
•
경전과 선(禪)의 세계

1. 중요한 경전 해설

1) 경전이란 무엇인가

　한 종교가 종교로서 완전한 형태를 갖추기 위하여서는, 그 종교
를 창시한 교주(敎主)와 교리, 그리고 그 종교를 믿고 따르는 신자
(信者)가 있어야 된다.
　세계적 종교라 할 수 있는 불교, 기독교, 이슬람교는 위의 3가지
를 갖추고 있다고 할 수 있다. 불교는 석가모니 부처님, 그리스트
교는 예수 크리스트, 이슬람교는 마호멧트를 모시고 있다. 이들 교
주의 사상이 담겨져 있는 책으로 불교는 경전(經典, 혹은 聖典), 기
독교는 성경(聖經, 성서), 이슬람교는 코란(Koran)이란 이름으로 전
해지고 있다. 이들 종교는 한 나라에만 국한되어 있지 않고 세계
도처에 신도가 있다. 특히 불교는 아시아를 중심으로 하고 있고,

기독교는 유럽을, 이슬람교는 중동아라비아를 중심으로 전해져 있다.

불교에서는 긴 역사를 통하여 많은 경전이 전해 내려 오고 있다. 경(經, sūtra)이란 선(線, 줄)의 의미로, 한 실줄에 아름다운 꽃으로 화환을 만들어 목에 거는 것처럼, 길고 짧은 산문과 운문으로 된 귀중한 부처님 말씀을 한 줄에 꿰어 엮어 놓은 것을 의미한다.

오늘에 와서는 선은 목수들의 먹줄과 같은 것으로, 먹줄이 똑바로 그어지는 것과 같이, 경전은 우리들이 살아가는 데 바른 길로 인도해 주는 것이다.

이렇게 여러 가지 부처님 말씀을 모아 놓은 집록(集錄)을 경장(經藏)이라 부르고, 또 출가교단(出家敎團)의 생활규칙 즉 계율(戒律)을 모아 놓은 것을 율장(律藏)이라 한다. 그리고 시기적으로 율장보다 늦게, 부처님 열반 후 불교전문가들이 부처님 말씀을 신학적, 철학적으로 조직 정리하여 놓은 것을 논장(論藏, 아비달마)이라고 한다.

이와 같이 삼장(三藏)이 불교성전으로 내려오면서 많은 주석서(註釋書)가 생겨나게 되었고, 이를 목록을 만들고 정리하여 사원서고에 보관하게 되었다. 이렇게 보관된 불교성전 전체를 대장경(大藏經, 혹은 一切經)으로 부른다. 일반적으로 경전이라 할 때는 삼장 가운데 경장만을 의미할 때가 많다.

2) 암기로 전승된 가르침

부처님이 성도하시고 열반에 드실 때까지 45년간 하루도 쉬지 않고, 중생을 위하여 뜨거운 인도 전 지역을 다니면서 법을 설하셨다는 것은 주지의 사실이다. 그러나 부처님은 당신이 설하신 법문을 문자로 직접 남겨 놓으시진 않으셨다. 그 당시 문자가 없었던 것도 아니고 제자들이 문자를 몰라서도 아니다. 그것은 부처님이 제자들에게 절대적으로 암기하여 실천에 옮기도록 하기 위함이었다.

고참자는 자신이 암기하고 있던 것을 신참자가 교단에 들어오면 그에게 독송하며 가르쳐 주었고, 이런 방법으로 경전이 전해 내려왔다. 부처님은 죽은 문장 백 개보다 살아 있는 문장 하나를 더욱 중요시 여겼다. 즉 기록하여 놓은 것보다 암송하여 기억하고, 실천 수행하여 나가는 것을 더욱 중요시 여긴 것이다.

또한 암송방법에 있어서도 특별한 형식을 정하지 않고 제자들이 외우기 쉬운 방법으로 외우게 하였다. 당시 인도는 여러 민족들이 부족국가를 형성하고 있었기 때문에 지방마다 언어와 습관, 풍속이 서로 달랐다. 따라서 제자들 가운데는 서로 다른 부족 출신들이 많았다. 또 제자들이 전도하는 데 있어서도 자국의 말로 하는 것이 훨씬 효과적일 수도 있었다. 현재도 인도에서는 여러 종류의 언어가 공용되고 있다. 부처님이 사용하신 언어는 주로 마가다 국의 언어였다고 오늘날의 학자들은 추측하고 있다.

3) 경전의 성립

부처님 생존시에는 제자들의 기억에 의해 가르침이 전승되어 왔다. 그러나 부처님 열반과 더불어 교단이 광대하여짐에 따라, 제자들 가운데는 개인의 능력에 따라 같은 설법을 서로 다르게 이해하는 경우도 있었다. 그런데 부처님이 열반한 후에는 이것을 확인할 수 있는 방법이 없어지게 되었다. 따라서 부처님 말씀을 그대로 기억해 둘 필요가 생겼다.

현재 전해지고 있는 경전은 몇 번의 결집을 통하여 정리 정비되었다. 그 최초 모임을 제1차 결집(結集)이라 한다. 제1차 결집은 모인 장소의 이름을 따서 왕사성 결집, 혹은 비구 숫자로 오백결집이라고도 부른다.

부처님이 80세의 고령으로 쿠시나라 마을에서 열반의 순간을 맞이하고 있을 때, 상수제자(上首弟子) 마하가섭도 5백의 제자를 데리고 뒤따라 가고 있었다. 도중에 한 송이 꽃을 가지고 있는 사명외도(邪命外道)를 만났다. 가섭이 그 외도에게 "그 꽃을 어디에서 구하였느냐."라고 묻자, 그 외도는 "석가모니가 이미 7일 전에 열반에 들었는데 그곳에서 얻어 온 것이다."라고 대답하였다. 이 소리를 들은 제자들은 뜻밖의 일에 땅을 치며 통곡하였다. 그런데 이 가운데 늦게 출가한 한 비구가 이렇게 말했다.

"비구들아, 슬퍼하거나 통곡할 것 없다. 우리들은 이제 자유롭다. 우리는 대사문(부처님)으로부터 벗어나게 되었다. 그 동안 '이것은 안 된다, 저것도 안 된다'라고 언제나 구속당해 왔지만, 이제 우리는 각자가 하고 싶은 대로 할 수 있게 되었다. 하고 싶은 것은 할 수 있고, 하기 싫은 것은 하지 않아도 된다."

이 소리를 들은 마하가섭은 '이와 같은 비구가 많이 생기면 비법(非法)과 비율(非律)이 성행하게 되고 부처님의 정법(正法)은 망하고 만다. 그러기 전에 정법을 확인할 필요가 있다'고 결심하였다. 이것이 결집의 동기이다. 마하가섭은 부처님의 다비(茶毘, 불교식의 화장)를 끝내고 대중 가운데서 아라한과(阿羅漢果)를 얻은 훌륭한 비구 5백 명을 뽑아 3개월 후 마가다 국의 수도 왕사성에서 결집 회의를 하기로 결정하였다.

그런데 5백비구 가운데 아난다는 아라한과를 아직 얻지 못하였다. 그러나 아난다는 25년간 부처님 시자로서 부처님 그림자처럼 부처님을 따라다녔기 때문에 부처님의 설법을 가장 많이 듣고, 기억하고 있었다. 때문에 아난다를 빼버리면 부처님 말씀을 편찬, 정리, 보전할 수가 없었다. 한편 아난다는 이 결집에 참석할 수 있는 자는 아라한과를 얻은 자만이라고 생각하니 매우 부끄러웠다. 따라서 아난다는 결집이 있을 3개월 후까지 아라한과를 얻으려고 열심히 수행하여 결국 결집하는 날 아침에 깨달음을 얻게 되었다.

드디어 왕사성 칠엽굴(七葉窟)에서 마하가섭이 상수자리에 앉고, 아난다가 5백 비구 앞에서 "이와 같이 내가 들었습니다. 어느 때 부처님은 어디 어디 계시면서… 운운"하며 부처님의 설법을 하나하나 기억하고 암송하면, 그곳에 모인 대중들이 틀림없음을 확인한 후 법(法, 즉 경)으로 채택하였다.

이렇게 경(經)은 아난다 존자가, 율(律)은 우팔리 존자가 각각 송출(誦出)하였다. 이때 아난다가, "이와 같이 내가 들었습니다."라고 한 것이, '여시아문(如是我聞)'으로서 그 후 모든 경전의 첫머리에 쓰여지게 되었다.

일반적으로 불교경전*은 "이와 같이 내가 들었습니다. 어느 때

---

* 팔리 어 성전에는 8만 4천법문 가운데 8만2천은 부처님이 직접 설하시고, 2천은 제자들이 설하였다고 기록되어 있다. 또한 ≪대지도론(大智度論)≫ 2권에는 불법(佛法)설에 있어서, ① 부처님설, ② 불제자설, ③ 선인설(仙人說), ④ 제천설(諸天說), ⑤ 화인설(化人說) 등 다섯 종류의 사람들이 설하였다는 기록이 있다.

부처님은⋯ 계셨습니다(如是我聞, 一時佛住⋯)."로 시작되고, "부처님의 설법을 듣고 모두 큰 환희심을 내며 믿어 받들어 가졌다(聞佛所說, 皆大歡喜, 信受奉行)." 혹은 "모두가 큰 환희심으로 부처님 말씀을 받들어 새기며 예배하고 갔다(皆大歡喜, 受持佛語, 作禮而去)." 라는 식으로 끝난다.

4) 불교의 구분(원시·부파·대승·밀교)

부처님 탄생 연도에 대해선 여러 가지 이설(異說)이 있다. 그러나 정확한 연도는 알기 어렵지만 35세에 깨달음을 성취하였다는 것은 정설로 성립되어 있다. 따라서 불교의 시작은 기원전 5세기 전후에 시작되었다고 하는 것은 확실하다.

이렇게 긴 역사를 이어져 내려오는 불교를 시대와 사상적으로 구분하여 보면, 원시불교(原始佛敎)·부파불교(部派佛敎)·대승불교(大乘佛敎)·밀교(密敎)로 나눌 수 있다.

① 원시불교

부처님 생존부터 열반 후 100~150년까지 시대를 말한다. 원시불교의 사상적 특징은 이성적·합리적 성격이 강하게 풍긴다고 할 수 있다. 예를 들면, "실로 두려움은 두려움으로 정지되지 않으며, 두려움을 버릴 때 비로소 정지된다. 이것은 만고불역(萬古不易)의 법칙이다."라는 윤리적 성구(聖句)에서, 단순한 윤리가 아니라 현실의 미혹을 끊을 수 있는 이성적 통찰이 엿보인다.

또, "잠이 오지 않는 자에게 밤은 길고, 피로한 사람에게는 길은 멀고, 정법(正法)을 모르는 어리석은 자에게는 윤회(輪廻)의 길은 멀다."는 등의 성구(聖句)에서 볼 수 있듯이, 합리적 행위가 인간의 행복과 풍족을 가져온다고 통찰하고 있다. 뿐만 아니라 살생대신 자비의 가르침, 도둑질 대신 보시의 가르침, 거짓말 대신 진실한 즐거움의 가르침 등과 같이 순박하고 순수한 인간의 윤리적 규칙의 가르침이 이 시기의 사상적 특징이라 할 수 있다.

② 부파불교

부처님 열반 후 100년부터 기원년 200~250년까지의 시대라 할 수 있다. 부파불교의 교리는 아비달마(阿毘達磨) 불교라고도 하는데, 아미달마란 '법의 연구'란 의미이다. 훌륭한 제자들이 모여 부처님이 설하여 남겨 놓은 말씀을 여러 각도에서 연구하기 시작한 것이 특징이다. 교법을 정리·분류하고 체계적으로 배열하였으며, 교법에 해석과 주석(註釋)을 붙였다.

또한 자신의 학설을 수립·발전시키기 시작하여 불교 철학을 꽃피우게 하였다. 그러는 가운데서 자연히 하나의 학파가 형성되고 학파에서 또 새로운 학파가 생겨나게 되었다. 이렇게 됨에 따라 다른 많은 제자들은 각자 개성에 맞는 학파에서 수행·연구하게 되었다.

처음에는 상좌부(上座部)와 대중부(大衆部)로 분열되기 시작했는데, 나중에는 20부파 이상으로 분열하게 되었다. 그러나 부처님 교법 해석에 기초를 두었기 때문에 부처님의 근본사상에는 변함이 없었다.

③ 대승불교

각 부파가 교리연구 위주로 발전하자 이에 대한 비판으로 일어
난 것이 대승불교 운동이다. 부처님 열반 후 500년부터 시작되었다
고 여겨진다. 부파불교가 보수적 입장을 취하고 있는 데 비하여,
진보적 입장을 취하여 종래 교법연구 위주를 소승불교라 비판하고
대승불교란 이름으로 출발하기 시작한 것이다.

대승불교의 특징은 반야(般若)의 지(智)와 부처님의 대자비사상
(大慈悲思想)이 바탕이 된다. 수행의 측면에서는 육바라밀(六波羅
蜜)의 지혜로 보살(菩薩) 정신을 강조하고 있다. 즉 부처님의 대자
비 사상이 중생구제 정신으로 싹트기 시작한 것이다.

《열반경》을 살펴보면 부처님 열반 후 다비가 끝나고 일반 신자
들이 부처님의 사리가 든 불탑을 건립하고는 부처님 대신 불탑에
귀의불(歸依佛), 귀의법(歸依法)을 맹세했다고 하는데, 이것을 대승
불교의 기원이라 할 수 있을 것이다. 대승불교는 이렇게 대중적인
일반신도들 사이에서 일어나기 시작하였고, 신도들은 부처님의 탑
앞에서 자신들의 원을 세우면서 신앙심을 더욱 깊게 해갔다. 비구
들이 부처님의 중생구제 근본사상을 체계화 내지 해석함에 따라
방대한 대승경전이 탄생하게 된 것이다.

대승불교의 사상적 확립은 용수(龍樹)* 로부터 시작된다고 볼 수
있다. 용수는 부처님의 근본사상이라 할 수 있는 연기설(緣起說)을

---

* 용수(龍樹, Nāgājruna) : 불멸 후 500~600년(기원전 250-150) 시대의 남인도 사람. 어
려서부터 총명해 베다를 비롯하여 천문 지리 등 모든 학문에 능통하였다. 처음
엔 인생의 향락은 욕정에 있다고 생각하여 주색을 즐겼으나, 후에 욕락은 괴로
움의 근본이 된다는 것을 깨닫고 불법에 귀의하여 대승경전 연구에 힘썼다. 주
요 저서로는 《대지도론》 100권, 《십주비바사론》 17권, 《중론》 4권 등이 있
다.

공(空)이란 입장에서 해석하는 데 기초를 세웠다.

용수 사상의 핵심은 사물의 본성이 공(空)이기 때문에 현상세계가 세워졌다는 것으로서, 즉 제법(諸法)의 본성은 무자성(無自性)한 공(空)이라는 학설이다. 그렇다고 공이 허무(虛無)를 의미하는 것은 결코 아니다. 어느 한 물질이 그 물질 본성의 힘으로 실재하고는 있지만 특정의 고유성을 가지고 있지는 않다는 것이다.

④ 밀교(密敎)

인도불교의 최후 단계에 해당하는 것은 밀교이다. 불멸 후 700년경부터 시작되었는데 종래의 부파, 대승불교와 다른 점은 상징적 세계관과 주술의식(呪術儀式)이 주를 이루고 있다는 점이다. 즉 밀교는 당시 인도의 민간신앙 의식이 많이 스며들어 불교화된 측면이 강하고, 따라서 마술적 영력(靈力)이 인생의 길흉화복을 좌우한다는 신앙이다. 물론 부처님은 이러한 미신, 주술을 엄격히 배척하셨지만, 불교가 긴 세월 동안 내려오면서 이러한 것이 점차 불교에 혼입되어 들어온 것이다.

밀교는 신비주의적 색채가 강하며 주술에 의해 우주와 합일 · 실지(悉地)하려는 경향이 강하다. 좌도밀교(左道密敎)는 남녀합체에 의한 성욕의 환희를 통해 이상경지에 도달할 수 있다는 설이다. 이것은 원시불교시대에서는 생각도 할 수 없었던 것이다. 결국 좌도밀교는 급속히 타락하고 말았다. 이에 비해 우도밀교(右道密敎)는 《대일경(大日經)》에 의거하여 은근한 신비주의의 입장을 취하였다고 할 수 있다. 이것을 진언승(眞言乘, manatra yāna)이라 하며 중국, 일본까지 전하여졌다. 그러나 밀교는 우리나라에서는 성행하지 못하였다.

5) 중요한 경전 해설

현재 우리에게 전해 내려오고 있는 경전은 원시, 소승, 대승경전 등 방대하다. 이 경을 전부 읽어 본다는 것은 현실적으로 어려운 일이다. 이들 경전 가운데서 특히 많이 읽혀지는 경전 몇 가지를 살펴보자.

① 《아함경(阿含經)》

경전 가운데 최초로 편찬된 경전으로, 원래 의미는 '전해 내려온 가르침(āgama)'이란 뜻이다. 즉 부처님의 가르침을 전하는 성전인 데, 교단의 규칙을 말씀하여 놓은 율장에 비하여 부처님의 언행을 집성한 것이다. 때로는 아함이란 어느 한 경전 이름을 의미하기보 다 경전 전체를 의미하기도 한다.

한역의 4아함과 팔리 어 전승 4부(四部)가 있다. 한역의 4아함은 장아함(長阿含)·중아함(中阿含)·잡아합(雜阿含)·증일아함(增一 阿含)이며, 부파불교 상좌부의 전승 팔리 어로 쓰여진 4부는 장부 (長部), 중부(中部), 상응부(相應部), 증지부(增支部)의 이름으로 전 해지고 있다.

장아함이나 장부는 부처님과 제자들의 언행 가운데서도 긴 경전 을 모아 놓은 부분이다. 장아함은 30경, 장부는 34경으로 되어 있 다. 중아함, 중부는 중간 정도 길이의 경을 모아 놓았다. 한역 장아 함은 222경으로 되어 있고, 팔리 어 중부는 152경으로 되어 있다. 한역의 잡아함과 팔리 어의 상응부는 짧은 경을 내용별로 모아 놓 았는데, 잡아함은 1,362경으로 되어 있고, 상응부는 2,875경으로 이 루어져 있다.

한역의 증일아함과 팔리 어 증지부는 교리의 법수(法數)에 주안점을 두고 분류하였다. 증일아함은 서품(序品)과 473경으로 이뤄져 있고, 증지부는 2,198경으로 되어 있다.

위의 4아함, 4부 이외에 한역의 잡장(雜藏)과 팔리 어의 소부(小部)가 전해지고 있다. 이들 가운데는 《법구경》《장로게》《장로니게》 등 귀중한 경전이 포함되어 있다.

② 반야계(般若系) 경전

반야계통 경전으로는 현재 한역 600권의 총서 《대반야경(大般若經)》이 있는가 하면, 《반야심경》과 같은 262자로 된 짧은 경전도 있다. 이 경의 중심 사상은 공(空)으로서 이것은 대승불교의 뿌리를 이루고 있다. 《반야경》에서의 '반야'라는 것은 진실을 깨달았을 때 나타나는 무상지혜(無上智慧)를 의미한다. '일체 모든 것은 공(空)'이라는 이법(理法)을 깨달은 것이 지혜를 얻은 것이다.

여기서 공이란 절대로 무(無)를 의미하는 것이 아니다. 다만 존재하고 있는 사물에 대하여 집착을 배척하라는 것이 본의이다. 우리들은 모든 만유현상(萬有現象)을 유(有)라며 집착하고 있지만 그러하지 않다는 것을 공이란 말로 표현한 것이다.

《마하반야바라밀다심경(摩訶般若波羅蜜多心經)》은 우리가 보통 《반야심경》이라고 부르고 있다. 이것은 262자로 된 짧은 경전이지만, 어느 종파를 막론하고 제일 많이 독송되는 경이다.

마하(mahā)는 '큰(大)' '훌륭한' '위대한' 등의 의미이며, 반야(prajñā)는 '부처님의 지혜', 바라밀다(pāramitā)는 '피안(彼岸)에 도착' '불국토에 도착'이란 뜻이며, 심경이란 많은 《반야경》 계통 가운데서도 제일 핵심적인 경이란 뜻이다. 즉 《마하반야바라밀다심경》은 '위대한 지혜로써 부처님 국토에 건너가는 경'이란 의미이다.

반야심경은 여러 사람에 의하여 번역되었는데, 그 중에서도 현장법사(玄奘法師)가 번역한 것이 제일 많이 독송되고 있다. 현장은 이 《반야심경》을 자신이 번역한 많은 경전 중에서 대표적이라고 자찬하고 있다. 《반야심경》 가운데서 공의 입장을 잘 표현하고 있는 것은 '색즉시공 공즉시색(色卽是空 空卽是色)', 즉 '색(모든 물질)이 곧 공이요, 공이 곧 색이다'라는 구절이다.

이것은 만유현상의 집착을 버린 공의 경지에 도달하였을 때, 일체현상(色)이 실상임을 알 수 있고, 눈에 보이는 모든 현상이 그대로 진실의 세계, 불세계임을 알아본다는 의미이다. 즉 번뇌를 버리고 사물에 대한 고정된 집착을 끊어 버리는 순간 공의 경지가 펼쳐지며, 이때 공이야말로 이 세계의 진실이며, 일체의 괴로움이 소멸되는 세계라는 것을 가르치고 있다.

《금강반야경》에서는 "일체의 현상으로 나타나 있는 세계(法)는 꿈·환상·물거품·그림자와 같고 이슬과 같고 또한 번개와 같다. 마땅히 이와 같이 통찰할지어다(一切有爲法 如夢幻泡影 如露亦如電 應作如是觀)."라고 설하고 있다. 이 경은 《금강경》이라 불리기도 한다. 《반야심경》다음으로 많이 독송되고 있으며, 특히 선종(禪宗)에서는 5조 홍인대사(弘忍大師) 이후 중시되기 시작했다.

인도에서 불교가 중국으로 전래되면서 많은 번역가들이 경전을 한역하였다. 그 중에서도 후세에 와서 구마라집·진제·불공·현장을 4대 번역가라고 부르고 있다. 이 중 구마라집·진제·불공은 인도 사람이며, 현장만이 중국 사람이다.

구마라집(鳩摩羅什, 343 ~ 413) : 7세 때 출가, 401년 장안에 들

어와 국빈의 대우를 받으면서 번역에 힘썼다. 그 중에는 《성실론》 《십송율》《대품반야경》《묘법연화경》《아미타경》《중론》 등의 번역 이 있다.

진제(眞諦, 499~569) : 양나라 무제가 부남(扶南)에 사신을 보내 어 고승과 대승경전을 구할 때 중국으로 건너왔다. 무제의 청에 의 하여 546년에 중국 해남으로 가서 무제의 존경을 받았으나 전쟁이 일어나 많은 고생을 하였다고 한다.

불공(不空, 705~774) : 인도 사라국 출신이다. 바라문의 아들로 처음엔 여러 곳을 돌아다니다가 불법에 귀의하여 금강지 삼장의 제자가 되어 720년에 중국에 들어왔다.

현장(玄奘, 600~664) : 중국 사람으로 12세 때 출가했다. 교학연 구중에 의문점이 풀리지 않아 직접 인도로 건너가 그 의심을 풀기 로 결정하고, 29세 때 인도로 건너가 17년 동안 고승 대덕을 찾아 다니면서 배웠으며, 인도 나란타 대학에서 5년 동안 학습하였다. 귀국할 때 불사리와 불상, 경·논·율 삼장 520질, 657부를 가지고 왔다. 그 후 《대반야경》 등 75부 1,335권을 번역·완성하였는데, 그 의 여행기인 《대당서역기》 12권은 역사적으로 중요한 자료가 되고 있다.

③ 《법화경(法華經)》

《법화경》의 기원은 기원전 1세기경으로 보고 있다. 범어(梵語)의 원명은 삿다르마 푼다리카 수트라(Saddharma - puṇḍarika - sūtra) 로 '《묘법연화경(妙法蓮花經)》'이라 번역되었는데, 그 뜻은 '백련꽃 같은 바른 가르침'이라 한다. 범어 원본은 한역으로 여섯 번 번역 되었는데, 이 가운데 구마라집의 한역본 《묘법연화경》은 28품으로 이루어져 있으며, 이 중 제2품 〈방편품(方便品)〉과 제16품 〈여래수량품(如來壽量品)〉이 법화경의 2대 중심 사상을 이루고 있다.

〈방편품〉의 근본 취지는 방편(불보살이 중생을 제도하기 위하여 쓰는 묘한 수단)인데, 거짓 가르침으로 시작하여 뒤에는 진실한 가르침을 나타내 보이고 있다. 구체적으로 말하면 다음과 같다.

소승(小乘)에서는 성문(聲聞)과 연각(緣覺)이란 말이 있다. 성문이란 원래는 부처님으로부터 직접 가르침을 받은 제자들을 가리키는 말인데, 대승에서는 그 뜻을 바꾸어 자기의 해탈만을 목적으로 하고 이타(利他)의 마음이 없는 소승 성자를 가리킨다. 또 연각은 원래 부처님 교설을 받지 않는 외도적 독각자(獨覺者)를 의미하는데, 대승에서는 혼자만 깨달음을 얻고 타인에게 설법하지 않은 채 자기의 이익만 위하는 성자를 가리키는 의미로 생각한다. 대승에서는 성문, 연각과는 좀 다른 개념으로서 보살(菩薩)이란 말을 쓰는데, 자리(自利)의 지혜와 이타를 위한 자비원만을 나타내는 것을 목적으로 한 것이 대승보살승(大乘菩薩乘)이다.

언뜻 보아서는 성문·연각·보살의 구별이 있지만, 사실은 거짓 방편으로 3단계를 보이고 있는 일뿐이다. 결국은 본래대로 일승(一乘)인 진실에 돌아가는 것이다. 즉 개삼현일(開三顯一)이다. 이러한 방편에 '화택삼차(火宅三車, 불난 집의 세 수레)'라는 유명한 비유가 있다. 이같은 일승진실(一乘眞實)이 법화경의 근본주장이다.

다음 제16장의 〈여래수량품〉에서는 이같이 밝히고 있다.

부처님은 부다가야에서 정각(正覺)을 얻었지만, 사실 부처님의 정각은 헤아릴 수 없이 먼 옛날부터 얻어진 것이며, 미래에도 영원히 계속된다고 밝히고 있다. 즉 시간과 공간을 초월한 무량(無量)한 수명으로 우리들 곁에 계시며 먼 옛날부터 석가모니 부처님은 여러 가지 몸으로 화신(化身)하시어 중생을 제도하여 오신 것이라고 한다.

역사적으로 부처님이 열반하신 뜻은, 중생의 덕이 부족하여 부처님이 이 세상에 출현하셨는데도 감사할 줄 모르는 자들을 위하여 일시적으로 열반하였을 뿐, 언제나 이 세상에 계시면서 중생들을 구제하고 계신다는 것을 밝히고 있다.

④《화엄경(華嚴經)》

교학적인 면에서 한국불교를 받치고 있는 경전이라 하여도 결코 지나친 말이 아닐 정도로 중요시되고 있는 경전이 《화엄경》이다.

이 경은 부처님이 성도하신 내용을 그대로 표명하고 있는 경전이라고 하는데 한역으로 정확한 이름은 《대방광불화엄경(大方廣佛華嚴經)》이다. 5세기경에 번역된 《60화엄경》과 7세기경에 번역된 《80화엄경》의 완본(完本)이 있다. 60권 화엄은 34장으로 되어 있으며, 80권 화엄은 39장으로 되어 있다. 이 중에서 《60화엄경》은 고대부터 많이 사용되어 왔다. 원래는 각 장마다 독립되어 있던 경들이 세월이 흐름에 따라 조금씩 첨가되어 후에 집대성된 것으로 그 시기는 4세기경으로 추정하고 있다. 이 경 34품 가운데 〈십지품〉은 그 성립 연대를 1~2세기로 추정한다.

화엄경의 구성 가운데 7처8회(七處八會)라는 것이 있다. 7처8회란 부처님이 설법하신 장소와 회수를 말한다. 부처님은 일곱 장소에서 각각 한 번씩 설법하셨는데, 그 가운데 보광전(普光殿)에서는 2번 설법하셨다. 따라서 7장소 8회수가 되는 셈이다. 이 7장소는 지상(地上)에서 3번 천상(天上)에서 4번이다. 그 지상의 장소는 적멸도량(寂滅道場)·보광명전(普光明殿)·서다원림(逝多園林, 기원정

사) 등이며, 천상의 장소는 도리천(忉利天)·야마천(夜摩天)·도솔
천(兜率天)·타화천(他化天) 등이다. 그런데 보광명전에서는 제2회
와 제7회 두 번이다.

이야기의 전개는 제1회 장소 마가다 국의 적멸도량에서 시작된
다. 제2회 장소는 역시 마가다 국의 보광명전으로 옮겨지며, 다음
3회는 천상의 도리천, 그 다음 야마천, 도솔천, 타화천 순으로 천상
에서의 설법이 끝나고 다시 지상으로 내려오시어 보광명전에서 일
곱 번째로 설법이 전개된다. 그리고 마지막으로 제8회 서다원림(기
원정사)에서 회향하는 순으로 이야기가 전개된다.

7처8회의 설법 내용은 1회부터 7회까지는 거의 같으나 마지막 8
회는 그 성질이 완전히 다르다. 전 7회는 부처님을 주인공으로 한
설법이지만, 마지막 8회는 처음부터 끝까지 구도자 선재동자(善財
童子)를 주인공으로 하여 구도의 길을 이야기하고 있다.

좀더 구체적으로 본다면, 전 7회까지 주인공이 된 부처님은 단순
한 역사상의 인물이 아니라 시간과 공간을 초월한 비로자나불
(Vairocana, 毘盧遮那佛)이다. 이 비로자나불은 광명변조(光明遍照)
의 의미로, 즉 태양의 빛과 같이 시방(十方)에 충만하여 과거·현
재·미래 3세에 걸쳐서 항상 만유보편(萬有普遍)한 진리를 상징한
다. 이와 같은 비로자나불이 주인공이 되어 7회 동안 매회마다 갖
가지 중심 인물을 등장시켜서 그들 모두가 부처님의 의지에 따르
고 있다. 이들 중심 인물 가운데서도 문수보살(文殊菩薩)과 보현보
살(普賢菩薩)이 특히 중요하다.

문수보살은 지(智)의 대표자이고, 보현보살은 행(行)의 대표자인
데, 부처님의 성도의 내용을 지와 행의 두 방면으로 개시(開示)하
여 보여주고 있다. 지와 행이 서로 어우러져야 비로소 진리가 나타

나는 것이다. 지는 눈(眼)이요, 행은 발(足)이기 때문이라 할 수 있다.

그러나 지는 출발점이요, 행은 진정한 완성이라 할 수 있으므로 지와 행, 양자 가운데 보현보살 쪽의 행을 더 중요시하여 설법이 전개되고 있다.

제6회 타화천에서는 〈십지품(十地品)〉이 설명되는데, 이 〈십지품〉 또한 중요한 부분으로 보살 수행의 발전 단계를 10가지 단계로 나누어 설명하고 있다.

제1. 환희지(歡喜地)는 깨달음의 기쁨이 가득 차 있는 경지,

제2. 이구지(離垢地)는 도덕적으로 세련된 경지,

제3. 명지(明地)는 점점 지혜의 빛이 나타나고,

제4. 염지(炎地)는 그 지혜가 더욱 증대되어 가고 있고,

제5. 난승지(難勝地)는 다른 어떠한 것에도 지배받지 않으며,

제6. 현전지(現前地)는 일체가 허망함은 오직 마음 작용이라는 것을 알고,

제7. 원행지(遠行地)는 열반과 생사에도 자유스럽게 출입하며,

제8. 부동지(不動地)는 구애됨이 없이 움직임이 자연적으로 일어나며,

제9. 선혜지(善慧地)는 부처님의 비밀 법장에 들어가서 불사의 대력을 획득하며,

제10. 법운지(法雲地)에서는 무수한 여래가 대법의 비를 내려도 모두 받아들일 수 있는 힘이 생긴다.

그리고 10지 전체를 통하여 보살은 자기 자신이 깨달음과 동시에

타인들도 깨닫게 하는 이타행을 실천해야 한다고 설명하고 있다.

마지막 장소 서다원림에서의 제8회 설법은 〈입법계품(入法界品)〉이다. 법계(法界)라는 것은 보편적인 진리의 세계이며, 비로자나불의 경지를 뜻한다. 비로자나불의 진리의 세계에 들어가는 것을 입법계라 한다. 그러기 위해서는 보현보살의 행(行)에 의지하지 않을 수 없으므로 보현보살을 주(主)로 하고, 지혜의 상징인 문수보살을 객(客)으로 하여 놓은 다음, 이 양자 사이를 실제로 활동하는 구도자의 대표로서 선재동자(善財童子)를 등장시키고 있다.

〈입법계품〉은 선재라는 소년이 53명의 선지식(善知識)을 차례로 방문하여 법을 구하다가 결국 법계에 들어간다는 구도자의 모습을 그리고 있다. 선재동자가 방문한 53명 가운데는 훌륭한 보살과 신들이 있는가 하면, 비구·비구니·바라문·국왕·장자(長者)·소년·소녀·상인·창부(娼婦)·천민 등등 가지가지 사람들이 포함되어 있다. 상하귀천 신분을 불문하고 어떠한 계급의 사람들이라도 도를 배울 수 있는 스승이 될 수 있다는 것을 보여 주고 있다.

이 〈입법계품〉은 전문적인 승가보다도 재가신자들의 신심(信心)을 강조하고 있다고 할 수 있다. 〈입법계품〉의 이야기 전개는 다음과 같다.

선재동자는 어느 부유한 집에서 태어난 귀공자이다. 이 선재가 청년이 되었을 때 문수보살은 기원정사의 남방각성(南方覺城) 부근에서 보조일체법계경(普照一切法界經)이라는 경전을 가르치고 있었는데, 많은 구도자들이 사방에서 문수보살의 가르침을 받으려고 모여들고 있었다.

그때 선재도 수법자의 한 사람으로서 문수보살의 경전 해석을 청강하였다. 문수보살은 군중 가운데서도 남달리 구도심이 강한 선재의 모습을 보고 더욱 열심히 법을 설하였다. 어느 날 선재는 문수보살에게 자기 자신의 심정을 고백하면서 애욕(愛慾)·우치(愚痴)·진에(瞋恚)를 떠나 진리를 얻을 수 있는 방법을 가르쳐 줄 것을 청한다. 선재의 청을 들은 문수보살은, "구하려는 것은 반드시 얻을 수 있다. 지금부터 일편단심으로 선각자(先覺者)들을 방문하여, 그들에게서 성자의 법을 듣고 성자의 행을 깊이 탐구하라. 남방의 가락국(可樂國)에는 공덕운(功德雲) 비구가 계시는데 그 곳을 찾아가라."라고 선재동자에게 가르쳐 준다.

이와 같이 공덕운 비구로부터 배움은 시작되어 그 배움이 끝나면 다음은 남방의 해문국(海門國)의 해운(海雲) 비구를 찾고… 이렇게 지시하는 대로 53인의 선지식을 찾아간다.

53인 선지식의 방문이 끝나면 다시 문수보살에게 돌아오게 되며, 끝으로 금강도량(金剛道場)에 있는 보현보살을 방문하게 된다. 여기서 선재는 최고의 구극이상(究極理想)으로서 보현보살의 행원을 배우게 된다. 보현보살의 대행원(大行願)은 10가지가 있다.

1. 예경제불(禮敬諸佛, 일체 모든 부처님께 예경하옵기를 발원하며)
2. 칭찬여래(稱讚如來, 여래를 칭찬하옵기를 발원하며)
3. 광수공양(廣修供養, 널리 두루 공양 올리기를 발원하며)
4. 참회업장(懺悔業障, 업장 참회하기를 발원하며)
5. 수희공덕(隨喜功德, 부처님의 공덕을 기뻐하기를 발원하며)
6. 청전법륜(請轉法輪, 부처님의 법륜이 전해지기를 발원하며)
7. 청불주세(請佛住世, 부처님이 이 세계에 머물기를 발원하며)

8. 상수불학(常隨佛學, 언제나 부처님을 따르면서 배우기를 발원하며)

9. 항순중생(恒順衆生, 항상 중생에게 순응하기를 발원하며)

10. 보개회향(普皆回向, 널리 모두에게 회향하기를 발원한다.)

이와 같이 10가지 행원을 실천하면 필경에는 일체의 모든 장애가 끊어져서 안락국(安樂國)에 갈 수 있다는 것이다.

선재의 목적은 아미타불이 계시는 정토에 왕생하기를 원하였는데 이렇게 하여 그 목적을 달성하게 된다. 선재동자의 구도길은 마지막 보현보살을 방문함으로써 끝을 맺게 된다.

앞에서 본 바와 같이 〈입법계품〉에서는 문수보살을 지혜의 상징으로 등장시켜 선재동자의 최초의 지도자가 되게 하였고, 보현보살을 행의 상징으로 선재동자의 최후의 지도자가 되게 하였다. 그리고 선재의 구도도 간단하게 이루어진 것이 아니라, 보현보살의 행을 실천·완성함으로써 이루어진다.

이 〈입법계품〉과 〈십지품〉은 《화엄경》 가운데서도 백미라 할 수 있다. 《화엄경》에서 보여 주는 전체적 의도는 믿음(信)이 불도의 근간을 이루며, 믿음은 도(道)의 뿌리이자, 공덕의 어머니라는 것이다. 동시에 믿음은 수행 구도의 완성에 있어서 절대적 증명자임을 강조하는 것이다.

⑤ 《열반경(涅槃經)》

《열반경》은 현재 팔리 어로 쓰여진 남방 상좌부의 《열반경》과 범어로 쓰여진 《대승열반경》이 있는데, 이것은 한역으로 모두 '대반열반경(大般涅槃經)'이란 이름으로 전해지고 있다. 보통 상좌부의

《열반경》을 소승열반경이라 불러, 《대승열반경》과 구별하고 있다.

대반열반경의 대반(Mahāpari)은 '완전' 혹은 '원만'이라 번역하고, 열반(nirvāṇa)은 '번뇌의 불꽃이 꺼진 상태'의 뜻으로 '적멸(寂滅)'이라 번역하여, 완전히 번뇌가 소멸된 깨달음의 경지를 설한 위대한 경전이란 뜻이다.

남방 《소승열반경》의 내용은 부처님이 만년에 왕사성을 출발하여 부처님의 열반지인 쿠시나라까지 오시는 동안의 여정과 사적, 그리고 열반 후 다비(화장)의식과 유골(사리)처리 분배 등을 상세히 기록하여 놓은 경전이다.

부처님의 만년 설법 가운데 몇 가지를 보면, 부처님께서 이런 말씀을 하신 부분이 있다.

베사리 마을 부근에 도착하신 부처님은 건강이 좋지 않으셨다. 이를 본 시자 아난다 존자가 부처님의 열반을 걱정하자, 부처님은 "아난다야, 내가 열반한 후 너희들은 자기 자신을 등불 삼아서 스스로의 마음을 의지하여라."

그리고 쿠시나라 마을에 도착하시어 이제는 부처님의 열반이 임박함을 알아차린 아난다에게 자비스런 말씀으로, "아난다야, 슬퍼하거나 비탄하지 말아라. 사랑하는 자, 좋아하는 자, 모두 언젠가는 이별의 순간이 있다고 하지 않았느냐. 나의 열반 후 내가 가르친 법(法)과 율(律)을 너희들의 스승으로 삼아라. 아난다야, 이 세상 모든 것은 언제나 점점 소멸되어 가는 법이다. 아난다야, 너희들은 게으름 피우지 말고 정진하여야 되느니라."라고 최후 유계의 말씀을 남기신다.

《대승열반경》은 부처님의 열반은 생사무상(生死無常)을 넘어서 진(眞)의 세계, 윤회를 떠난 영원의 세계에 도달신 것이라고 밝히며 영원한 불신설(佛身說)을 설한다. 법신(法身)은 유위무상(有爲無常)하지 않고 상주(常住)하며 일체중생은 모두 불성을 갖추고 있음(一切衆生)을 설파한다. 일체중생들은 모두 불성을 가지고 있으니 그 불성을 찾아 영원한 자기 자신을 부처님과 일체화시키라는 가르침이다.

결과적으로 소승과 대승의 《열반경》 모두 석가모니 부처님의 열반을 계기로 현실을 자각하면서, 이 현실에 절망하지 말고 영원한 부처님 세계를 향하여 적극적으로 나아갈 수 있는 길을 설하고 있다.

⑥ 《아미타경(阿彌陀經)》

《아미타경》은 이 사바세계를 넘어서 저 먼곳에 정토극락이 있다고 하는 내용의 경전이다. 극락에 왕생하여 아미타불 곁에 가려면 어떻게 하면 갈 수 있는지에 대하여 "사리자야, 만약 선남자 선여인이 아미타불 명호를 일심으로 1일·2일·3일…7일만 부르더라도 그 선남자·선여인의 임종시에 아미타불이 그 선남자 선여인 앞에 나타나서 그들을 극락국토로 데리고 간다."라고 말씀하고 있다. 또한 아미타불이 계시는 극락세계는 칠보(七寶)로 단장되어 있다고 설한다.

보통 '나무아미타불'이라고 칭명하고 있는데, 나무는 범어 나모(namo)의 음사(音寫)로, 그 뜻은 '귀의(歸依)합니다'이다. 쉽게 말하면 '아미타불 곁에 가서 의지하고 싶습니다'라고 할 수 있다.

인간의 사후 최고 이상세계는 극락세계라 할 수 있다. 그러나 불교교리 가운데는 '마음이 청정하면 현재 살고 있는 세계도 청정극락(心淨土淨)' '깨달음을 얻고 보면 현실세계 또한 극락세계(娑婆即寂光土)'라는 말이 있다.

⑦《관음경(觀音經)》

《법화경》속에 있는 〈관세음보살보문품(觀世音菩薩普門品)〉 제25품을 보통 '관음경'이라고 약칭하여 부르고 있다.

무진의(無盡意) 보살(이 경에 나오는 인명으로, 부처님의 설법을 듣고 있는 청중들 가운데 대표자)이 부처님께 "관세음보살이란 이름은 무슨 이유 때문에 그렇게 부릅니까?"라고 질문한 데서부터 경전의 내용이 전개되어 간다.

무진의 보살의 질문에 대해 부처님은,

"무량백천억 중생이 가지가지 고뇌를 당하고 있을 때, 관세음보살의 명호를 오직 한마음으로 부르면, 관세음보살은 곧바로 그 중생의 음성을 듣고 고뇌 속에서 구제하여 주시기 때문이다."라고 대답하신다.

괴로움 속에서 구원을 청하는 자 앞에 나타나시어 그를 구원하여 주시는 보살이 관세음보살이다. 관세음보살의 힘은 불의 재난, 물의 재난, 바람의 재난, 형벌의 재난 등등과 삼재팔난 등 모든 것으로부터 중생을 보호한다. 뿐만 아니라 관세음보살은 33신으로 화신(化身)하여 시간과 공간을 초월하여 중생을 구제하고 계신다는 내용이다. 결국《관음경》은 현세의 모든 재앙을 관세음보살의 신통력으로 제거함과 동시에, 중생의 행복을 약속하면서 언젠가는 부처님의 깊은 깨달음의 경지까지 인도해 준다는 명쾌하고 강력한 힘이 담겨져 있는 경이다.

⑧《유마경(維摩經)》

《유마경》은 기묘한 문학 수법으로 대승불교의 공(空)에 관하여 설명하고 있다.

유마라는 인물을 주인공으로 하여 이야기가 전개된다. 유마는 동인도 부근 베사리에 사는 부자로서, 대승불교의 공의 진리에 정통한 재가신자이다. 이 경의 최고의 요점 부문은 유마거사와 문수보살과의 문답이다. 유마거사가 병으로 누워 있을 때, 부처님은 십대 제자들을 유마거사의 집으로 문병을 가게 한다. 제자들은 그곳에서 유마거사와 법에 관해 토론을 시작하나 학식이 풍부한 유마거사에게 오히려 당하고 만다. 그 후 제자들이 유마거사에게 문병 가기를 꺼려하자 문수보살이 대신 가서 유마거사와 문답한다.

유마거사는 보살은 무병(無病)이지만, 중생의 병을 알기 위하여 병이 나는 것이며, 이것은 마치 세간의 부모가 자식의 병을 알기 위하여 부모가 병이 나 보는 것과 같다고 한다. 유마거사 역시 이와 같은 이유로 병이 났다고 말한다. 이렇게 시작하여 문수보살과 대승의 공에 대하여 문답이 오고 간다.

《유마경》에서는 최종적으로 공한 만물은 '불이(不二)'라고 설한다. 《유마경》의 공의 입장은 우리들이 판단하고 있는 선과 악, 혹은 미와 추의 가치관을 부정하고 있다. 만물의 가치판단을 무의미하다고 한 것은 만물 하나 하나가 모두 둘도 없는 귀중한 것으로 존재하고 있기 때문이라고 한다.

《유마경》의 특색은, 교리적으로는 반야개공(般若皆空)의 사상으로 대승보살의 실천도를 취하면서 한편으로는 타방정토교(他方淨土敎)의 취의에 따라 재가신도의 종교적 신심을 고양시키고 있는 점이다.

⑨《법구경(法句經, Dhammapada)》

　'진리의 말씀'이란 뜻의 《법구경》은 남방상좌부의 소부(小部)에 포함되어 있는 성전으로, 243수의 운문으로 된 시집이다. 한역본으로도 다수 전승되고 있다.

　팔리 어 《법구경》의 편집 시기는 B.C 4~3세기경으로 오래된 경전이다. 대소승 모든 경전 가운데서도 제일 많이 애송되는 경전인데, 그 이유는 부처님의 진의가 담겨져 있는 주옥 같은 문장으로 불교의 윤리적 교의를 가르치는 불교입문의 지침을 담고 있으며, 간결하고 쉬운 시의 형식을 취하고 있기 때문이다.

　《법구경》은 부처님의 체험에서 얻어진 실천적 가르침의 영지(英智)가 담겨져 있는 명언의 보고이다. 따라서 현대인의 눈을 뜨게 할 수 있는 경전이다.

　이상과 같이 현재 많이 독송되고 있는 경전 가운데서 몇몇 경전을 살펴보았다.

　불교 경전이 묘사하고 있는 내용을 우리들이 느끼는 보통의 감각적인 입장에서 생각하여 보면, 간혹 꿈과 같이 공상적으로 묘사되어 현실과는 너무 동떨어진 감이 들 수도 있다. 그러나 종교적 태도는 이러한 사량분별(思量分別)을 버리고 믿음에 의하여서만이 증명될 수 있다.

2. 선(禪)이란 무엇인가

1) 선사상

선은 사유(思惟, 혹은 靜慮)에 의하여 마음을 밝혀 정각(正覺)을 얻는 것을 목적으로 하는 수행방법이다. 불립문자(不立文字) 사상을 앞세워 수행하는 방법으로, 경전의 문자(文字)에 의지하지 않고도 정각의 경지에 도달할 수 있다는 수행법이다.

부처님의 가르침에는 문자에 의지해서 가르친 '교내법(敎內法)'이 있는가 하면, 문자에 의지하지 않고 특별히 전수하는 '교외별전(敎外別傳)'이 있다. 이 교외별전은 깨달음의 진수를 스승이 제자에게 마음으로 직접 전수한다 하여 '이심전심(以心傳心)'이라 표현하기도 한다. 이처럼 이심전심으로 전승할 수 있는 것은 선(禪)사상만이 가능하며, 이 전수방법은 스승과 제자가 대등한 관계일 때 성립된다.

부처님이 영축산에서 대중에게 설법하신 뒤 연꽃 한 송이를 집어들어 대중에게 보였다. 그러나 거기 모인 대중들은 이 신비스러운 부처님의 행동에 대해 그 이유를 몰랐다. 그때 마침 밖에서 돌아온 마하가섭이 그 모습을 보고 회심의 미소를 지었다고 한다. 이로써 한 송이 꽃과 한 번의 웃음 사이에 부처님의 가르침이 마하가섭에게 전부 전수된 것이다. 즉 염화미소(拈花微笑)의 순간에 부처님 법이 전수된 것이다.

이와 같이 문자와 말을 통하지 않고 정각을 얻는 것이 선의 근본사상이다.

선(dhyāna)의 뜻은 여러 가지가 있다. 원래의 의미로는 '생각한다'라는 말에서 유래된 것으로, 사유수(思惟修)·정려(靜慮)·정적(靜寂)·정(定) 등으로 번역되고 있다.

선을 통하여 신심(身心)을 결합·상응시키기 위해서는 이론이 아니라 좌선(坐禪)이라는 행(行)을 통하여 종교적 진리를 실현해야 한다. 그 방법은 먼저 주위환경을 정리하고, 의복을 정제하고, 호흡을 조정하며, 몸을 단정히 하고, 결가부좌(結跏趺坐) 혹은 반가부좌(半跏趺坐)한다. 결가부좌라는 것은 오른쪽 발을 왼쪽 다리 허벅지 위에 올리고, 왼쪽 발은 오른쪽 다리 허벅지 위에 올려 놓는 것이다. 그럼 선은 결가부좌를 기본행으로 하여 적정·사유하는 데만 얽매어 있는 것일까? 결론적으로 말하면 그렇지도 않은 것이 선이다.

선이 지향하고 있는 것은 우리들이 가지고 있는 번뇌와 장애의 속박에서 벗어나 자유자재롭게, 있는 그대로 관(觀)하여 그 속에서 자유롭게 살아가는 것이다. 다시 말하면 우리 눈앞에 나타나 있는 모든 현상에 대하여 차별심을 떠나 자연세계의 그 모습 그대로를 보는 관자재(觀自在)한 것이 선이 지향하고 있는 경지라 할 수 있다.

2) 상식을 초월하는 선

상식이란 특정한 교육을 받지 않고도 사회생활을 해가는 가운데 자연적으로 알아지는, 모든 사람들의 평범한 공통의 지식, 혹은 에티켓이라고 할 수 있다. 그러면서도 때때로 상식은 특정의 높은 지식보다 더욱 중요한 것이다. 그럼에도 불구하고 옛 선사들은 때때

로 이 상식에 구애됨이 없이 선의 심오한 경지를 보인 때가 많이
있다.

　몇 가지 선화(禪話)를 예로 들어가며 선의 진정한 의미를 이해해
보도록 하자.

　중국 당나라 시대 단하천연(丹霞天然, 739~824)이라는 스님이 있
었다. 선사는 어느 날 혜림사(慧林寺)라는 절에 객승의 신분으로
하룻밤을 묵게 되었는데, 그날따라 공교롭게도 날씨가 몹시 추웠
다. 그래서 천연 스님은 방에 불을 피우려고 나무를 찾아 보았지만
땔감이라고는 아무것도 없었다. 그러자 천연 스님은 주저함도 없
이 법당으로 올라가 상단에 모셔 놓은 나무로 된 불상을 가지고
와 부엌 아궁이에서 불을 땠다.

　이 광경을 본 혜림사 주지 스님이 "지금 무슨 짓을 하고 있는
가?"라고 크게 노하며 나무라자, 천연 스님은 당연한 일을 한 것처
럼 웃으면서 "보시다시피 불을 피우고 있지 않습니까? 주지 스님
이 그렇게 노하실 만큼 잘못한 일이 없습니다."라고 대답하였다는
일화가 있다. 이와 같은 일은 상식을 초월한 것임에 틀림없다.

　당나라 말 운문종(雲門宗)의 개조 운문문언(雲門文偃, ?~949) 선
사가 "불(佛)이란 무엇입니까?"라고 질문을 받은 적이 있다. 그때
선사의 대답은 "간시궐(乾屎橛, 마른 똥나무 지팡이 혹은 마른 똥바
가지)이다."라고 대답하였다. 예상 밖의 대답이라 할 수 있다. 부처
님이란 고귀하고 고상하며 절대적인 존재라는 테두리 안에서 대답
이 나오는 것이 상식이다.

　역시 당 나라 때는 조주종심(趙州從諗, 778~897)이란 선사가 계
셨다. 어느 날 신참 비구가 조주 선사를 친견(親見)하는 자리에서,
"스님, 이렇게 빈 손으로 왔습니다."라고 하자, 조주 선사는 "그럼,

내려 놓게."라고 했다. 그러나 신참 비구가 "아무것도 안 가져 왔는데 무엇을 내려 놓습니까?"라고 되묻자 조주 선사는 "그럼 계속해서 들고 있겠나?"라고 했다 한다.

당나라 때 석두희천(石頭希遷, 700~790) 선사가 사제(師弟, 법형제)들과 산에 나무를 하러 간 적이 있다. 그런데 형제 중 한 스님이 낫을 잊어 버리고 지게만 지고 왔다. 그가 석두 스님에게 낫을 좀 빌려 달라고 하자, 석두 스님은 "자, 자네 낫 받아라."하면서 칼날 쪽부터 건네 주었다. 그러자 사제 스님은 "앗! 사형, 낫자루 쪽부터 건네 주는 것이 당연한 일이 아닙니까?"라고 물었지만, 석두 스님은 "누가 그런 순서를 정하여 놓았느냐."라고 반문하면서 계속 칼날 쪽부터 건네 주었다.

위에서 본 것처럼 이 선화도 상식에 얽매이지 않은 문답이라 할 수 있다.

남악회양(南嶽懷讓, 677~744) 선사와 마조도일(馬祖道一, 709~788) 선사의 선문답이 있다. 이 두 선사는 스승과 제자 사이로 마조 선사가 제자이다. 하루는 마조 선사가 좌선을 하고 있는데, 남악 선사가 마조 곁에 와서 물었다.

"도일, 무엇하고 있는가?"

"보시는 바와 같이 좌선하고 있는 중입니다."

"무엇 때문에 좌선하고 있는가?"

"부처를 이루기 위해서입니다."

마조의 이 대답을 들은 남악 선사는 처마 밑에 떨어져 있는 기왓장을 주워서 말없이 돌 위에다 갈기 시작하였다. 이 모습을 본 마조는 이해할 수가 없어 스승 회양에게 물었다.

"무엇을 하고 계십니까?"

"기왓장을 갈고 있네."

"그것을 갈아 무엇하실 생각입니까?"

"거울을 만들려고."

"기왓장을 갈아서 어떻게 거울을 만듭니까?"

그러자 남악 선사는 큰 소리로 이렇게 말했다.

"그래, 내가 기왓장을 갈아서 거울을 만드려고 하는 생각이나, 네가 좌선하여 부처를 이루겠다는 것이나, 마찬가지 아닌가?"

이 말을 들은 마조는 말문이 막혀 버렸다. 그러자 남악 선사는 계속하여 "어떤 사람이 우차(牛車)를 타고 가다가 우차가 움직이지 않을 때, 채찍으로 수레를 때릴 것인가? 소를 때릴 것인가?"

이 가르침을 받은 마조는 지금까지 자신이 수레를 때린 것을 깨달았다고 한다.

이상 선화를 통하여 본 바와 같이 선의 진정한 의미를 일반상식으로는 이해하기 어렵다. 선 그 자체도 상식의 속박을 거부하며 자유로운 정신을 추구하고 있다. 선사들의 심오한 화두(話頭)*를 진정으로 바로 볼 줄 알 때 선의 참맛을 알 수 있을 것이다.

3) 선의 본질

앞의 선화를 통해 선의 본질을 이해하기에는 아직 충분하지 못

---

* 화두(話頭) : 선종에서 깨달음을 얻게 하기 위하여 참선자에게 주는 문제이다. 역대의 훌륭한 조사(祖師)들이 보여준 어록, 행동 등을 모아 참선자에게 무엇인가? 라고 의문, 궁리하게 하는 것으로 약 1700가지 화두가 있다. 이 화두에 의하여 깨달음을 얻는 선을 특히 간화선(看話禪)이라 한다. 화두를 공안(公案)이라고도 한다.

하다는 생각이 든다. 선의 본질을 좀더 이해하기 위하여 설명을 덧붙인다.

선이 상식에 얽매이지 않는다고 하여 상식 밖에 있는 것은 절대 아니다. 부처는 세상 밖에 초연하게 있는 것이 아니고 현실을 살아가는 속에 같이 공존하고 있기 때문이다. 다시 말해 선이란 절대적 타인을 의지하거나, 전능한 신을 만들고 기리는 것이 아니라, '심즉시불(心卽是佛, 마음이 곧 부처)'의 현실에 기초하고 있는 것이다. 이 사상을 단적으로 잘 표현해 주고 있는 것이 '일체중생실유불성(一切衆生悉有佛性)'으로 그 뜻은 생존하는 모든 것은 부처의 씨를 가지고 있다는 것이다. 따라서 범부와 부처를 동일하게 보고 그 근원을 찾아내고자 하는 것이지 범부도 부처가 될 수 있다는 가능성에서 출발하는 게 결코 아니다. 범부와 부처를 동등한 자리에 놓고 범부가 본래 가지고 있는 청정한 불성을 본각(本覺)하는 것이다.

불심이 본래 자신이며 불심 속에 살고 있는 것도 자신이다. 그러므로 청정한 불심을 나타내는 지(智)와 그 지에 이르는 정(定)이 융합되어 나타날 때, 선의 참뜻을 볼 수 있는 것이다.

선은 '불립문자(不立文字)'를 세우고 있다. 이것은 경전의 논리적 해석, 즉 이것이 불법이라거나 저것이 불법 운운하는 이론적 문자를 부정한다. 문자 해석에 따라가다 보면 결국 목적인 성불은 잊어버리고 그 방법에만 얽매인다는 것이다. 마치 '지월지(指月指, 달을 가리키는 손가락, 즉 처음 목적인 달은 보지 못하고 가리키는 손가락만 보게 되는 것)'의 격이 되고 만다는 것이다.

그러나 선이 경전을 무시하는 것을 결코 아니다. 부처님 사상을 알 수 있는 유일한 수단은 경전을 통해서만 가능하기 때문이며, 따라서 선은 경전을 무시할 수 없다. 다만 경전에 집착하는 것을 비판할 뿐이다.

선의 전달 방법은 스승이 학인에게 직접적으로 마음을 가르쳐 주고, 학인은 그것을 확철하게 깨달으면(徹悟) 되는 것이다. 이것이 '교외별전(敎外別傳)'이다. 교외별전은 스승의 인격과 제자의 인격이 동등한 관계에 있을 때만 성립이 가능한 것이다. 이것은 마치 한 그릇의 물을 다른 똑같은 그릇에 옮겨 붓는 것과 같기 때문이다. 그 비밀은 스승과 제자 사이가 동일할 때만이 알 수 있어서 타인들에겐 상식 밖의 일로 보이지만, 선사들 사이에서는 상식 안에서 이루어지고 있는 것이다.

석가모니 부처님이 6년 고행 후 보리수 밑에서 성도하신 후에도 좌선은 버리지 않으셨다. 그 후 쿠시나라의 보리수 밑에서 열반하실 즈음에도 사자좌의 모습으로 선정(禪定)에 들어가셨다고 한다. 선은 부처님이 수행하실 때부터 열반하실 때까지 일관되게 실천되었다고 할 수 있다.

그러나 선사상과 그 발전은 중국 불교가 이루어 놓은 것이라 하여도 지나친 말이 아니다. 중국에서 선의 발전이 있게 된 것은 당시 경전의 교판해석(敎判解釋)이 절정을 이루면서 자종(自宗)만을 선양하려는 입장이 난립하게 되었을 때였다. 이것을 하나로 통일하려는 운동이 일어났고, 삼무일종(三武一宗, 북위의 태무제, 북조의 무제, 당의 무종, 후주의 세종)이 불교를 박해하기 위하여 경전을 소각하였다고 한다.

이 두 가지 어려운 상황을 선종의 선풍으로 극복하고자 한 것이 중국에서의 선사상이 발전한 동기가 되었다고 할 수 있을 것이다.

제3장

불교의 윤회(輪廻)사상

제3장
●
불교의 윤회(輪廻)사상

1. 불교의 세계관

1) 이원적 세계

　세계관 혹은 우주관이란 말을 듣게 되면 어렵게 들리는 것이 사실이다. 그러나 쉽게 말하여 관(觀)이란 '누구나 생각하고 있는 견해의 의미로, 우리들 일상생활 가운데 의식, 무의식중에 여러 가지 사물에 대하여 보고 생각하는 것'이 관이다. 다시 말해 세계 전체의 성립, 의의, 구성을 과거·현재·미래로 파악하여 보려는 인간 본연의 생각이다. 이것이 철학적 해석방법을 피한 일반적인 세계관이라 할 수 있다.

　우주는 세계와 같은 동의어로 우(宇)는 세(世)와, 주(宙)는 계(界)와 동의어로 보기도 한다. 세(世)는 과거·현재·미래 삼세(三世)를 의미하는 시간적 흐름이며, 계(界)는 동·서·남·북과 상·하의 공간적 넓이를 의미한다. 이 시간과 공간 속에서 일체 모든 것은 어떻게 만들어졌으며 이 속에서 인간이 어떻게 존재하고 있는가를 생각하여 보는 견해가 불교의 세계관이다.

불교는 시간과 공간 속의 실질적 존재를 이원적 세계로 나누어서 보고 있다. 이원적 세계란, 윤회(輪廻)*하는 세계와 윤회가 없는 세계이다.

윤회의 세계를 미(迷)한 세계·번뇌 세계·사바(娑婆) 세계·차안(此岸) 세계·고(苦)의 세계로 부르고, 윤회가 없는 세계를 해탈(解脫)의 세계·깨달음의 세계·열반(涅槃)의 세계·피안(彼岸)의 세계·낙(樂)의 세계 등으로 부르고 있다. 불교는 윤회가 없는 세계로 가는 것이 최종 목표이다.

2) 윤회세계

생(生)과 사(死)를 거듭하는 윤회세계는 여섯 세계가 있다. 육도(六道輪廻)라는 것으로 ①지옥세계, ②아귀(餓鬼)세계, ③축생(畜生)세계, ④수라(修羅)세계, ⑤인간세계, ⑥천상(天上)세계를 말한다.

이 여섯 세계 가운데 한 세계에 태어나서 살다가 생이 끝나고 죽은 후, 다시 이 여섯 세계 가운데 한 세계에 태어나는 것을 육도윤회라고 한다.

예를 들어 설명한다면, 가령 인간도에 A라는 자가 태어났다고

---

* 윤회(輪廻, saṃsrā): '생사(生死)의 연속'이란 뜻으로, 고통이 있는 세계에서 다시 고통의 세계로 생과 사를 연속적으로 반복하면서 태어나는 것으로 마치 수레바퀴가 계속적으로 회전하는 것과 같다. 윤회설은 불교사상의 근본을 이루고 있다.

한다면, 이 자는 인간도에서 살다가 수명이 다하여 죽게 되면 다시 연속적으로 인간으로 태어날 수도 있고, 아니면 나머지 지옥·아귀·축생·수라·천상 중 한 세계에 태어나게 된다. 또한 A라는 자는 이 육도세계를 완전히 벗어난 해탈의 세계로 태어나 다시는 육도윤회에 재생(再生)하지 않을 수도 있다.

따라서 육도세계는 시간적으로 시작과 끝이 있는 유한 세계이다. 한 번의 실수로 육도세계에 태어나서 고통받는다 하더라도 고통의 끝이 있으며, 반대로 다소의 즐거움을 얻었다 하더라도 그 즐거움 또한 끝이 있는 곳이 육도세계이다.

육도세계의 탄생 원인은 중생의 업(業, karma)때문이라 할 수 있다. 업(業)이란 어떤 한 중생이 한 세계를 살아가는 동안 정신과 육체의 활동에 의하여 만들어지는 행위의 결과로 선업과 악업의 결과 때문에 육도세계가 탄생한다고 한다. 한 마디로 자업자득에 따른 인과응보라 할 수 있다.

육도세계 가운데 인간도 세계에 우리가 살고 있다. 이 인간도 또한 윤회는 숙명적이다. 인간은 70~80년을 살아가면서 즐거움과 괴로움을 반복하게 된다. 이 사바세계를 살아가는 동안 이실(利失)은 숙명적이다. 이렇게 시간의 흐름 속에 인생의 종말이 오게 된다. 그럼에도 불구하고 우리는 미래에 대한 자기 자신의 존재 위치를 찾는 일은 소홀히 하고 있다. 이와 같은 현상은 인간이 완전무결한 존재가 아니기 때문이라 할 수 있다. 따라서 한 사회를 살아가는 데 자력(自力)과 타력(他力)이 필요하게 된다.

육도윤회 세계에서 벗어나서 해탈의 세계로 가기 위해서는 자력으로 스스로 선업을 닦음은 물론이고 타력의 힘을 빌어 구제를 받아야 된다. 타력의 구제란 바로 부처님의 가르침에 따르는 것이라 할 수 있다. 석가모니 부처님 또한 사바 세계의 중생 구제를 위하여 응신(應身)으로 출현하신 부처님이다.

구원의 방편은 누구에게도 공평하게 활짝 열려져 있다. 부처님은 인간의 근기에 따라 대기설법(對機說法)*으로 설해 놓았기 때문이다. 이처럼 부처님께 귀의하여 타력의 힘으로 선업의 구원을 받을 수 있다. 그것은 부처님이 인간을 위하여, 자신도 한 인간으로 응신하시어 인간을 이해하여 인간이 할 수 있는 범위 내에서 가르침을 설하여 놓았기 때문이다. 고(苦)가 있는 육도세계에서 벗어나면 즐거움만 있는 극락세계로 가게 된다.

3) 인간 사후(死後)의 세계

육도윤회 세계 가운데 인간도에 살고 있는 우리는 죽음의 때가 반드시 있다. 그러나 영생(永生)을 구하기 위하여 어리석은 행동을 자행하고 있음은 예나 지금이나 변함이 없다. 다행히 현대의학의 발달로 수명 연장이 가능하게 된 것은 고마운 일이다. 그렇지만 영원불멸한 생명 연장은 불가능하다. 이 문제는 인간의 현세에서는 영원히 불가능한 과제이다.

세계종교 거의 전부가 현세와 내세라는 명제 속에서 각 종교의 특성이 전개되고 있다. 즉 사후의 세계를 명시하고 있다.

우리는 죽음을 보고 '다른 세상으로 갔다'고도 말한다. 현실의

---

*대기설법(對機說法): 같은 내용의 설법도 상대방이 알아듣는 수준 여하에 따라 여러 가지 형태로 알아듣기 쉽게 설법하여 놓은 것. 마치 판매자가 질과 모양이 같은 물건에 구매자의 취향에 따라서 여러 가지 색깔을 넣어 놓은 것과 같다.

죽음은 내세로 가는 출발점이라고도 할 수 있다. 불교에서는 출발에서 도착까지가 인과응보에 따라 결정된다고 보고 있다.

육도세계의 탄생은 인과응보에 따른 것이다. 그런데 인과응보는 사후 즉시 결정되는 것이 아니라 최종적으로 분류, 판별, 결정되는 시간이 49일 걸린다고 한다. 이 기간 동안 일종의 재판 과정이 있으며, 재판은 사자의 전생업(前生業)에 따라 이루어진다고 한다. 이 동안 사자는 중음(中陰)세계* 라는 곳에 머물게 된다.

중음에서 머물러야 하는 기간은 49일로 이 동안에 재판이 끝나게 되면 육도세계 가운데 어느 한 세계로 태어나게 된다. 불교의식 중 하나인 49재는 사자가 중음에서 머물고 있는 동안 부처님 말씀인 불경을 들려주어 혜안공덕(慧眼功德)을 쌓게 하려는 것이다. 이런 의미에서 49재는 사자에게 위안이 되는 중요한 의식이다.

4) 사자(死者)의 재판 준비

인간이 인간도의 세계에서 인연이 다하여 죽음을 맞이한 후, 인과법칙에 따라 육도세계에 반복하여 윤회를 계속할 때 육도 가운데 어느 한 세계에 환생하는 데는 시간적으로 49일이 걸린다고 앞에서 설명하였다. 이 49일 동안 인과법칙이 진행되는 과정을 현실사회의 재판과정에 비유하여 이해를 돕고자 한다.

죄인이 법정에 출두하기 전 간단한 심문이 있듯이 사자에게도

---

* 중음(中陰)세계 : 현세를 양(陽)이라고 하고, 사후세계를 유명(幽冥)이라 하여 음 (陰)으로 표시하는데, 판결이 끝날 때까지 이 세상도 저 세상도 아닌 가운데서 기다리고 있으므로 중음이다.

이러한 과정이 진행된다. 재판관 앞에까지 가는 동안 사자가 받아야 할 고통이 있다. 이 길을 명도(冥途 혹은 冥土)라고 한다. 이 길은 험한 산길과 물길이다. 처음 사자는 높고 험준한 산길을 넘어야 된다. 이 산 이름은 사출산(死出山)이다. 산 길이는 800리, 높이는 너무 높아 알 수 없다. 산에는 항상 감시원이 있어 넘지 않으면 안 된다. 산을 넘는 동안 사자는 바싹 마르게 되고 추하여 그 모습은 초라하기 짝이 없다.

사출산을 넘고 나면, 다음에는 강을 건너야 한다. 강은 셋으로 나누어져 강 수심과 길이가 각각 다르다. 강의 이름은 삼도강(三途江)이다. 첫번째 강 위에는 다리가 놓여져 있고, 두번째 강은 수심과 길이가 중간 정도 되고, 세번째 강은 깊고 물살이 센 강이다. 세 강 가운데 사자는 어느 한 강을 건너야 하는데 사자의 생각은 다리가 놓여져 있는 강을 건너려 하겠지만 그 결정은 인과응보에 따라 재판관이 지시한다. 이 재판관은 진광대왕(秦廣大王)이다.

사출산과 삼도강을 건너는 데는 7일이 소요된다. 사자에게 음식이 주어지면 사자는 그 음식을 식향(食香, 음식 냄새)으로 시식한다. 선조제사 때 음식을 차려 놓고 향을 피워 올리는 것도 이런 연유에서 유래한 것이다.

사자가 건너는 삼도강 주위는 넓은 모래밭으로 되어 있다. 이 강가 모래밭에서 어린아이들이 감시원의 감시를 받아 가면서 열심히 모래탑을 쌓고 부수고 또 쌓는 작업을 계속하고 있다. 그것에는 몇 가지 이유가 있다.

첫째, 어려서 죽었기 때문에 전생에 남에게 베풀 수 있는 것을 배우지 못하였다. 따라서 보시 공덕을 쌓도록 하고 있다.

둘째, 어린아이들이지만 그들은 죄인이다. 왜냐하면 자신들의 부모님보다 빨리 명도의 길로 왔기 때문에 부모님 가슴에 슬픔과 한을 안겨 준 불효자들이다. 자식을 잃고 애간장 끊는 심정은 자식을 잃은 부모만이 알 수 있을 것이다. 이 죄값 때문에 아이 죽음에는 제사도 무덤도 없는가 보다.

셋째, 부모의 잘못 때문이다. 부모의 무절제한 성행위로 인공유산 되는 사산(死産)의 죄값이다. 무책임한 낙태는 자기 손으로 자식의 생명을 죽이는 살인행위다. 이 햇빛도 보지 못한 자식이 또한 부모 먼저 죽은 자가 되어 죄인이 된 것이며, 보시 공덕을 쌓게 될 시간도 없게 된 것이다.

이러한 이유 때문에 모래성, 모래탑을 끊임없이 쌓고 있다고 한다.

5) 사자(死者)의 재판 과정

사자가 49일간 중음에 머무는 동안 7번의 재판을 받아야 하다. 재판관도 7명으로 모두 다르며, 죄목을 찾는 방법과 담당 죄목도 모두 각각 다르다. 이들 재판관은 초·7일 진광대왕, 2·7일 초강대왕, 3·7일 송제대왕, 4·7일 오관대왕, 5·7일 염라대왕, 6·7일 변성대왕, 7·7일 태산대왕 등이다. 이들 재판관이 사자에게 적용하는 공통된 기본 죄목은 다음과 같다.

① 불살생(不殺生): 함부로 살아 있는 목숨을 죽이지 말 것.
② 불투도(不偸盜): 주지 않는 물건을 가지지 말 것.
③ 불사음(不邪淫): 정당화되지 않는 성행위는 하지 말 것.
④ 불망어(不妄語): 거짓말이나 필요없는 소리는 하지 말 것.

⑤불음주(不飮酒): 술을 마시지 않는 것을 원칙으로 할 것.

불교신자들이 지키는 가장 기본적인 다섯 가지 계율(五戒)을 범하는 것이 가장 중요한 죄이며, 형벌도 제일 무겁다고 한다.

제1법정관 진광대왕은 사자가 앞서 사출산, 삼도강을 건넜을 때의 모습을 참고하여 사자가 입고 온 옷을 벗겨 의령수(衣領樹)* 나뭇가지에 걸어보고 사자의 죄값에 다라 판결한다.

제2법정관 초강대왕(初江大王)은 주로 살생죄를 많이 본다고 한다. 부처님께서는 생명의 평등함을 우리에게 가르쳤다. 나의 목숨이 귀하고 중요할진대, 타인의 목숨 또한 그러하다. 인간의 목숨은 물론이거니와 미세하고 보잘것없는 모든 생명까지 서로 존중되어야 되는 것이다. 부처님께서는 인간으로서 갖추어야 할 기본 계율 중에서도 불살생을 최고로 강조하셨다. 이것은 사회 질서의 기본이 되기도 한다. 불살생의 사상만 있으면 세계는 전쟁 없는 평화 속에서 생활할 수 있다.

제3법정관 송제대왕(宋帝大王)은 고양이와 뱀을 사용하여 사음죄를 재판한다고 한다. 그 방법은 "너, 사음을 범한 적이 있는가 없는가?" 물음과 동시에 남자에게는 고양이가 그곳을 조사하고 여자에게는 뱀이 그곳을 조사하기 때문에 거짓말은 통할 수가 없다고 한다.

제4법정관 오관대왕(五官大王)은 사자의 생전의 언동에 대하여

---

* 의령수(衣領樹): 죄의 경중을 측정하는 특수 나무로 이 나무 밑에는 현의옹(懸衣翁)이라는 할아버지와 탈의파(奪衣婆)라는 할머니가 있다. 사자가 입고 온 옷을 할머니가 벗겨 할아버지에게 넘겨 주면, 그 옷을 의령수 나뭇가지에 걸어보는데 죄값의 경중에 따라 나뭇가지가 휘어진다고 한다.

재판한다고 한다. 즉 망어죄와 도둑질죄를 본다고 한다. 이곳에는
저울이 준비되어 있다. 사자를 이 저울 위에 올려놓고 판결한다.
그런데 이곳에는 그 재판과정이 좀 재미있다. 저울눈을 보고 죄가
많은 자는 제5법정까지 보내지 않고 즉석에서 선고해 버린다고 한
다.

그러나 사자에게 그 선고가 너무 억울하다고 생각이 들면 사자
는 재심청구를 할 수 있는 제도가 있다. 사자의 재심청구가 정당하
다는 생각이 들면 제4법정관 오관대왕은 제1법정에서부터 재조사
의 기회를 준다고 한다.

제5법정관은 우리들이 잘 알고 있는 염라대왕이다. 염라대왕청에
는, 현대식으로 하자면 고성능 비디오 같은, 정바리(淨波璃)라고 하
는 수정으로 만들어진 거울이 있다. 이곳에 사자의 생전 악업이 전
부 비친다. 이것을 보고 하나하나 죄를 묻는데, 만약 거짓말을 하
면 즉석에서 혀를 뺀다고 한다.

그렇지만 염라대왕은 의외로 자비심이 깊은 재판관으로 알려져
있다. 사자의 죄가 너무 많아 지옥에 떨어져야 할 자는 두세 번
재조사를 하여 죄를 경감하여 주려고 한다. 이때 사자의 유족들이
선공양(善供養)으로 독경(讀經) 혹은 보시(布施)를 하면 죄가 한층
가벼워진다고 한다.

제6법정관 변성대왕(變成大王)은 제4법정에서 달아본 저울눈과
제5법정에서 비쳐본 거울 등에 잘못된 점이 있나 없나 심사 확인
한다. 누구 한 사람이라도 잘못되어 억울함이 없도록 하기 위해서
이다.

마지막 제7법정관 태산대왕(泰山大王)은 앞의 모든 서류에 나타
난 죄값을 종합 집계하여 사자에게 사자 자신이 최종 판결을 내리

도록 한다.

이들 7인의 법관들은 되도록 사자에게 죄값을 경감시켜 주려는 마음을 가지고 있어 극형 집행은 서로가 피하려고 노력하고 있다. 7대왕들은 부처님 밑에서 일하고 있어서 자비심이 깊기 때문이다. 그래서 49일 동안 사자의 참회와 유족들의 사자를 위한 독경 염불 공덕을 매우 참작한다고 한다.

제7법정관 태산대왕의 판결 방법은 똑같은 새 여섯 마리를 사자 앞에 가지고 와서 이 여섯 마리 새 가운데서 사자 마음대로 한 마리만 잡으라고 하는 것이다.

이 여섯 마리 새 뒤에는 육도윤회 세계의 이름이 각각 하나씩 쓰여져 있다. 사자가 잡은 새에 쓰인 세계로 가야 한다.

여섯 마리 새는 육도윤회 세계를 상징하고 있다. '여섯 마리 새 가운데 사자 스스로 한 마리를 골라 잡으라'는 것은 지금까지 재판 하여 오는 과정에서 엄격한 담당 재판관이 있음에도 불구하고 최 종 판결을 사자 스스로 결정하도록 한 것이다. 이 방법은 인과응보 법칙에 따른 자업자득의 결론을 의미하는 것이라 할 수 있다. 우리 현실사회 재판은 재판장이 선고하는 것이 상례이다. 그러나 이곳 에서 담당 재판장은 사자의 업에 따른 죄목만 분류 엄선할 뿐 최 종 판결은 사자 자신의 인과응보로 자신이 선택하는 점이 매우 특 이하다.

업에 의한 판결은 어떠한 불공평도 있을 수 없다. '콩 심은 데 콩 나고 팥 심은 데 팥 난다'는 말과 같이 업 또한 지은 대로 인과 (因果)를 받는 것이다.

이렇게 하여 49일의 여정이 끝나면 중음의 세계도 끝이 나고 사 자는 육도세계 가운데 한 세계에서 새로운 생(生)을 시작한다.

2. 육도(六道)세계와 극락세계

1) 육도세계의 위치

49일간 재판이 끝이 나면 육도세계로 가야 한다. 그런데 이 육도의 세계는 어디에 위치하고 있는지 그 기록을 보자.

육도세계는 수미산(須彌山)*을 중심으로 펼쳐져 있다고 한다. 수미산을 km로 환산하여 보면 높이가 160만km, 넓이도 160만km나 되는 산이다. 알기 쉽게 이야기하면 지구에서 달까지 거리가 약 39만km인데, 수미산의 높이는 지구에서 달까지의 거리 약 4배가 되는 셈이다. 그리고 수미산 둘레에는 4주(四洲)**와 9산8해(九山八海)***가 있다.

여덟 개의 바다 중 수미산 제일 바깥쪽에 있는 철위산(鐵圍山)과 니민달라산 사이에 있는 바다만 소금물이고 나머지 일곱 바다는 맑은 물로 이루어져 있다고 한다.

수미산을 중심으로 한 4주와 9산8해는 직경이 약 120만 유순, 높이 80만 유순으로 된 거대한 원통형 토대(土臺) 위에 얹혀 있다. 이 토대를 금륜(金輪)이라 한다. 금륜 또한 직경 120만 유순, 높이

---

* 수미산(須彌山, Sumeru-parvata) : 고대 인도인의 세계관(천문학, 지리학)은, 세계의 성립에 있어 수미산이 중앙에 있고 그 주위에 세계가 전개되어 있다고 한다. 수미산 높이는 해발 8만 유순(由旬)과 그 해발 밑으로 8만 유순으로 모두 16만 유순으로 된 산이라고 한다. 유순은 고대 인도 사람들이 사용하던 거리의 단위로 km로 환산하면 1유순이 10km 정도라고 한다.
* * 4주 : 동쪽에 동승신주(東勝身洲), 서쪽에 서우화주(西牛貨洲), 남쪽에 남섬부주(南贍部洲), 북쪽에 북구로주(北俱盧洲)가 있다.
* * * 9산8해 : 수미산 쪽으로부터 수미산 · 지쌍산 · 지축산 · 첨목산 · 선견산 · 마이산 · 상이산 · 니민달라산 · 철위산 등 아홉 산과 이들 산 사이에 8개의 바다가 있다.

80만 유순으로 된 수륜(水輪)이란 토대 위에 얹혀져 있으며, 이 수륜 또한 깊이 160만 유순, 둘레 아승지(阿僧祇) 유순*으로 된 거대한 원통형 풍륜(風輪)이란 것에 얹혀져 있다고 한다.

육도세계의 위치를 다시 정리해보면 아무것도 없는 허공이란 곳에 풍륜이라는 대기층이 있고, 그 위에 수륜층이 있으며, 수륜층 위에 대지층인 금륜이 있다. 그 위에 수미산을 중심으로 육도세계가 전개되어 있다.

이렇게 우주의 형성을 설명하였는데 잘 이해되지 않는 부분도 있을 것이다. 그렇다고 해서 이 세계관을 부정하는 것은 현시점에서 시기적으로 너무 성급한 단정이라 할 수 있다. 실례로 40년 전의 달나라 얘기를 생각하여 보자. 그때 인간이 달나라에 간다고는 아무도 믿지 않았을 것이다. 달이란 이태백의 계수나무가 있는 신비의 세계로만 알고 있었기 때문이다. 그러나 현재는 인간이 달나라만이 아니라 별세계까지도 갈 수 있게 되어 있다.

미약한 인간 지식이 아직 미치지 못함을 자숙하지 않고 현재 알고 있는 지식만으로 신비에 쌓인 세계관을 무조건 부정하는 태도는 버려야 할 것이다. 이것은 오히려 미래세계의 개척에 있어서도 좋지 못한 결과만 얻을 수 있을 뿐이다. 육도세계의 존재 위치를 부정보다 확인하려는 자세를 가져야 할 것이다.

---

* 아승지유순(阿僧祇由旬) : 아승지란 거리 단위로 10을 64제곱한 것을 말한다. 아승지유순은 아승지를 10만배 제곱한 것이다.

2) 육도세계의 설명

앞에서 열거한 육도세계 하나하나를 설명하여 보기로 하자.

① 지옥도(地獄道)

수미산을 중심으로 한 4주 가운데 남쪽에 있는 남섬부주 지하 5
만km 밑에 위치하고 있다고 한다. 이곳에 상하 여덟 지옥이 있다
고 한다. 즉 8층으로 된 지옥 빌딩인 셈이다. 한 지옥의 크기는 사
방 길이가 사만 유순(40만km)으로 된 입방체이다. 이 크기란 우리
가 살고 있는 지구를 4백 개나 넣을 수 있는 크기다. 여덟 지옥 전
부의 넓이는 지구를 20만7천6백 개나 넣을 수 있는 어마어마한 크
기다. 이 여덟 지옥 외에 부속 지옥이 또 있다. 여덟 지옥이 본점
지옥이라고 한다면 부속 지옥은 지점 지옥이라 할 수 있다. 부속
지옥은 한 본점 지옥에 16개가 있다. 따라서 부속 지옥 전체수는
128개가 된다. 이 정도라면 '지옥도 만원이다'라는 말은 통하지 않
을 것이다.

여덟 본점 지옥의 명칭을 최상층부터 차례대로 살펴보면 다음과
같다.

① 등활지옥(等活地獄)

② 흑승지옥(黑繩地獄)

③ 중합지옥(衆合地獄)

④ 규환지옥(叫喚地獄)

⑤ 대규환지옥(大叫喚地獄)

⑥ 초열지옥(焦熱地獄)

⑦ 대초열지옥(大焦熱地獄)

⑧ 아비지옥(阿鼻地獄)

같은 지옥이라 하더라도 위에서 아래의 지옥으로 내려갈수록 고통은 10배로 더해지고, 형기는 8배로 길어진다고 한다. 각 지옥에는 죄인들을 문책하는 형벌집행인인 우두인신(牛頭人身, 소머리에 사람 몸체)과 마두인신(馬頭人身, 말머리에 사람 몸체)이라는 인정사정 없는 옥졸이 있다.

여덟 본점 지옥을 맨 위층부터 차례로 살펴보자.

• 등활지옥

전생에 살생죄를 지으면 이 지옥에 떨어진다. 이 속에서는 서로 물고 뜯고 하는 싸움을 계속해야 하는 형벌이 계속된다.

죄인 본인들의 의지와는 관계없이 싸움을 계속시킨다. 이 지옥을 지키는 옥졸들은 싸움하는 것을 보는 것이 취미이다. 죄인이 싸움을 하지 않을 땐 옥졸들이 직접 죄인을 물어 뜯기 때문에 싸움을 안 할 수도 없다. 죄인이 지쳐 쓰러지면 다시 일으켜 싸우도록 시킨다. 이 형벌기간이 1조6천4백25억 년 동안이다. 전생 몇십 년의 잘못으로 이렇게 긴긴 세월 동안 고통의 형벌을 받아야 되는 것이다.

• 흑승지옥

지옥빌딩 7층에 있는 지옥이다. 전생에 살생과 도둑질한 자가 오는 곳이다. 끌톱, 대패 등으로 죄인의 살을 파내는 형벌이다. 흑승은 목수들이 가지고 있는 먹줄통에서 유래된 이름으로, 죄인의 몸에 열십자 모양으로 먹줄을 쳐 놓고, 그 먹줄에 따라 살을 파내려가는 형벌이다. 몸의 살이 다 파헤져지면 다시 그 살을 붙여가지고 또 파기 시작한다. 이 옥졸들은 죄인의 비명소리를 듣는 것이 취미이다. 이 형벌기간은 등활지옥 형기보다 8배로 길고, 10배로 고통스럽다고 한다.

● 중합지옥

지옥빌딩 6층에 해당하는 지옥으로 여기는 살생과 도둑질, 그 위에 사음죄까지 범한 자가 온다. 칼, 창 같은 뾰쪽하고 예리한 것으로 만든 침나무에 죄인을 발가벗기어 나무에 기어올라 가게 하는 형벌이다.

나무 위에 미녀 미남의 모양을 만들어 놓으면, 죄인은 전생에 사음한 생각 때문에 자신도 모르게 나무 위로 올라가게 되고, 올라가서 보면 그 미녀 미남의 형체는 나무 밑에 내려와 있는 것같이 보인다. 이렇게 반복하는 동안 죄인의 몸은 갈기갈기 찢어지는 고통을 받는다. 이 옥졸들은 죄인의 피가 흐르는 것을 보는 것이 취미다.

● 규환지옥

지옥빌딩 5층에 있는 지옥이다. 이 지옥에는 살생, 도둑질, 사음죄 위에 음주죄가 있는 자가 온다. 죄인은 입으로 술대신 펄펄 끓는 쇳물을 마셔야 한다.

우두인신과 마두인신 두 옥졸이 집게 같은 도구로 죄인의 입을 벌려 놓고, 펄펄 끓는 쇳물을 뱃속으로 붓는다. 쇳물이 뱃속 밖으로 나오면 다시 끓여 계속 붓는다. 상상만 하여도 속 내장이 전부 타버릴 것 같다.

• 대규환지옥

지옥빌딩 4층에 있는 지옥이다. 이곳은 살생, 도둑질, 사음한 위에 거짓말을 많이 한 죄인이 오는 곳이다. 형벌은 시뻘겋게 달은 인두로 혓바닥을 지진다. 혓바닥이 떨어져 나가면 다시 붙여서 지지고, 사음죄도 있기 때문에 남녀의 그곳도 지진다고 한다. 이 옥졸들은 감정이 없기 때문에 절대로 인정사정이 없다.

• 초열지옥

지옥빌딩 3층에 있는 지옥이다. 살생, 도둑질, 사음, 거짓말, 음주자 이 다섯 가지 죄를 범한 자가 온다. 불덩어리 쇠철봉으로 죄인의 온몸을 지지고 문지르는 형벌이다. 이름 그대로 타는 불덩어리지옥이다. 이 불의 온도는 어마어마하게 뜨겁다고 한다. 초열지옥에 있는 불씨를 성냥개비 하나만큼 떼가지고 지구에 오면 지구는 눈깜빡할 사이에 다 타버린다고 한다.

• 대초열지옥

지옥빌딩 2층에 있다. 초열지옥보다 10배나 뜨겁고 8배나 형기가 긴 지옥이다. 전생에 삼보(三寶)를 비방한 자, 비구니를 범한 자 등이 오는 지옥이다. 이 지옥은 넓이가 사방 2천km, 높이가 5천km나 되는 불덩어리 바다이다. 이 넓은 불바다 속을 뛰어다녀야 하는 형벌이다. 삼보를 비방한 죄가 얼마나 무거운가를 알 수 있는 지옥이다.

• 아비지옥

여덟 지옥 가운데 최하층이며 고통과 형벌기간이 제일 괴롭고 긴 지옥이다. 이곳에는 수행자가 계율을 파하고 대승(大乘)을 욕하고, 신자들의 보시를 받으면서 수행하지 않고 편안하게 지내며 대중화합을 깬 자들이 오는 곳이다. 형벌은 신장이 400km나 되고, 64개의 눈을 가지고 있고, 40km나 되는 수많은 이빨과 여덟 개의 팔과, 18개의 뿔을 가진 개 모양을 한 괴상한 짐승이 죄인을 꾹꾹 씹는다.

아비란 '사이가 없다'는 뜻으로 한 순간도 쉴 새 없는 고통이 계속되는 지옥이다. 대초열지옥은 일반 재가신도가 삼보를 비방한 죄로 오는 데 반해, 아비지옥은 수행자가 수행자답지 못한 행동을 했을 때 오는 지옥이라 할 수 있다. 또한 이 아비지옥에는 은혜를 모르는 자, 질서를 어지럽히는 자, 불효 등의 죄가 있는 자가 오기도 한다.

부속 지옥은 본점 여덟 지옥에 해당하지 않는 죄목을 가진 자가 오는 곳이다. 죄목에 대한 전용 지옥인 셈이다. 각 본점 여덟 지옥에는 동서남북 사방문이 있는데, 각문 쪽에 4개씩 부속 지옥이 붙어 있다. 즉 한 본점 지옥에 16개의 부속 지옥을 가지고 있다. 상세한 죄목이 기록되어 있기 때문에 전생에 죄를 지은 자는 빠져 나갈 수 없다. 죄목 조항이 없어 특별사면되는 예는 절대로 없다.

이상이 지옥도의 세계이다. 지옥도에서 고통받고 있는 모습이 너무나 애처로워 지장보살이 지옥문 앞에서 지옥도 중생을 구제하기 위한 원을 세워 놓고 계신다고 한다.

② 아귀도(餓鬼道)

육도 가운데 아귀도는 지옥도 다음으로 고통이 많은 세계이다.

지옥이 수미산 밑에 있는 데 비해 아귀도는 축생, 수라, 인간도와 같이 수미산과 천도세계 사이의 중간쯤에 위치하고 있다고 한다.

이곳에 오는 자는 음식에 탐욕을 부린 자, 시기·질투심을 가진 자가 이 세계에 떨어진다. 지옥도에서는 죄인들이 직접 옥졸들에게 고문을 당하였지만, 이곳은 죄인들이 간접적으로 고문을 당하며 형기는 5백 년이다.

그런데 아귀도의 시간과 인간도의 시간 단위는 다르다. 인간세계의 한달이 아귀세계에서는 한 시간이 된다. 따라서 인간도의 시간으로 계산하여 보면 1만 5천년 동안 아귀도에서 살아야 되는 셈이다.

아귀도의 총책임자는 염라대왕이라 한다. 아귀세계도 여러 종류가 있는데 이들을 전생 죄값에 따라 크게 세 종류로 나누어 분류하면, 무재아귀(無財餓鬼)·소재아귀(小財餓鬼)·다재아귀(多財餓鬼)이다.

이들 아귀도에서는 전생에 음식에 대한 탐욕과 낭비와 만족할 줄 모르던 죄값으로 목구멍은 바늘구멍만하고 배는 소 배만큼 크기 때문에 음식을 아무리 먹어도 걸떡거리게 되고 넘어간 음식은 뱃속에서 불, 혹은 오물로 변해 버린다. 세 종류 아귀의 특징을 살펴보면 다음과 같다.

무재아귀:음식을 전혀 먹을 수가 없다. 음식이 입 가까이 가면 불로 변하는 형벌을 받는다.

소재아귀:음식을 조금 먹을 수 있게 목구멍을 만들어 놓았다. 그러나 똥, 오줌, 토해 내놓은 오물 같은 지저분한 것만 준다.

다재아귀:이 아귀는 천계의 궁전까지 출입하면서 얼마든지 음식을 먹을 수 있게 하여 놓았다. 그러나 목구멍은 작고 뱃속은 크기

때문에, 아무리 열심히 먹어도 바쁘고 지치기만 할 뿐 배는 부르지 않다. 아귀도 중에서는 최고 좋은 자리라고 할 수 있다.

이처럼 아귀도는 배고파 껄떡거리는 고통을 주는 곳이다. 배고파본 경험이 있는 자만이 배고픔의 고통을 진정으로 알 것이다. 물질이 풍부한 사회 속에 살고 있는 지금 낭비와 사치, 허영심으로 타락하기 쉽다. 아귀도를 받지 않도록 낭비와 사치, 그리고 허영을 경계해야 할 것이다.

③ 축생도(畜生道)

축생도는 문자 그대로 짐승들이 사는 세계를 의미한다. 인간을 제외한 동물들이라 생각할 수 있다. 축생은 인간과 접하여 있으므로 간단하게 설명하겠다.

축생의 종류는 모두 34억 종류가 있다고 한다. 이러한 축생을 크게 조류(鳥類)·수류(獸類)·충류(蟲類)로 분류할 수 있다. 이들 축생 모두 생명의 기원은 바다인데, 그대로 물 속에 사는 축생도 있고, 육지로 올라온 축생도 생기게 된 것이라 한다. 이 설명은 현대 생물학자들의 생명기원설(生命起源說)과 일치하고 있다.

축생이 사는 장소에 따라 공행(空行, 날아 다니는 짐승), 육행(陸行, 걷고 기어 다니는 짐승), 수행(水行, 헤엄쳐 다니는 짐승)으로 나누고, 활동하고 있는 시간에 따라 주행성(晝行性, 낮에 활동하는 짐승), 주야행성(晝夜行性, 낮과 밤에 활동하는 짐승)으로 분류하고 있다. 이것도 생물학에서의 생물습관분류발상(生物習慣分類發想)과 일치하고 있다.

이와 같이 몇 천년 전에 이미 불교에서 크게 분류하여 놓은 것이 지금에 와서 증명되고 있다. 과학은 종교학의 일부라고 하여

도 좋을 것이다. 언젠가는 불교의 윤회법칙도 일반 사회에서 증명
되고 이해될 때가 올 것이다.

④ 수라도(修羅道)

수미산과 지쌍산 사이에 있는 바다 밑 18km 해저에 있다고 한
다. 수라도에는 4대 아수라왕이 각각 웅장한 수중궁전을 꾸며 놓고
있다. 바다 밑을 지배하는 위치와 왕도 각각 다르다.

동쪽 바다 - 비마질다라 아수라

서쪽 바다 - 사바라 아수라

남쪽 바다 - 용왕 아수라

북쪽 바다 - 라후라 아수라

이 중에서 북쪽 바다에 있는 라후라 아수라왕의 궁성이 제일 아
름답고 웅장하다고 한다. 이 궁성은 가로 세로가 80km이며 성벽은
7겹으로 쌓여 있고, 궁성 내부는 탑, 정원, 아름다운 숲 등을 칠보
로 단장해 놓고 있다. 마치 천계에 온 것 같은 착각을 일으킬 정도
이다. 이렇게 아름다운 이유는 아수라왕의 과거 경력과 관계가 있
다.

원래 아수라는 천계(天界)에서 정의(正義)를 담당하고 있던 신이
었는데 천계에서 파면 추방당하여 인간도보다 한 단계 아래인 수
라세계에 보내진 것이다. 그래서 싸움질을 좋아하는 수라세계에서
죄인들을 담당하게 된 것이다. 그럼 아수라가 어떤 이유 때문에 천
계에서 파면 추방당하였는가. 그 경위를 간단하게 설명하면 다음과
같다.

아수라신은 도리천에 살면서 모든 신들을 통솔하고 있는 제석천
왕과 무모하게 싸움을 했다. 싸움 결과는 뻔한 것이다. 일개 신에

불과한 아수라신이 모든 신들을 통솔하는 제석천왕을 이길 수는 없는 것이다. 싸운 이유는, 천계에 사지(舍脂)라는 아름다운 미인이 있었는데, 아수라는 사지 미인을 사모하고 있었다. 그런데 어느 날 갑자기, 제석천왕이 사지 미인을 제석궁에 와서 살도록 명령하였다. 이에 격분한 아수라가 제석천왕에게 도전하지만 아수라는 패하고 만다.

그러나 아수라는 단념하지 않고 기회만 있으면 계속 제석천왕에게 도전하였다. 이러는 동안 아수라에게는 자비심이 점점 없어지고 복수심만 불타게 되었다. 그러던 어느 날 싸움에서 아수라 군사가 이기기 시작하자 제석천왕 군사는 후퇴하기 시작했다.

그때 마침, 후퇴하는 제석천왕 군사들 앞으로 개미떼들이 줄을 지어 길을 건너고 있었다. 이를 본 제석천왕은 군사들의 후퇴를 정지시키고 개미떼들이 지나갈 때까지 기다렸다. 뒤따라오던 아수라 군사들은 사정없이 개미떼들을 짓밟고 따라갔다.

제석천왕은 부처님 가르침대로 무익한 살생을 피한 것이다. 그러나 아수라는 불타는 복수심 때문에 무자비하게 살생을 하고 만 것이다. 이 죄값으로 천상과 인간 사이의 마류(魔類)세계 수라도에 떨어진 것이다. 이와 같이 아수라도 세계는 무자비한 마음으로 싸움만 계속하는 마군(魔軍)들의 세계이다. 금생에 남과 다투기를 좋아하는 자는 수라도에 떨어진다고 한다.

⑤ 인간도(人間道)

수미산을 중심으로 남섬부주·동승신주·서우화주·북구로주가 있다고 하였다. 이 4주를 인간계라고 부른다. 그러나 보통 인간계라 하면 우리가 살고 있는 남섬부주를 가리킨다. 즉 우리는 4주 가운데서 남섬부주에 살고 있다. 나머지 3주에는 어떠한 인간이 살고 있는지 살펴 보기로 하자.

동승신주 : 수미산 동쪽에 위치하고 있다. 이곳에 사는 인간들은 신장이 4m, 평균 수명이 250세라고 한다.

서우화주 : 수미산 서쪽에 위치하고 있다. 이곳 사람들은 신장이 4m, 평균수명 5백세, 그리고 화폐는 소뼈 화폐를 사용하고 있다. 그래서 우화주(牛貨洲)라고 한다.

북구로주 : 수미산 북쪽에 위치하고 있다. 이곳 사람들은 신장이 16m, 수명은 1천세이다. 여기는 자원도 풍부하고, 물자도 풍부하여 4주 가운데 가장 좋은 곳이라고 한다.

남섬부주 : 수미산 남쪽에 위치하고 있으며 우리들이 사고 있는 곳이다. 평균수명 50~60세, 장수자도 1백세 미만이며 평균 신장은 160~170cm 안팎이고 질병에 시달리고 있다.

남섬부주가 4주 가운데 제일 나쁜 조건을 가지고 있다. 그러나 다른 주에 없는 특권 하나를 가지고 있다. 그것은 부처님을 모시고 있다는 점이다. 인간도에 태어나서 번뇌 속에서 헤매고는 있지만, 부처님 법을 만나 진리의 가르침을 받고 있기 때문에 빠른 시일 안에 육도 세계에서 벗어날 수 있다. 인간도의 생활 실태는 우리 자신들을 보면 알 수 있기 때문에 설명을 마친다.

⑥ 천도(天道)

지금까지 육도세계를 고통이 많은 세계부터 차례로 보아 왔다. 이제 육도세계의 마지막 천도(천상계, 천인계)이다. 육도세계 가운데 즐거움이 제일 많은 곳이다. 천도는 수미산의 중간부터 위로 시작된다. 위로 올라갈수록 상급천(上級天)이 되며, 한 층씩 올라갈수록 수명은 4배씩 늘어난다.

● 하천(下天)

천계의 가장 제일 아래 천으로, 수미산 중간 정도에 위치하고 있다. 이곳의 평균 수명은 9백 년이다. 하천 동서남북에 4천왕이 있다. 4천왕의 역할은 이 하천이 지상과 거리가 가깝기 때문에 지상의 불량배가 침입하지 못하게 하고, 지상에 있는 부처님 도량을 감시하는 역할을 한다.

● 도리천(忉利天)

수미산의 정상 높이 정도에 위치하고 있으며, 주위에는 제석천을 비롯한 33천이 있다. 이곳의 평균수명은 3600만 년이다. 제석천왕은 33천을 통솔하며 불법 수행자를 지켜 주는 중요한 일을 하고 있다. 제석천 자신도 불법에 귀의한 자이다. 제석천왕의 불법 귀의 동기는 이러하다.

제석천왕은 처음에는 결코 정직한 신이 아니었다. 그는 어느 날 어떤 선인(仙人)의 부인을 만나게 되는데, 그 부인이 너무나 아름다워 그만 사모하게 되었다. 제석천왕은 어느 날 남편이 없는 틈을 이용하여 신통으로 남편으로 변장하여 그 부인과 잠자리를 같이하고 말았다. 뒤에 이 사실을 알게 된 선인은 자기도 신통으로 제석천왕 온몸에 천 개의 여자 성기를 만들어 붙여 버렸다. 이에 놀란 제석천왕은 부처님에게 달려가 사실을 이야기한 후 참회하고 귀의하자, 천 개의 여자 성기는 천 개의 눈으로 바뀌어졌다. 그 후로 제석천왕은 불법을 지키게 된 것이다.

• 야마천(夜摩天)

염라왕이 다스리고 있는 천이다. 염라왕은 상계(上界, 천상)의 염라왕과 하계(下界, 지옥)의 염라왕이 있다.

• 도솔천(兜率天)

석가모니 부처님이 사바세계에 오시기 전, 이곳에 계셨다. 여기서 중생들이 암흑 속에 헤매고 있는 것을 보시고 중생을 구제하기 위해 사바세계로 내려오셨다. 지금은 미륵보살이 계신다. 미륵보살은 미래에 미륵불이 되시어 내려오신다. 그 시기는 56억7천만 년 후가 된다. 도솔천의 하루는 인간세계의 4백 년과 같은 세월이다.

• 낙변화천(樂變化天)

이곳에 태어난 자는 자기 스스로 즐거움을 만들어 즐겁게 지낼 수 있다 하여 낙변화천이다. 이곳 수명은 8천 년이다. 여기 하루는 인간세계의 8백 년이다. 따라서 인간세계의 세월로 계산하여 보면 64만 년이나 살 수 있다.

• 타화자재천(他化自在天)

낙변화천에서는 스스로 즐거움을 만들어 즐겁게 지낼 수 있는데 비해, 이곳은 즐거움을 만들 필요도 없이 다른 천에서 즐거워하는 모습만 보아도 스스로 즐겁다. 수명은 92억6천만 년이다.

이상 천계의 대표적인 여섯 천계를 살펴보았다. 이곳의 즐거움과 수명은 인간세계와는 비교가 안 된다. 이곳은 언제나 즐거움을 얻을 수 있는 것이다. 그러나 이곳도 아직은 욕망이 끊어지지 않은 세계이다. 그러므로 이 천상세계도 욕망의 세계다. 따라서 이 여섯 천을 육욕천(六欲天)이라고도 부른다. 아직 성욕(性欲)과 식욕(食欲)을 가지고 있는 세계이다. 욕이 멸하지 않는 한 영원한 즐거움은 없으며 윤회가 계속된다. 그래서 천상계도 육도윤회 속에 포함되는 것이다.

천상세계의 수명은 길지만 언젠가는 끝이 있다. 그때의 모습은 머리에 쓰고 있는 관(冠)의 꽃이 시들고, 겨드랑이 밑에서 땀이 나며, 옷의 색깔이 변하고, 몸에서는 광명이 없어지고, 감정이 우울해지기 시작하고 즐거운 마음이 없어진다.

이와 같은 모습을 천인오쇠(天人五衰) 현상이라 한다. 육도세계 가운데서는 최고 세계인 천상세계도 윤회세계에 포함되므로 즐거움이 한계가 있는 곳이다.

3) 극락정토 세계

괴로움은 영원히 없고 즐거움이 영원히 있는 곳, 다시는 윤회세계에 태어나지 않는 곳, 해탈된 곳, 이곳이 극락정토 세계이다. 그곳은 서쪽으로 십만억 불국토를 지나면 있다. 사바세계에 살고 있는 우리들은 눈으로 보고, 귀로 듣고, 코로 냄새를 맡고, 입으로 맛보고, 뜻으로 느끼는 오온(五蘊)으로 되어 있기 때문에 '극락이 있는 곳을 좀더 상세히 번지까지 가르쳐 주면 찾아가기 쉽고, 믿기 쉬울 텐데'라고 생각할 수도 있다. 그러나 극락이 있는 곳을 번지까지 기록한다면 극락은 한 곳에만 있게 되고 만다. 극락은 어느 한 곳에만 있지 않다는 사실을 우리들은 알아 두어야 될 것이다.

　부처님이 만들어 놓은 국토이기 때문에 극락세계를 불국토(佛國土)라고도 부른다. 이곳에 갈 수 있는 자격을 얻은 자는 윤회의 세계처럼 7번 재판을 받을 필요도 없다. 모든 복잡한 수속은 생략된 선택된 인간이다. 극락에 한 번 초대받기만 하면 영원히 이곳에서 살 수 있다. 이곳은 육도윤회세계를 벗어난 곳이기 때문이다. 윤회의 연이 미치지 않는 세계, 무연(無緣)의 세계이다. 연으로 말미암아 사건이 일어나고 그 연 때문에 구속을 받는데 이곳은 본인 뜻대로 언제나 자유롭다.

　천상계와 극락세계는 완전히 다른 세계이다. 천상계 세계는 육도세계 가운데 한 세계이므로 윤회의 세계에 속한다. 그러나 극락세계는 윤회하지 않는 세계, 무연의 세계, 해탈의 세계를 의미하며 불교의 목적지이다.

　극락은 인간의 이상적인 고향이라고도 할 수 있다. 극락세계는 어떻게 꾸며져 있을까? 그곳은 사바세계에서 값지고 귀한 것과 얻고 싶어도 얻을 수 없는 물건들이 모두 있다. 극락에는 5백억 개의 금전과 누각이 바둑판처럼 정연하게 세워져 있으며, 그 속에는 하루종일 향수 냄새와 부처님의 음성이 은은하게 퍼지고 있다. 수목에는 보석이 주렁주렁 걸려 있고 강가 모래는 금모래 은모래로 장식되어 있다. 사람들은 이 금은 모래 강에서 배를 타고 신묘한 음악을 연주하며 흥에 겨워 있고, 칠색(七色)꽃을 머리에 꽂고 춤을 추고 있다. 그 강물은 맑고 깨끗하며 차겁지도 뜨겁지도 않은 감로(甘露)의 물이며, 그 물을 마시면 힘이 솟아오른다. 각자가 살고 있는 집들을 넓은 궁전이다. 집 전체가 4보(四寶 : 금·은·유리·수정)로 장식되어 있으며, 정원은 7보(七寶 : 금·은·유리·수정·차거·적주·마노)로 꾸며져 있고, 정원 앞에는 연꽃이 항상 피어 아름다움을 더해준다. 사람들의 몸은 금색으로 빛나고 의상은 눈이 부실 정도이고, 온갖 장식품이 아름다움을 더해주고 있다. 식사를 할 때는 칠보로 만들어진 식탁이 나오고, 그 위에 각자 식성에 맞는 산해진미가 나온다.

이와 같이 장엄된 세계가 극락세계다. 여기 기술한 극락의 현상은 그 일부에 지나지 않는다. 우리의 상상을 초월한 세계가 극락이라고 생각할 수밖에 없다. 극락의 제일 좋은 특징은 하루종일 부처님의 설법이 그치지 않는 것이다. 극락에 살고 있는 자들은 항상 부처님의 가르침에 따르고 수행을 하고 있다.

그런데 극락은 서쪽에만 있을까? 결코 그렇지는 않다. 동쪽에도 극락정토가 있는데 동방약사여래불(東方藥師如來佛)께서 다스리고 계신다. 그리고 사바세계는 석가여래불이 계신다고 할 수 있다. 이와 같이 여러 곳에 불국토가 있다. 이것은 극락이란 어느 한 곳, 어느 한 사람에게만 있는 것이 아니고 시방세계(十方世界) 어디든지 있다는 것을 의미한다. 따라서 자기 자신을 중심으로 하여 저 먼 서방정토와 동방약사여래불이 계시는 곳에도, 아주 가까운 곳에, 혹은 자신이 살아 움직이는 내면세계에도 존재하고 있다고 할 수 있다. 지옥 또한 마찬가지다.

극락과 지옥세계를 공간적 입장에서 살펴본다면 어디든지 있을 수 있다. 그러나 가장 중요한 것은 인간의 내면적 세계에서 극락과 지옥이 존재한다는 것이다. 내면적인 극락과 지옥은 연기(緣起)에 의한 선업(善業), 악업(惡業)으로 시작된다고 할 수 있다.

4) 불법(佛法)의 수호자들

불교에는 석가모니 부처님을 중심으로 하여 많은 불·보살, 그리고 신·천왕 등이 있다. 이들은 석가모니 부처님을 보좌하고 불법을 보호하는 자들로 생각하여도 무방하다.

불(佛)과 여래(如來)는 같은 의미이다. 여래는 '진리를 가지고 오신 분', 혹은 '진리를 중생에게 가르치는 분'이란 뜻이 있다.

보살(菩薩)은 간단히 말해서 부처님의 특사(特使), 혹은 대리인이라고 할 수 있다. 이들도 중생구제를 위하여 파견된 분들이다. 때문에 부처님에 준한다고 할 수 있다.

보살의 이름은 상당히 많다. 그 중 몇 분을 본다면, 도솔천에서 56억 7천만 년 후에 부처님이 되어 이 세계에 출현하시기 위하여 수행하고 계시는 미륵보살(彌勒菩薩)이 계신다.

아미타불 우보처(右補處)로, 지혜 광명을 가지고 윤회 속에 빠져 있는 중생을 구제하시는 대세지보살(大勢至菩薩)이 있고, 아미타불 좌보처로, 대자대비한 마음으로 중생의 온갖 고통 소리를 듣고, 한 중생도 빠짐없이 건져 준다는 대성자(大成者) 관세음보살(觀世音菩薩)이 계신다. 어두운 지옥세계에서 헤매고 있는 중생을 구제하기 위하여 지금도 눈물 흘리고 계시는 지장보살(地藏菩薩)이 계신다. 지장보살은 어린이의 죽음을 특히 애석하게 여기신다고 한다.

불교에서는 범천(梵天), 혹은 제석천(帝釋天) 등 천이란 말을 자주 들을 수 있다. 천을 신이라고 생각하여도 무방하다. 이들은 불교 수호신이다. 요즘식으로 표현하면 경찰 역할을 한다고 할 수 있다. 불국토 밖에 있는 죄인들이 들어와 질서를 어지럽힐 염려가 있으므로 항상 무서운 형상을 하고 있다. 이 신들은 맨 처음에는 해

신(海神)·산신(山神)·태양신(太陽神)·목신(木神)·우신(雨神)
등 이교도들이었는데, 부처님의 가르침을 받고 귀의한 자들이다.
이들 수호신들은 부드러운 성격을 가진 범천·제석천·변재천·지
예천 등 문인천(文人天)이 있는가 하면, 무서운 형상을 한 사천왕
(四天王)·십이신장(十二神將)·금강신(金剛神) 같은 무인천(武人
天)들도 있다.

불상에 대한 이해

제4장
•
불상에 대한 이해

1. 불상이란

불상을 문자 그대로 해석하면 '부처님의 조상(彫像)'이라고 할 수 있다. 그런데 꼭 부처님만을 의미하기보다는 사찰에 모셔져 있어서 불자들이나 참배객의 예배의 대상이 되고 있는 미륵이나 보살 등의 상들까지도 모두 폭넓게 불상이라고 부르고 있다.

이 불상 조각의 발상지는 간다라라 불리고 있던 지역(현재의 파키스탄 페샤와르 지방)으로서, 기원 1세기경이라고 전해지고 있다. 그런데 간다라 조각의 영향을 받았기 때문인지 역시 같은 무렵 갠지스 강을 중심으로 한 중인도 지방에서도 석가상(釋迦像)이 만들어지게 되었으며, 이윽고 이것이 인도 각지에 퍼져나갔다. 이 양식을 '마투라(mathurā) 미술'이라고 부르고 있다.

중국에는 실크로드를 거쳐서 후한(後漢) 시대에 불상이 전해졌다고 한다. 경로에서도 알 수 있듯이 당연히 간다라 양식의 불상이며, 그 대표적인 것으로 돈황, 운강석불군이나 용문석굴을 들 수

116

있는데 현재도 남아 있다. 그후 시간이 경과함에 따라 동양의 은은
한 멋을 풍기는 양식으로 바뀌어갔으며, 사실적인 묘사를 하게 되
었고 이윽고 당나라 시대의 고아하고 중후한 모습을 띠게 되었다.

우리 나라에 불상이 전해진 시기는 고구려가 가장 빠르다. 지금
으로부터 약 1700여 년 전에 중국에서 불상과 경전이 전래되었다
는 기록이 《삼국사기》에 기록되어 있기 때문이다. 백제는 그보다
약 100년 늦게 불교를 받아들였지만 불상이 들어왔다는 기록은 찾
아볼 수 없다. 또한 신라는 두 나라보다 훨씬 늦게서야 불교를 공
인하였으나 역시 구체적으로 불상이 들어온 시기는 기록으로 전해
지지 않는다.

삼국시대 불상의 특징은 신비성이 강하게 표출된다는 점을 들
수 있는데 초기 불상은 그 얼굴이 갸름하고 몸매는 지금보다는 살
이 빠져 있지만 후기에 접어들면서 차츰 풍만해져 갔다. 특히 고려
시대의 불상은 신비롭거나 그윽한 향취가 줄어드는 반면 인간적인
향취를 느끼게 해주는 모습을 띠게 된다. 조선시대에는 불교의 쇠
퇴와 함께 불상 제작도 그 정교함을 잃어갔다. 다만 동네 어귀에서
만날 수 있는 돌부처나 미륵불상을 통해 소박한 민심이 그대로 재
현되는 특징을 들 수 있겠다.

한편 불상이 일본에 전해진 것은 언제쯤일까? 지금으로부터 약
1천4백 년쯤 전인 아스카(飛鳥) 시대에 쇼토쿠 태자(聖德太子)나
소아마자(蘇我馬子)의 장려책이 있었으며 그와 함께 한국에서 건
너간 사찰이나 불상 건축의 전문가에 의해서 법륭사로 대표되는
사원의 건립이나 불상의 제작이 성행해졌다.

최초에는 중국이나 한국의 모방에 지나지 않았던 기술에 헤이안
(平安) 시대에 들어서면서 일본풍이 섞이게 되었다. 또 가마쿠라

(鎌倉) 시대가 되면 무가(武家) 정권 탓이기도 하였겠지만 힘차고 사실적인 맛의 극치를 보여주는 새로운 양식이 주류를 이루었다. 그리고 일본풍 고유의 전통에 입각하면서도 새로운 송나라 양식을 받아들인 아미타불상을 완성하기도 하였다. 이런 가마쿠라 시대 이후에도 불상은 많이 만들어졌다.

2. 불상의 기원

불상으로서 최초로 등장하는 것은 석존(釋尊 : 석가모니 세존을 말함.)이 입멸한 후 상당히 오랜 시간이 지난 후이다. 그것도 처음에는 부처님의 모습을 그대로 만들어내려고 한 것이 아니라 족적(足跡 : 佛足跡)이라든가, 깨달음을 얻었던 보리수, 부처님의 설법을 상징하는 법륜(法輪 : 輪寶라고도 하며 수레바퀴의 모습을 본뜬 것)과 같은 상징적인 것이었다.

그렇다면 어째서 곧바로 석가모니 부처님의 모습을 그대로 본떠서 상을 만들지 않았던 것일까? 그 이유는 '석가모니 부처님은 이미 입멸하셔서 이 세상에 계시지 않다. 입멸하여 열반에 들어간 사람에게 신체라고 하는 것이 어떻게 있을 수 있겠는가?'라고 하는 생각 때문이었다.

하지만 이윽고 부처님의 신체에 대해서 여러 가지 사색이 이루어지게 되었다. 앞서 말한 간다라풍이나 마투라풍의 일부 조각에 의해서 처음으로 석가상이 나타났던 것이다. 일단 석가모니 부처님의 모습을 표현하는 일이 실현되자 불상 만들기는 급속도로 퍼져나갔다. 그리고 차츰 전문화되어 갔으며 여래, 보살, 명왕(明王),

천(天)으로 분화되었고 그 수도 급증하였던 것이다.

3. 불상의 종류

현재 우리에게 남겨져 있는 불상은 그 수가 아주 많지만 형식이나 격(格)의 차이에 의해서 분류해보면 대체로 다섯 부류로 나눌 수 있다.

1) 여래

여래란 부처님의 다른 이름으로서 부처님의 열 가지 이름(十號: 如來・應供・正遍知・明行足・善逝・世間解・無上士・調御丈夫・天人師・佛世尊) 가운데 하나이다. 따라서 불상이라는 것을 좁은 뜻으로 해석하면 여래상만을 의미하게 된다.

대표적인 것은 석가여래・약사여래・아미타여래・비로자나여래・대일여래가 있으며, 이들 여래상에 공통되는 것은 '삼십이상(三十二相) 팔십종호(八十種好)'이다.

2) 보살

깨달음을 구하여 정진하고 있는 수행자, 즉 여래를 모시고 불법을 수학하는 자를 '보살(菩薩)'이라고 부른다. 여래는 수많은 보살 중에서 높은 지위에 있는 자를 선택하여 언제나 양쪽에 두고 자신을 시중들게 하고 있다. 이 보살을 '협시보살(脇侍菩薩)'이라고 부르며 대표적인 구조는 다음과 같다.

석가여래 : 보현보살과 문수보살

약사여래 : 일광보살과 월광보살

아미타여래 : 관세음보살과 대세지보살

대일여래 : 허공장보살(五體)

이 밖의 보살로는 미륵보살·지장보살·육관음(六觀音) 등이 있다.

3) 명왕

밀교가 만들어낸 것으로 진언(眞言 : 明呪)을 외면서 기도할 때 그 영험이 가장 위대한 부처님, 다시 말하면 명주의 왕이라는 의미이다. 위엄을 갖추고 악을 쳐부수며 정법으로 인도하기 때문에 원칙적으로 분노형(忿怒形 : 무시무시한 얼굴 표정)으로 만들어지고 있다.

부동명왕(不動明王)을 중심으로 하는 5대명왕 외에 애염명왕(愛染明王), 공작명왕(孔雀明王) 등이 있다.

4) 천

천(天)이라고 하면 본래는 인도의 민간신앙에서 받들면서 깊이 신앙하고 있던 신들을 말하는데, 그들을 불교에서 흡수하게 된 것이다. 여래, 보살, 명왕이 성별을 초월하고 있는 것과 달리 천에는 남여의 성별이 있으며 그 생김새도 아주 다양하다. 보통 세 부류로 나누어 진다.

무신(武神) : 범천·제석천·사천왕·인왕·십이신장

복신(福神) : 비사문천·대흑천·환희천

여신(女神) : 길상천·변재천·귀자모신

5) 성문

성문(聲聞)이란 비구(승려)라는 의미로서, 석가모니 부처님의 덕 높은 제자였던 아라한(阿羅漢 : 줄여서 흔히 나한이라 함)이나, 새로운 종파를 일으킨 개조(開祖), 또는 서민의 존경과 숭배를 한 몸에 받았던 고승 등의 상을 말한다.

나한상은 일반적으로는 16나한, 5백나한이라 불리고 있다.

4. 불상의 재질과 만드는 법

그렇다면 불상은 어떤 재료를 사용하여 어떻게 만들어지는지 그 재료와 재질, 만드는 법을 살펴보기로 하자.

1) 석불

들판이나 야외에 모셔지는 불상으로서 재료는 말할 필요도 없이 돌이다. 독립되어 서 있는데 불보살상 외에도 석굴상이나 마애불도 이 속에 포함된다.

석굴상은 석굴 안의 벽면에 음영의 농도를 풍만하게하여 새겨넣은 것이며, 마애불은 벼랑이나 절벽에 직접 불상을 조각한 것이다.

2) 금불

금속을 재료로 한 상으로는 주조(鑄造), 추금(鎚金) 등에 의한 제작방법이 있는데 거의 대부분은 주조한 상이다. 재료는 동(銅)과 주석의 합금인 청동에 도금한 금동상(金銅像)이 많고 그 중에는 금, 은, 철 등으로 만든 것도 있다.

주조는 금속을 주조하여 만드는 것인데 최초의 형태 만들기로는 '목형법(木型法)'과 '납형법(蠟型法)' 등이 있다.

추금은 딱딱한 금속으로 반육조(半肉彫)의 틀을 만들어서 그 위에 동판을 덧대어 모양을 두드려낸 것이다.

3) 목불

재질은 노송나무, 녹나무, 참나무, 느티나무 등이 많이 쓰인다. 일부에서는 남방산인 향목을 사용하는 경우도 있다. 목불을 만드는 법으로는 일목조(一木造)와 짜맞추기가 있다.

일목조는 불상 전체 즉 머리에서 발, 좌대까지를 한 그루의 나무로 새겨서 만드는 것을 말한다. 상의 세부는 다른 나무를 쓰기도 하지만 그것까지도 일목조라고 부른다.

짜맞추기는 여러 나무를 이용하여 불상의 머리와 몸통, 손, 발 등을 각각 조각한 뒤에 이것들을 짜맞추어 한 몸으로 만드는 것이다.

4) 건칠불

우리 나라에서 건칠불상을 보는 것을 매우 드문 일인데 경북 경주에 위치한 기림사의 건칠보살좌상은 조선 초기 불상의 모습을 보여주는 귀중한 자료이다. 반면 일본 나라시대 불상에서는 건칠불을 많이 볼 수 있다. 건칠에는 '탈건칠(脫乾漆)'과 '목심건칠(木心乾漆)'의 두 방법이 있다.

탈건칠은 진흙으로 원형을 만들고 그 위에 마포를 옻칠로 바른 다음 마르고 나면 내부의 진흙을 제거하고 안료로 표면을 완성한 것이다.

목건칠은 나무로 원형을 만들고 그 위에 옻칠과 향료분말을 잘 섞어서 완성한 것이다.

5) 소불(塑佛)

소불은 진흙으로 만든 불상을 말하는데 고려 시대 소조불로 유명한 불상은 부석사 무량수전의 주존상을 들 수 있다. 일본 나라시대에는 소불이 만들어진 예가 많지만 그 이후는 거의 만들어지지 않았다.

소불은 나무를 심지로 하여 밧줄로 휘감고 그 위에 잘 반죽한 점토를 발라서 대체적인 형태가 만들어지면 건조시킨 뒤에 표면을 완성한다.

전(塼)불상은 벽돌과 같이 불에 태운 것으로 건축물 표면 등을 장식하기 위한 불상이다.

5. 불상의 구분법

그렇다면 불상은 어떻게 보면 좋을까? 그것을 이해하기 위해서는 먼저 '부처님은 어떤 분인가'를 알아둘 필요가 있다.

한마디로 말하면 완벽하게 완성된 인격이며, 자비와 지혜의 마음을 가진 존재의 총칭이라고 할 수 있다. 그 모습을 형체로 표현한 것이 불상이다. 우리들은 그 모습을 통해서 그 배후에 있는 부처님의 위대한 힘, 즉 성장하시고 가르쳐 인도해 주셨으며 괴로움에서 구제해 주신 그런 분의 존재를 인식할 수 있다.

불상을 만드는 장인들은 한결같이 부처님은 어떤 존재인가를 언제나 염두에 두고서 불상을 만들어왔다. 옛날의 장인들은 출가하기도 하였으므로 그들이 만든 불상을 미술작품으로서의 단순한 조각이라고 할 수만은 없다.

1) 여래상

여래상은 역사상 실재한 석가세존의 모습을 본뜬 것에서 시작해서 그것이 다른 여래로 발전해간 것이다. 이들 여래상에는 어떤 특정한 공통점이 있다.

먼저 첫번째 특징으로는 석가모니 부처님께서 태어나시면서 지니고 계셨다는 삼십이상, 팔십종호(줄여서 相好)를 들 수 있다. 여래상에서 가장 분명하게 나타나는 상(相)은 다음과 같다.

육계상(肉髻相)은 머리가 이중으로 이루어져 있어 마치 밥공기를 엎어놓은 듯 머리 뒤가 높이 솟아 있는 모습이다.

백호상(白毫相)은 이마 한 가운데에 흰 털이 오른쪽 방향으로 휘감겨 있는 것을 말한다. 불상에는 수정을 사용하고 있는 경우가 많다.

수족천폭륜상(手足千輻輪相)은 손바닥이나 발바닥에 수레바퀴와 같은 모양이 있는 것이다.

수족지만망상(手足指亡縵網相)은 손가락이나 발가락 사이에 물갈퀴가 있는 것을 말한다. 다만 후대의 불상에서는 생략하고 있는 경우가 많다.

금색상(金色相)은 전신이 금색으로 빛나고 있는 모습이다. 여기에는 세계 전체를 밝게 비춘다는 의미가 있다.

원호상(圓好相)은 양어깨의 살점이 풍부하고 둥그런 모습을 띠고 있는데 이것은 원만(圓滿)을 상징한다.

두번째 특징은 몸에 납의(衲衣)를 입고 있을 뿐 장신구가 없으며 (대일여래는 예외이다.), 지물(持物)은 약사여래가 약병을 들고 있는 예외는 있으나 그 밖의 불상은 대체로 아무 것도 지니고 있지 않은 모습이라는 것이다.

세번째 특징은 머리카락의 모습이 소라고둥처럼 작은 소용돌이 모양으로 이루어져 있다는 점이다. 이것을 '나발(螺髮)'이라고 하는데 전부 오른쪽으로 돌고 있다.

네번째 특징은 여래상은 인간과 마찬가지로 전부 일면이비(一面二臂 : 얼굴 하나에 두 개의 팔)이며, 변화관음(變化觀音)이나 명왕(明王)처럼 다면다비(多面多臂 : 여러 개의 얼굴과 팔을 지닌 것)의 불상은 없다는 점이다.

다섯번째 특징은 좌상(坐像)이건 입상(立像)이건 대좌(臺座)는 전부 연화좌(蓮華座) 즉 연꽃 모양을 새긴다는 점이다.

여래의 공통적인 특징은 이상과 같은 것인데, 다음에는 각각의 여래에게 어떤 차이점이 있는지 살펴보자.

석가여래

'석가여래'는 다른 여래의 원형이라고 해도 좋은데 그 모습이나 생김새도 정통적인 방법을 취하고 있다. 손의 모습은 보통 오른손을 '시무외인(施無畏印)', 왼손은 '여원인(與願印)', 양쪽 합하여 '통인(通印)'이라 불리는 인상(印相)을 하고 있다.

역사상 실재하였던 석가모니 부처님이 모델이 되고 있기 때문인지 그 일생 동안 일어났던 여러 사건들을 표현하는 다양한 상이 있다. 하천(下天)·탁태(託胎)·주태(住胎)·탄생(誕生)·출가(出

家)·성도(成道)·전법륜(轉法輪)·입멸(入滅)의 여덟 가지로서, 이 것을 '석가팔상(釋迦八相)'이라고 한다.

'삼존상(三尊像)'은 석가여래 좌우에 보현보살과 문수보살을 함 께 만든 것이 일반적이다. 석가여래의 권속으로는 불교를 수호하 는 존재로서 천(天)·용(龍)·야차(夜叉)·건달바(乾闥婆)·아수라 (阿修羅)·가루라(迦樓羅)·긴나라(緊那羅)·마후라가(摩睺羅加)의 여덟 가지가 있고 이들을 '팔부중(八部衆)'이라든가 '천룡팔부중 (天龍八部衆)'이라고 부르고 있다.

약사여래

'약사여래'의 정식 호칭은 '약사유리광여래(藥師瑠璃光如來)'이다. 이 '약사'라는 말은 '의사'라는 뜻이며 '병을 치료하고 약을 주는 데에 있어 권위를 가지신 분'이라는 의미의 이름이다. 손의 모습은 석가여래와 같은 통인이기는 하지만 왼손에 약병이나 보배구슬을 들고 있는 모습으로 구별하고 있다. 이 약사여래 또한 협시보살을 거느리는 '약사삼존(藥師三尊)'으로 모셔지기도 하는데 일광보살과 월광보살을 거느린 모습이 가장 많다. 또한 약사여래는 권속으로 서 십이신장(十二神將)을 거느리고 있는데 그들은 다음과 같다.

	이름	몸의 색	지물
자(子)	궁비라(宮毘羅)대장	황색	저(杵)
축(丑)	벌절라(伐折羅)대장	백색	검(劍)
인(寅)	미기라(迷企羅)대장	황색	봉(棒)
묘(卯)	안저라(安底羅)대장	녹색	추(鎚 : 망치)
진(辰)	미이라(末爾羅)대장	홍색	차(叉)

사(巳)	산저라(珊底羅)대장	연색	검(劍)
오(午)	인달라(因達羅)대장	홍색	곤(棍:棒)
미(未)	파이라(婆夷羅)대장	홍색	추(鎚)
신(申)	마호라(摩虎羅)대장	백색	부(斧:도끼)
유(酉)	진달라(眞達羅)대장	황색	삭(索:노끈)
술(戌)	초두라(招杜羅)대장	청색	추(鎚)
해(亥)	비갈라(毘羯羅)대장	홍색	륜(輪)

아미타여래

아미타란 '무량수(無量壽)' '무량광(無量光)'이라는 뜻의 범어이다. 즉 한량없는 생명을 지니고 무한한 광명을 지닌 부처님이란 뜻이다.

'약사여래'가 동방정토의 교주인 것에 비해서 '아미타여래'는 미래(未來)의 방향, 서쪽에 있는 화려한 극락정토의 교주라고 한다. 아미타여래는 머리꼭대기에서 발끝까지 손의 모습(印相)을 제외하면 석가여래나 약사여래 등과 아주 똑같다. 다만 이 인상은 아미타여래만이 지닌 독특한 것으로서 우리가 쉽게 구분할 수 있게 해준다.

'구품(九品)'을 알아보기로 하자.

상품상생(上品上生)・상품중생(上品中生)・상품하생(上品下生)
중품상생(中品上生)・중품중생(中品中生)・중품하생(中品下生)
하품상생(下品上生)・하품중생(下品中生)・하품하생(下品下生)

이 가운데 가장 좋은 것은 '상품상생'의 사람인데 마지막 숨을 거둘 때 아미타여래는 수많은 무리들을 거느리고 다가와서 곧바로 극락으로 왕생하게 해준다고 한다. 그리고 아래로 갈수록 아미타 여래의 마중은 차츰 박해져가며 극락왕생에도 시간이 걸린다. 그러다 악한 인연만을 지으며 일생을 살아온 '하품하생'의 사람인 경우는 일륜(日輪)의 모습을 한 연꽃이 맞이하러 올 뿐이며 극락왕생하려면 12겁이나 걸린다고 한다.

아미타여래의 삼존상은 관세음보살과 대세지보살의 협시보살로 이루어져 있다. 또한 아미타여래가 수많은 권속을 거느리고 임종하는 사람을 맞이하러 오는 모습을 그린 그림을 '내영도(來迎圖)'라고 하는데 가운데에 아미타삼존이 자리잡고, 주변으로는 극락정토의 세계가 화려하게 펼쳐져 있으며, 금색이 주조를 이루는 장엄하고 눈부신 그림이다.

비로자나여래

비로자나불은 노자나불이라고도 부른다. 범어 Vairocana를 음사한 말인데 밀교에서는 다음의 항목에서 설명할 대일여래와 같은 부처님으로 본다.

여기에서 말하는 비로자나여래는 밀교 이전의 경전인 《화엄경》《범망경》에서 기술하고 있는 것을 가리킨다. 여래나 보살 등은 수없이 많이 있지만 그들의 상호관계나 연결은 구체적으로 보여주고 있지 않다. 그것을 총괄하여 체계를 세운다면 그 중심이 되는 곳에 비로자나여래가 있다. 삼천대천세계라고 하는 이루 말할 수 없을 정도로 거대한 우주관의 사상에서 출현한 부처님이다.

대일여래(비로자나여래)

밀교의 '대일여래'는 '비로자나여래'라고도 부른다. 이 여래만큼은 여래이면서도 예외적으로 보살의 모습을 띠고 있으며, 그것은 우주를 신격화한 것으로 여기고 있는 밀교의 교리에서 온 것이다. 그리고 왕에게 걸맞는 보배관을 쓰고 팔이나 가슴, 발에는 목걸이나 팔지, 구슬장식 등을 하였으며 매우 눈부시고 화려한 장신구를 걸치고 있다.

이 대일여래에게는 두 가지 수인(手印)이 있다. 즉 좌선일 때에 취하는 법계정인(法界定印 : 禪定印)의 모습을 하고 있는 태장계(胎藏界)와, 지권인(智拳印)의 모습을 하고 있는 금강계(金剛界)가 있다.

또한 여기에 덧붙여 밀교에서는 기하학적인 구도 속에 크고 작은 불상이 가득하게 그려져 있는 '만다라'라고 하는 것이 있다. 그리고 이것도 '금강계만다라'와 '태장계만다라' 두 가지가 대표적이다.

2) 보살상

보살이란 보리(菩提 : 깨달음)를 구하여 수행한다는 의미이다. 따라서 최초로 '보살'이 만들어진 것은 깨달음을 열기 전의 석가모니상이었다. '보살'에 공통하는 일반적인 특징으로 몇 가지를 들 수 있다.

첫째는 온화한 얼굴에 상반신은 맨 몸에 천의(天衣)를 입고 있으며 하반신은 긴 치마를 두르고 있다. 둘째로 머리카락은 '보계(寶髻)'라고 하여 3분의 2 정도의 머리카락을 위로 묶고 나머지 머리카락은 어깨까지 내려뜨리고 있다. 셋째로 보배관을 쓰고 있거나 팔이나 가슴 등에 아름다운 구슬장식을 걸고 있고 손에는 지물을 들고 있다.

보현보살과 문수보살

두 보살은 함께 석가여래의 협시보살로서 석가삼존(釋迦三尊)을 구성하고 있다. 문수(文殊)보살은 부처님의 지혜를 대표하고 있다. 한편 보현(普賢)보살은 일체 모든 곳에 모습을 나타내며 모든 덕을 갖추고 있으므로 부처님의 실천과 서원을 상징하고 있다.

그리고 '보현'은 일반적으로 여성적이며 여섯 개의 상아를 지닌 흰 코끼리를 타고 있는 것이 특징이다. 한편 '문수'는 오른 손에 검을 쥐고 왼손에 경전을 들고 사자 위에 올라타고 있는 것이 특징이다.

일광보살과 월광보살

두 보살은 함께 약사여래의 협시보살로서 약사삼존(藥師三尊)을 구성하고 있다.

일광(日光)보살은 태양처럼 사람들의 번뇌를 비추어 주고 무지의 어둠을 쳐부수는 부처님의 지혜를 상징하고 있다. 한편 월광(月光)보살은 달빛이 부드럽게 쏟아지는 것처럼 자애로운 마음을 대표하고 있으며 부처님의 자비를 상징하고 있다.

두 보살 모두 보배관을 쓰고 머리에 장식을 하고 있으며 몸에는 긴 천의를 입고 있다. 이 두 보살의 차이점은 보배관에 있는데 일광보살은 일륜(日輪)이, 월광보살은 월륜(月輪)이 들어 있다. 전자는 여래의 왼쪽(우리가 마주볼 때는 오른쪽)에, 후자는 여래의 오른쪽에 위치하고 있다.

관세음보살과 대세지보살

두 보살은 아미타여래의 협시보살로서 아미타삼존(阿彌陀三尊)을 구성하고 있다.

관세음보살은 흔히 관음보살로 불리고 있는데 자유자재롭게 사람들을 구제한다는 의미를 지니고 있다. 어머니의 온화함에 비유되어 그 모습이 여성적인 것은 부처님의 자비를 나타내고 있기 때문이다.

어쨌거나 오늘날 중국이나 한국, 일본의 불교신자들은 관세음보살을 아미타여래의 협시보살이기보다는 거의 독립적인 구세주로 여기고 믿음을 쏟아부으며 숭배하고 있다.

한편 대세지보살의 존재는 우리들에게 그다지 친근하지 않지만 사람들의 무지를 없애고 고통에서 구해주는 부처님의 지혜를 상징하고 있으며 아미타여래의 내영(來迎)에는 없어서는 안 될 지위에 있다.

관세음보살은 머리 위의 보배관에 아미타여래의 화불(化佛 : 작은 불상)을 새겨넣고 있으며, 연꽃송이를 들고 있는 것이 일반적이다. 또한 대세지보살은 머리 위의 관 속에 물병이 새겨져 있는 것이 특징이다.

변화관음

관세음보살은 6~7세기 경에 밀교가 성행하게 됨에 따라 수많은 변화관음이 만들어지게 되었다. 그 대표적인 것으로 다음의 여섯 관음을 들 수 있다.

성관음(聖觀音)은 정관음(正觀音)이라고도 하는데 변화한 모습이 아닌 정통적인 관세음보살이다. 열한 개의 얼굴에 스물두 개의 팔

(11面 24臂)을 지녔다.

천수관음(千手觀音)은 이름 그대로 천 개의 팔을 지닌 관세음보살이다.

마두관음(馬頭觀音)은 문자 그대로 머리 위에 말의 머리를 얹고 있다. 관음상으로는 유일하게 분노상(忿怒相)을 띠고 있다. 세 개 또는 네 개의 얼굴에 팔은 여덟 개다.

십일면관음(十一面觀音)은 보통 머리 위에 열 개의 화불(化佛)의 얼굴을 붙이고 있는데 열한 개의 얼굴을 가지고 있는 경우도 있다. 당연히 팔은 24개이다.

여의륜관음(如意輪觀音)은 얼굴은 하나인데 손의 숫자는 아주 많다. 한쪽 무릎을 세우고 앉아 있거나 한쪽 발로 땅을 밟고 있는 모습이다. 얼굴 하나에 팔은 여섯 개가 있다.

불공견삭관음(不空羂索觀音)은 사슴 가죽 옷을 입고 있다. 견삭(羂索)이란 새나 짐승을 잡기 위한 밧줄이나 그물을 말한다. 얼굴 하나에 팔은 여덟 개가 있다.

준지관음(準提觀音)은 불모(佛母)라 불리기도 하며 자식을 점지해주는 힘이 있다고 하여 민간의 신앙을 모으기도 하였다. 머리 위에 화불은 없다. 얼굴 하나에 열 여덟 개의 팔이 있다.

이들 일곱 관음 가운데 천태종에서는 준지관음을, 진언종에서는 불공견삭관음을 제외하여 각각 육관음(六觀音)으로 삼고 있다.

허공장보살

대일여래의 협시보살이다. 지혜와 복덕이 허공처럼 광대무변하다고 하여 이런 이름이 붙여졌다. 연화좌에 앉아서 보배관을 머리에 쓰고 있으며, 오른손에는 지혜를 상징하는 검을 들고 있고, 왼

132

손에는 복덕을 나타내는 연꽃과 보배구슬을 들고 있는 것이 일반적이다.

미륵보살

미륵보살은 석가모니 부처님의 후계자로서 장래 이 세상에 나타난다고 하여 '미래불' '당래불(當來佛)'이라 불리는 보살이다. 미륵보살은 아득히 먼 하늘인 도솔천에 살고 있다. 그런데 만약 인간이 죽은 뒤에 이 도솔천에 다시 태어날 수 있다면 미륵보살의 가르침을 직접 들을 수도 있다고 하여, 아미타불의 극락왕생과 함께 도솔천왕생을 향한 신앙이 예로부터 있어 왔다.

미륵보살에는 '보살형(菩薩形)'과 '여래형(如來形)'이 있다. 보살형은 장신구를 달고 있고 옷은 어깨에서 흘러내리는 모양을 하고 있다. 여래형은 법의를 입고 있다. 특히 보살형은 어떻게 하면 중생을 구제할 수 있을까 생각하고 있는 반가사유상이 일반적이다.

지장보살

예로부터 관세음보살에 대한 신앙과 함께 지장보살 신앙은 불교의 커다란 중심이 되어 왔다. '지장(地藏)'이라는 말은 대지(大地)의 어머니라든가, 대지의 창고(藏)라는 것을 의미하고 있다.

지장보살은 석가모니 부처님 입멸 후 다음에 부처님이 될 미륵보살이 이 세상에 나타날 때까지 사람들의 번뇌와 괴로움을 구제하는 보살이다. 이 세상을 구제할 뿐만 아니라 그 감화는 미래에 윤회하게 될 여섯 세계의 모든 중생에게 미친다고 한다. 이 보살의 특징은 보배관을 쓰지 않고 삭발한 머리 모습을 드러낸 비구의 모습을 취하고 있는 것이다.

3) 명왕상(明王像)

'명왕'의 가장 큰 특징은 분노의 형상을 하고 있다는 점이다. 머리카락은 불길과 같이 곤두섰고 안광이 번득이며 이를 드러내고 무기를 들고 있어서 보는 사람들에게 두려움을 품게 한다. 상반신은 벌거벗었고 하반신에는 짧은 치마를 입었으며 머리에는 금관을 쓰고 가슴까지 늘어뜨린 목걸이는 뱀이나 해골들이 주렁주렁 달려 있는, 한 마디로 그로테스크한 모습이다. 마성(魔性)을 위압하는 가루라염광(迦樓羅炎光)을 뒤에 붙이고 있으며, 바위 등으로 만들어진 좌대에 앉아있다.

부동명왕(不動明王)

명왕(明王)은 '지명자(持明者)'라고도 불리며 대일여래의 명을 받아서 악을 파괴하는 심부름꾼이다. 본래는 인도의 신이었다고 한다. 그 대표적인 것이 바로 부동명왕이다. 부동명왕은 언제나 수행자를 모시면서 손쉬운 방법으로는 구제할 수 없는 상대방에게도 불심(佛心)을 불러일으키게 하고 항마(降魔 : 악마에게 항복을 받음)에도 위대한 힘을 발휘한다.

이 명왕에게는 '팔대동자(八大童子)'라 불리는 여덟 명의 권속이 있는데 대개는 긍갈라(矜羯羅)와 제타가(制吒迦) 두 명의 동자를 협시로 삼고 있다. 일반적으로는 일면이비(一面二臂)로서, 오른손에는 검, 왼손에는 노끈을 들고 팔대동자나 앞서 말한 두 명의 동자를 거느리고 있다.

오대명왕(五大明王)

앞서 말한 부동명왕을 주존으로 모시고 양쪽에 두 명씩의 명왕을 배치하는 것이 오대명왕이다. 이것을 오대존(五大尊)이라 부르기도 한다.

항삼세왕(降三世王)은 삼세(과거·현재·미래)에 걸쳐서 번뇌를 소멸한다고 하며 왼발로 대자재천(大自在天), 오른발로 그의 아내인 오마(烏摩)를 밟고 있다. 삼면 또는 삼면팔비(三面八臂)이며 온갖 무기들을 들고 있다.

군다리명왕(軍茶利明王)은 일면삼목팔비(一面三目八臂)로서 화염을 지고 있다. 두 팔은 가슴 앞에 모으고 있고 다른 팔은 무기를 들고 있다. 팔과 다리, 목, 허리 등에 뱀을 감고 있는 것이 특징이다.

대위덕명왕(大威德明王)은 삼면 또는 육면육비육족(六面六臂六足)의 변화된 존상(尊像)으로서, 물소를 타고 있는 경우가 많다.

금강야차명왕(金剛夜叉明王)은 삼면육비(三面六臂)로서, 각각의 얼굴에는 다섯 개의 눈을 달고 있으며, 무기를 들고 있고 왼발을 들어올리고 오른발은 연화대를 밟고 있는 것이 일반적이다.

애염명왕(愛染明王)

문자 그대로 애욕의 힘, 격렬한 본능을 상징하고 있다. 번뇌즉보리(煩惱卽菩提)의 상징으로 알려져 있다. 삼면삼목육비(三面三目六臂)의 진홍색으로 불타오르는 분노상을 띠고 있고, 입에서 이를 드러내고 있으며 사자관(獅子冠)을 쓰고 있다.

공작명왕(孔雀明王)

명왕 중에서 분노상을 띠지 않고 부드러운 얼굴을 한 보살형은 이 공작명왕뿐이다. 인도의 국조(國鳥)인 공작은 코브라와 같은 뱀의 천적으로 신격화되어 있었다. 그것이 불교로 흡수되어 온갖 병을 없애줄 뿐만 아니라 천재지변을 가라앉히고 비를 내려주며 재난을 없애주는 본존(本尊)으로 여겨지고 있다. 일면육비(一面六臂)이며, 연꽃·구연과(具緣果)·길상과(吉祥果)·공작의 깃털을 지니고 있으며 이름 그대로 공작을 타고 있다.

4) 천부상(天部像)

바라문의 신들은 불교에 귀의하여 그 일부는 명왕이 되었지만 거의 대부분은 '천부(天部)'이다. 대단히 변화무쌍하여 재미있고 자유자재로움을 특징으로 한다. 숫자가 매우 많아서 전부를 소개할 수 없기 때문에 주요한 것만을 간추려서 설명하고자 한다.

범천(梵天)

우주의 근본원리로서 범천 또는 대범천(大梵天)이라 불리고 있다. 불교에 흡수되고부터 언제나 제석천과 함께 석가모니 부처님의 좌우에서 불교의 가르침을 외부의 적으로부터 수호하는 신이 되었다.

제석천(帝釋天)

본래는 인도의 영웅신인 인드라를 말하는데 불교에 흡수된 뒤로는 범천과 함께 수호신으로 짝을 이루어 모셔지는 경우가 많았다. 이 세상의 중심에 엄청나게 높이 솟아 있는 수미산 정상에 있는 선견성(善見城)에 살고 있으며 사천왕(四天王)을 거느리고 있다고 한다.

그 상(像)은 천인형(天人形)이며, 흰 코끼리에 앉아 있고 오른손에는 삼고저(三鈷杵 : 삼지창)라 불리는 무기를 들고 있고 왼손은 허리에 얹고 있는 경우가 많다.

사천왕(四天王)

불교의 수호신으로서 동서남북 사방을 수호하고 있는 천부이다. 동쪽에는 지국천(持國天), 남쪽에는 증장천(增長天), 서쪽에는 광목천(廣目天), 북쪽에는 다문천(多聞天, 비사문천)이 배치되어 있다. 보통 갑옷을 입고 삿된 마귀를 발 아래에 밟고 있다.

지국천은 문자 그대로 나라를 보호하는 것을 의미한다. 신왕형(神王形)이며, 왼손에는 칼 또는 창을 들고 있다.

증장천은 싹을 틔워 곡물을 소생시키는 것을 의미한다. 갑옷을 입고 오른손에는 큰 칼을 들었으며 왼손은 주먹을 쥔 채 허리에 얹고 있다.

광목천은 나쁜 사람을 벌주고 불심을 일으키게 한다. 신왕형이며, 붉은 몸에 손에는 창을 들고 있다.

다문천은 법을 보호하고 복을 주는 일을 담당하고 있다. 신왕형이며, 왼손에는 보배탑, 오른손에는 보배막대기를 들고 있다.

인왕(仁王 : 執金剛神)

집금강신이 두 명으로 한 조를 이루고 있는 것을 인왕(仁王 또는 二王)이라고 한다. 왼쪽에는 입을 벌리고 있는(阿形) 밀적금강(密迹金剛), 오른쪽에는 입을 다물고 있는(吽形) 나라연금강(那羅延金剛)이 그것이다. 분노상이며 상반신은 벌거벗었고, 한쪽 손은 열어서 앞으로 내밀고 있으며 다른 한쪽 손에는 금강저라 불리는 무기를 들고 사찰의 문 양쪽을 지키고 있다.

본래는 한 몸이었던 것이 좌우로 배치할 필요에서 두 몸으로 나뉘었으며 그것을 이왕(二王)이라 부르게 되었다.

환희천(歡喜天)

이 신은 머리가 코끼리 머리로 되어 있는 매우 독특한 특징을 갖고 있으므로 누구라도 금새 알아볼 수가 있다. 환희천은 성천(聖天)이라고도 불리고 있으며 본래 부와 지혜의 신으로 숭배받고 있었던 것이 그대로 불교에도 계승되었다.

그런데 언제부터인가 남녀의 두 몸으로 나뉘게 되었으며 서로 꼭 안고 있는 이른바 쌍신상(雙身像)이 만들어지게 되었다. 그에 따라서 환희천의 의미도 부부간의 애정, 자식을 점지하는 신으로 변하였으며 사람들의 인기를 모으게 되었다.

길상천(吉祥天)

길상이라는 말은 경사스러움·번영·행운을 의미한다. 가장 대표적인 미녀로 여겨졌으며 예로부터 복덕을 주는 여신으로 신앙되어 왔다. 귀자모신(鬼子母神)의 딸로서 비사문천의 아내이기도 하다. 그 상은 천녀형(天女形)으로서, 보배관을 머리에 쓰고 왼손에는 여의주라 불리는 보배구슬을 들고 있는 것이 일반적이다.

변재천(辯才天)

변재천은 재복(財福)의 신으로서 변재천(辯才天) 또는 변천(辯天)이라고도 불린다. 팔이 두 개 또는 여덟 개를 지닌 상이 있으며 비파를 연주하고 있는 것이 특징이다. 본래는 음악과 언어를 담당하는 인도의 여신으로서 복덕을 주는 신이다.

제5장

불교에서 나온 말

제5장
•
불교에서 나온 말

〈ㄱ〉

● 각오(覺悟)

'각(覺)'이란 눈을 뜬다는 뜻임과 동시에 불교에서는 '부처님의 가르침을 따라 수행하다가 순간적으로 마음에 짚이는 뭔가가 있다'는 것을 뜻한다. '각(覺)'과 '오(悟)'는 모두 깨달음을 의미하며 '각오'는 그와 같은 깨달음의 경지를 나타낸다.

● 간병(看病)

본래는 승려가 부처님의 가르침을 들려주고 염불하여 병자를 치료하는 일을 말한다. 불법승(佛法僧)을 공경하고 가난한 사람들을 측은하게 여겨 은혜를 베풀어주면 마치 밭에 곡물이 풍성하게 열매를 맺듯이 행복과 이익을 얻는다고 하는 '복전(福田)' 가운데 하나이다. 기독교 등에서도 역시 같은 의미로 사용하고 있는데 신심이 깊은 사람들에게 마음의 병을 치유해주는 승려는 또한 육체의

142

병까지도 치유해준다고 하는 염원이 강력하게 깃들어 있는 말이다.

● 감로(甘露)

가장 맛좋은 술이나 매우 깨끗한 약수 등을 흔히 '감로수' '감로주'라고 말하는데 이 말은 본래 불로장생의 음료를 가리킨다. 불사(不死)를 의미하는 산스크리트 어 amṛta가 원어인데, 덕이 있는 군주가 세상에 나와서 어진 정치를 펼치면 하늘에서 저절로 내린다고 전해진다. 예로부터 전해져 내려오던 중국의 전설에 등장하는 달콤한 액체인 '감로'가 이와 결부된 것으로 생각된다. 이와 관련해서 '감로문(甘露門)' '감로법문(甘露法門)'이라는 불교용어가 있는데 이것은 생사를 벗어나게 하는 부처님의 말씀이나 깨달음의 경지를 달리 표현한 말이기도 하다.

● 개심(改心)

바르게는 '회심(回心)'이라고 한다. 욕심에 빠져서 더럽게 물든 마음을 깨끗하게 하여 부처님의 법에 들어가 깨달음을 얻는 것을 말한다. 지금은 일반적으로 여태까지의 나쁜 생각이나 행동을 뉘우치는 것을 의미하고 있다.

● 걸식(乞食)

탁발(托鉢)과 같은 의미이다. 본래 승려에게는 사물을 생산하는 그 어떠한 노동도 금지되어 있어 먹을 거리는 오로지 다른 사람들에게 얻어서 충당하게 되어 있었다. '승려＝걸식'이라는 말이다. 이것은 생산활동이나 판매행위도 모두 다른 사람의 희생 위에서 이루어지는 것이므로 거짓이나 죄가 깊은 행위라는 견해에서 나온 것이다. 뿐만 아니라 그 모든 활동이나 행위를 할 시간조차도 아끼며 진리를 구하여야 한다는 부처님의 지시에 의한 것이기도 하다. 걸식은 다른 사람의 자비가 깃든 보시를 받고 그에 감사하는 또다른 수행이기도 하며 나아가 부처님의 가르침을 널리 펼치려는 의도가 따른 것이기도 하였다. 그런데 지금은 걸식이 다만 인생의 낙오자 · 방랑자 · 거지를 가리키는 말이 되었으니 행위 자체는 그대로 남아있어도 그에 담긴 의미는 완전히 달라지고 만 셈이다.

● 고통이 있으면 즐거움도 있다

불교는 이 세상을 '일체개고(一切皆苦)' 즉 '모든 것이 괴로움으로 가득차 있다'라고 보고 있다. 인간은 '즐거움'을 추구한다. 하지만 그런 경지에 이르기 위해서는 온갖 '괴로움'을 극복하지 않으면 안 된다. 또한 일단 '즐거움'을 얻은 것처럼 보일지라도 그것은 일시적인 것일 뿐 이윽고 그것을 잃어버리고 말며 그렇게 되면 더한층 괴로움에 몸부림치게 된다. 이 세상에서 '괴로움'을 잊으려 한다는 그 자체가 '괴로움'인 것이다. 바로 이런 사고방식이 '일체개고'이다. 그렇다면 어떻게 하면 이 '괴로움'을 극복할 수 있을까? 불교에서는 '괴로움과 즐거움이 평등하다' 즉 괴로움과 즐거움은 같은 것이라고 가르치고 있다. 이것이야 말로 깨달음이다. 하지만 그 가르침은 우리들 범부에게는 너무 어렵다. '즐거움이 있으면 괴로움도 있고, 괴로움이 있으면 즐거움도 있다'라든가 '괴로울 때면 부처님께 의지하라'라는 말도 있는 만큼 괴로움은 피하고 싶은 것이요, 즐거움은 추구할 만한 것이라고 대립되는 개념으로 받아들일 수밖에 없는 것이 바로 우리들 범부의 실정일 것이다.

● 공부(工夫)

선가에서 참선에 열중하여 여러 가지 문제를 이모저모로 깊게 생각해가는 것을 가리키는 말이다. 즉 방법을 생각해내고 깨달음에 이르기 위해 여러 수단인 화두(話頭)를 깊이 연구하는 것인데 오늘날에는 학생들이 학교나 학원에서 하는 학업을 공부라고 부르고 있다.

● 과거(過去)

과거·현재·미래를 불교에서는 '삼세(三世)'라고 부른다. 과거세(過去世)·현세(現世)·내세(來世)라고 하기도 하고, 또는 전세(前世)·현세(現世)·후세(後世)라고 말하기도 하며, 또는 전생(前生)·본생(本生)·후생(後生)이라고 하기도 한다. '삼세'는 '시간의 흐름'에 따른 것이기보다는 사물이 생겨나서 멸하는 '사물의 흐름'을 나타낸 것이다. 다시 말하면 자신에게 있어 '이미 지나가 버린 것' '현재 있는 것' '아직 오지 않은 것'이다. 이 '삼세' 중에서 불교가 가장 문제로 삼는 것은 '현재'이다. 과거의 원인이 되는 것은 바로 지금의 이 '현재'이며, 미래를 결정짓는 것도 '현재'이기 때문이다. 단, 이 현재는 전생의 행위의 선악에 의해서 완전히 결정되는 것은 아니다.

● 관념(觀念)

'관상염불(觀想念佛)'을 줄인 말이다. 즉 아미타부처님을 오로지 생각하는 것인데 여기에는 이 부처님의 머리끝에서 발끝까지 그 이미지를 떠올리는 일에서부터 나아가서는 미간에서 광명을 비춘다고 하는 백호상(白毫相)만을 응시하듯 생각하는 일까지 여러 방법이 있다. 그런데 "너는 너무나 관념적이다" 등으로 사용될 때에는 이데아(idea)를 번역한 말로서 이 말은 불교용어와는 직접적인 관계는 없다.

● 관찰(觀察)

본래의 뜻은 마음 속으로 조용히 아미타부처님이나 극락정토에 관한 것을 떠올리며 그 이미지를 세심하게 바라보면서 이리저리 생각하는 것이다.

● 금언(金言)

금구(金口) 즉 부처님의 입에서 나온 불멸의 말씀을 가리킨다. 전설상으로는 석가모니는 전신이 금색으로 찬란하게 빛나고 있다고 한다. 따라서 당연히 입과 입에서 나오는 가르침의 말씀도 금색이라는 말이 된다. 지금은 격언이나 처세술에 관한 이야기 등과 같은 뜻으로 사용하고 있지만 본래의 뜻은 부처님께서 말씀하신 세상의 집착을 벗어나 생사에서 해탈하는 가르침을 의미한다.

〈ㄴ〉

● 나락(奈落)

산스크리트 어 naraka를 음사한 말이며 지옥을 가리킨다. 아직 해탈을 얻지 못한 중생이 거듭 오가는 육도(六道) 가운데 가장 괴로운 세상인 지옥세계를 말한다. 끔찍한 추위에 시달리는 팔한지옥(八寒地獄), 이글이글 타오르는 불덩이의 위협에 시달려야 하는

146

팔열지옥(八熱地獄) 등 여러 가지가 있는데 각자가 지은 죄의 경중에 따라 받아야 할 괴로움도 다양하다. '나락에 떨어진다'라고 표현하는데 이것은 지옥과 같은 최악의 상태에 처하고 마는 것을 의미한다. 불교의 표현과 그다지 다르지 않다고 할 수 있다.

● **남근(男根)**

불교에서 말하는 근(根)이란 산스크리트 어 indriya를 번역한 말인데 인간의 감각이나 행동을 일으키는 능력, 나아가서는 그것을 지배하는 기관을 말한다. 근(根)에는 안근(眼根), 이근(耳根), 비근(鼻根), 설근(舌根), 신근(身根), 의근(意根)의 여섯 가지가 있어 이것을 합하여 육근(六根)이라고 말한다. 이 육근 중에 신근(身根)에 속하는 것으로서 남성의 능력이나 기능을 의미하는 것을 남근(男根), 여성의 그것은 여근(女根)이라 불렸다. 그런데 여근의 경우는 근(根)이 안으로 숨어들어가 버렸기 때문에 여음(女陰)이라는 명칭으로 변하였고 남근만이 그 이름을 그대로 쓰게된 것이다.

〈ㄷ〉

● **다반사(茶飯事)**

선가에서 흔히 쓰는 말이다. 아주 치열하게 정진해야만 얻을 수있다는 그 심오한 진리도 일상생활에서 밥 먹고 차 마시는 것처럼 매일매일의 생활 속에서 실현되는 것이라는 의미이다. 진리는 이 현실생활을 완전히 벗어난 동떨어진 세상에서 구해지는 것이 아니라 담담한 마음으로 현실생활을 하다 보면 어느 순간 얻어진다는 표현인데 이 말이 오늘날에는 "다반사야."라고 할 때면 매양 그런 일을 수도 없이 반복하여 이제는 습관이 되었다는 내용을 갖게 되었다.

• 단말마(斷末魔)

말마(末魔)란 산스크리트 어 marman을 음사한 것이다. 사혈(死穴), 사절(死節)이라고 번역한다. 만약 이곳을 노려서 일격을 가한다면 이내 죽고마는, 다시 말하면 급소를 의미한다. 인간의 몸에 이런 급소 즉 말마가 몇 군데 있는가는 여러 가지 설이 있다. 열 곳이 있다고 하기도 하고 64곳, 많은 사람은 120여 곳이라고 말하기도 한다. 단말마란 이런 말마 즉 급소를 끊는 것이므로 괴로움을 깨닫지도 못한 채 숨이 끊어지는 것이다. 어쩌면 인간의 소망은 이런 단말마의 비명 따위는 질러대는 일 없이 평온하게 왕생하고 싶은 것인지도 모른다.

• 단식(斷食)

수행이나 기도를 할 때에 음식물을 섭취하지 않는 것을 말한다. 체내에서 부패물을 없애고 몸을 청결하게 하여 깨달음의 경지에 도달하기 위한 고행의 하나이다. 여러 가지의 단식이 있는데 그 가장 극단적인 것은 음식은 물론이요 물마저도 일체 끊어서 죽음에 이르게 되는 것이다. 그러나 부처님은 이런 극단적인 수행을 금지하셨다. 오늘날의 단식은 자신의 정치적인 이념이나 건강을 위해 일시적으로 음식 섭취를 멈추는 경우이다.

● 단위(單位)

선가에서 쓰던 말인데 승당(僧堂)에서 수행자가 앉는 장소를 말한다. 그 좌석 위의 벽에 그 자리에 앉을 승려의 이름을 쓴 종이를 붙여놓았다. 지금은 완전히 이 단어의 쓰임이 달라져서 미터, 그램 등의 단위 등을 나타내는 말이 되었을 뿐이다. 어쨌든 수량을 계산할 때의 기준이 되는 것이다.

● 달인(達人)

도달한 사람(導達人)이라는 뜻이다. 진리에 도달한 사람 즉 깨달은 사람을 가리킨다. 그런데 오늘날에는 "저 사람은 요리의 달인이야."라든가 "달인의 경지에 올랐어."라고 말하는데 이 말은 진리에 도달한 사람이 보여주는 깊숙한 곳에 숨어 있는 기예의 기술적인 부분만이 강조된 것이 아닐까 한다. 어쨌든 오늘날에는 기술이나 예술, 학문, 인생 등에서 매우 빼어나고 다른 사람이 쉽게 따라오지 못하는 경지에 오른 숙련자를 일컫는 말이 되었다.

● 대장부(大丈夫)

대단히 건장한 사내, 매우 훌륭한 인물이라는 의미의 산스크리트어 mahāpuruṣa를 번역한 말이다.

● 대중(大衆)

산스크리트 어 pariṣad를 번역한 말로서 청중(聽衆)이라는 의미인데 불교에서는 특히 승려나 신도들의 집단을 말하기도 한다. 인도에서는 그 옛날 대중부(大衆部)라는 하나의 종파가 있었는데 이것은 장로가 지배하는 보수적인 당시 교단에 반기를 들고 독립한 최초의 분파이다. 대중이 교단을 지탱하는 토대임은 누가 보아도 당연하다고 할 수 있겠다.

● 도구(道具)

본래는 불법수행에 필요한 최소한의 용품을 가리키는 말이다. 고대 인도의 수행승에게 허락된 것은 삼의일발(三衣一鉢) 즉 세 벌의 옷과 한 가지 그릇이었다. 그러던 것이 시대가 흐름에 따라 육물(六物) 또는 십팔물(十八物)을 지니게 된 것이다. 육물이란 삼의와 발우에, 앉거나 누울 때 필요한 깔개인 좌구(坐具), 물을 걸러 먹는 망을 첨가한 여섯 가지 물건이다. 십팔물이란 이 육물에 양치할 용품, 세탁용 비누, 물병, 석장(지팡이 일종), 경전과 율, 보살상, 불상 등의 열네 가지 물건을 첨가한 것이다(이럴 경우 三衣는 하나의 물건으로 계산한다). 지금은 가재도구라든가 집을 수리할 도구를 의미할 때 사용하는 것처럼 용구 일반을 가리키는 말이 되었지만 삼의일발 시대의 수행승에게 비추어 자신의 주변을 돌아보면 쓸모없고 불필요한 도구들이 산더미처럼 쌓여 있음을 보게 된다.

● 도락(道樂)

오늘날에는 식도락(食道樂)이라는 표현에서 찾아볼 수 있는 말이다. 자신의 본업 이외에 아주 강한 취미나 흥미를 지니고 있으며 그것을 즐기는 사람을 표현하는 말이다. 이 말은 본래 도(道) 즉 부처님의 가르침인 진리를 구하는 즐거움이라는 뜻이다. 그렇지만 불도를 즐긴다고 말할 수 있기까지는 얼마나 치열하고 맹렬한 수행의 나날을 보내야 하는지 상상해보면 결코 쉽게 얻을 수 없는 즐거움이라고 말할 수 있겠다. 그런 치열한 수행을 즐거움의 경지로까지 받아들일 수 있는 것이 바로 도락이기 때문이다.

• 도량(道場)

　부처님의 가르침을 수행하는 장소(마당)로서의 사찰을 의미한다. 또는 수행을 치밀하게 밀고 나간 결과 깨달음을 얻게 되는 바로 그 장소를 의미하기도 한다. 석가모니가 성도 즉 깨달음을 여신 금강보좌(金剛寶座)를 도량(道場)이라고 부르는 것이 본래의 뜻이다. 그런데 요즈음은 태권도 도장이라든가 검도 도장이라는 식으로 무술을 익히는 장소를 일컫는 말이 되었다. 하지만 이런 태권도나 검도, 유도와 같은 경우 신체적인 단련은 물론이지만 정신적인 수련을 바탕에 깔고 있음을 생각해보면 부처님께서 깨달음을 여신 장소를 도량이라고 하는 경우와 완전히 어긋난다고 볼 수는 없을 것이다.

• 도리(道理)

　산스크리트 어 yukti를 번역한 말로 법칙이란 뜻이다. 또는 올바른 이치라는 뜻의 nyāya를 번역한 말이기도 하다. 모든 것은 변화하여 한 순간도 멈추어 있지 않다는 것이 세상의 이치인데 그 속에서도 만물을 관통하는 하나의 줄기 즉 도리를 추구하는 것이 바로 불교이다. 그리고 그 도리를 얻었을 때가 깨달음을 연 순간인 것이다. '도리가 없다'라든가 '사람이면 사람의 도리를 따라야지'라든가 '걸어갈 도리밖에 없다'라는 식으로 오늘날 쓰이고 있는 것은 인생살이를 해나갈 때의 방법이나 규준 등을 의미하고 있는 말이다. '무리하게 하지 말아라'라고 할 때는 이치에 맞지 않게 안 될 일을 억지부리지 말라는 의미이다. 순조롭게 세상을 영위해나가는 것도 어쩌면 무상(無常)한 사바세계의 도리를 깨달은 도인만이 가능한 일이 아닐까 한다.

〈ㅁ〉

• 면목(面目)

얼굴(面)과 눈(目) 즉 얼굴 전체를 말한다. 본래면목(本來面目)이라는 말로 쓰이고 있는데 본래의 얼굴 모습이란 뜻이다. 이 말은 불성(佛性 : 부처가 될 소질)을 말하는 것이다. 중생은 누구나 할 것 없이 본래부터 부처의 성품을 지녔다는 것이 바로 본래면목이다. 그런데 이런 뜻을 지닌 '면목'이 시간이 흐름에 따라 다른 사람을 상대하는 얼굴이라는 의미를 강하게 띠게 되었으며 '면목없다'라고 말할 때는 다른 사람 앞에 나설 체면이 없다, 자기 얼굴을 떳떳하게 들고 나설 자신이 없다는 의미로 쓰이게 되었다.

• 무념(無念)

'염(念)' 즉 '마음으로 생각하는 일'이 없는 것, 번뇌를 버리고 떠났으며 망상으로부터 떠나는 것이 깨달음으로의 길이라고 설하는 것이 불교이다. 마음으로 생각하는 것이 없으면 번뇌나 망상도 있을 수 없다. 따라서 인간은 본래 '무념'이며 이미 깨닫고 있는 존재인 것이다. 선(禪)이 성립하는 데 가장 큰 영향을 미친 사고방식이라고 할 수 있다. 단순히 생각하지 않는 것이 무념이 아니라 마음에서 어지러운 번뇌를 없애 본래의 고요하고 덤덤하며 평온한 상태에 머무는 것이 바로 무념인 것이다.

• 무사(無事)

'무사하게 마쳤습니다'라든가 '무사태평이다'라고 할 때는 특별히 변함이 없고 또한 여전히 건강한 것을 말하는데 불교용어에서는 '깨달음을 연 사람'을 가리키는 말이며 선가에서 자주 사용하고 있다. 깨달은 사람은 모든 번뇌를 떠나 버리고 집착이 없으므로 아무런 근심걱정할 '일'이 없는 법이다. 다시 말하면 무사(無事)한 것이다.

• 무소득(無所得)

산스크리트 어 aprāpti를 번역한 것으로 마음 속에 집착하는 것이 없는 것, 즉 자신이 바라는 것에 집착하거나 사물을 여러 가지로 구별하여 취사선택하지 않는 자유로운 경지를 말한다. 하지만 소득(所得)이 없으면 자유로운 경지도 얻어지지 못하기 때문인지 세속에서 안달하며 살아가는 범부의 심정과는 거리가 먼 이야기이다.

• 무심(無心)

마음은 번뇌를 낳고 또한 번뇌에 좌우되는 것인데 그런 마음의 움직임에 끄달리거나 속박되는 일이 없는 경지를 말한다. 무슨 말인지 좀 헷갈릴 수도 있겠는데 결국은 마음을 맑히고 망념(妄念)을 떠난 경지이다. 그런데 오늘날에는 '무심하게 지나치다'라고 하든가 '당신은 너무 무심해요'라고 하는 식으로 관심이 없고 다소 냉정한 사람의 마음을 표현하는 말이 되었다. 본래의 뉘앙스를 전혀 느낄 수 없는 표현법이 되고 만 것이다.

• 무아(無我)

불교에서는 모든 것은 변화하며 잠시도 머물러 있지 않다고 한다. '나(我)'도 또한 마찬가지로서 이렇게 덧없이 변해가는 것 속에는 '나'라고 할만한 것이 없는 법이다. 이것이 바로 '무아(無我)'이다. 그런데 오늘날에는 '무아의 경지'라고하여 자기 자신의 존재마저 잊어버리는 황홀경을 의미하고 있으므로 '무아'라는 뜻이 잘못 전해진 것이라 하지 않을 수 없다.

• 무연(無緣)

불교에서 말하는 '연(緣)'이란 원인을 도와서 결과로 이끌어가는 작용을 말한다. 원인만 있고 연(緣)이 없으면 사물은 생겨나지 못하기 때문에 '무연(無緣)'이란 비존재(非存在)와 같은 말이다. 따라서 이 세상에 존재하는 것 중에는 무연인 것은 없다는 말이 된다. 하지만 오늘날에는 '무연고(無緣故)'라고 말하듯이 '관계가 없다'라는 내용을 지닌 말이 되었다.

• 무진장(無盡藏)

아무리 끝을 보려고 해도 끝을 볼 수 없는 창고(藏)란 뜻이다. 부처님의 은혜는 다함이 없음을 비유한 말이다. 또는 부처님의 지혜가 끝이 없어 모든 중생을 두루 가르칠 수 있음을 나타내기도 한다. 자비심이 무한정하다는 의미에서 가난한 사람을 위한 기금이나 후원금, 또는 그것을 운영하는 단체를 무진장이라고 표현하기도 한다. 그렇지만 빈민구제를 위해 뜻 있는 사람들의 돈을 기금으로 조성하여 낮은 이자로 돈을 대출해주는 일종의 금융기관 역할도 하였다가 차츰 그 본래의 뜻이 변하여 고리대금업으로 커간 경우도 없지 않으므로 무진장(無盡藏)의 의미는 아이러니하다.

• 무학(無學)

오늘날 '무학(無學)'이라고 하면 배운 것이 없고 학벌이 없으며 실력도 없는 사람을 가리키는 말이다. 본래 불교용어에서는 더 이상 배울 것이 없는 경지를 말한다. 즉 수행의 가장 높은 단계인 '아라한'의 경지, 모든 번뇌를 모조리 버리고 더 이상 배우고 닦아야 할 필요가 없는 깨달음의 세계가 '무학'인 것이다. 이것과 정반대의 의미를 지닌 말로 '유학(有學)'이라는 말이 있는데 이 말은 아직 배워야 할 것이 남아 있는 상태, 아직 깨달음의 경지에 들지 못한 수행자의 단계를 말한다. 그런데 오늘날에는 배운 것이 많고 학력이 높은 사람을 가리키는 말이 되어서, '무학'의 경우와 마찬가지로 불교 본래의 뜻과는 정반대의 의미를 지니게 되었다.

• 미래(未來)

지금 현재 아직 오지 않은 것. 과거와 현재, 미래의 삼세(三世) 가운데 하나이다. 불교는 시간을 실체가 있는 것이라고 보지 않았으며 사물이 생겨나고 또한 멸하며 옮겨가고 변하여 잠시도 정지해 있지 않다고 파악하였으므로 '미래'도 또한 아직 오지 않은 시간이 아니라 아직 나타나지 않은 현상인 것이다.

• 미묘(微妙)

'석가모니 부처님의 가르침은 미묘하다'라고 경전에서는 자주 말하고 있다. 이것은 부처님의 가르침은 도저히 말로 표현할 수 없는 깊은 의미가 숨겨져 있다는 것으로서, 잡념을 없애고 진정으로 진

지하게 경전을 읽어내려 가지 않으면 도저히 그 뜻을 파악할 수
없다는 말이다. 한마디로 표현하기 힘든 것을 표현할 때에 사용하
는 말이다.

● 미진(微塵)

산스크리트 어 parmanu 또는 rajas를 번역한 말로서 더 이상 나
눌 수 없는 최소량, 티끌처럼 극도로 세밀한 것을 가리키는 말이
다. 불교에서는 주로 전자의 뜻으로 사용하는데 이것은 깊은 명상
의 결과 다다르게 되는 사물의 핵심, 즉 오늘날에 말하는 원자와
같은 것이다.

〈ㅂ〉

● 발기(發起)

어떤 일을 결심하고서 계획하는 것을 말한다. 좋은 일에서 나쁜
일에 이르기까지 폭넓게 사용하고 있는데 불교에서는 특히 '발기
보리심(發起菩提心)'이라든가 '일념발기(一念發起)' 즉 깨달음을 구
하여 용맹정진을 시작하려고 하는 것을 의미하는 경우가 많다. 같
은 의미를 지닌 것으로 '발심(發心)'이라는 말도 있다. 오늘날에는
무언가 일을 시작할 때에 일반적으로 사용하는 말이며 '발기인(發
起人)'이라고 할 때는 어떤 후원회나 회사 등을 앞장서서 설립하고
자 하는 사람을 말하게 되었다.

• 발로(發露)

오늘날에는 숨겨진 미담이나 또는 추악한 스캔들 등의 이야기가 모든 사람들 앞에 드러나는 것을 '발로'라고 말한다. 그런데 이 말은 산스크리트 어 vivrta-papa를 번역한 말이며 그 뜻은 나쁜 일이나 비밀스러운 일을 드러낸다는 의미이다. 보름 마다 스님들이 서로 모여서 자신의 죄를 고백하고 참회하던 포살(布薩)에서 자신의 죄를 드러내는 것을 발로(發露)라고 하였는데 이럴 경우에는 참회(懺悔)와 같은 뜻이라고 하겠다.

• 발우(鉢盂)

출가수행하는 승려에게 허락된 아주 적은 숫자의 소지품에 빠지지 않고 들어가는 물건, 즉 밥그릇이다. 계율을 기록한 율장에 의하면 돌로 만든 발우(石鉢)는 석가모니 부처님의 것이고 나무로 만든 발우(木鉢)는 불교도가 아닌 외도의 것이며 수행승에게는 철이나 벽돌로 만든 발우를 소지하도록 하였다. 오늘날 밥주발, 사발도 바로 이 발우의 발에서 연유한 것이 아닌지 그 연원을 조사할 필요가 있다.

• 방편(方便)

깨달음에 도달하기 위한 교묘한 수단, 여러 가지 방법을 말한다. 원어는 산스크리트 어 upāya이며 '도달'이라는 뜻이다. 《법화경》에는 석가모니 부처님이 중생들을 가르쳐 인도하고 자신이 불멸의 부처님을 나타내 보이기 위해서 '방편'으로서 죽음을 나타냈다고 말하고 있다. 즉 석가모니 부처님의 죽음은 마음도 육체도 모두 사라져 버려 번뇌의 불길이 완전히 없어진 경지 즉 열반이라는 말이다. 그런데 이 말은 오늘날에는 오로지 방법, 수단만을 의미하는 말이 되어서 감동을 주는 것과는 거리가 먼 표현으로 전락하고 말았다.

• 번뇌(煩惱)

심신을 괴롭히고 미혹하기 그지없는 세계에 얽매이고 집착하게 하는 모든 것을 가리킨다. '번뇌'에는 여러 가지가 있는데 그 중에서도 탐욕, 성냄, 어리석음, 교만, 의심, 잘못된 견해의 여섯 가지를 '근본번뇌'라고 부른다. 특히 '백팔번뇌' '팔만사천 가지의 번뇌'라는 말도 있는데 이 말은 그만큼 번뇌가 매우 많다는 것을 비유한 말로서 숫자 자체에는 그다지 큰 의미가 없다. 물론 수행정진하는 사람에게 '번뇌'는 수행을 방해하는 것이므로 없애지 않으면 안 되는 것인데 '번뇌즉보리(煩惱卽菩提)'라는 말도 있는 것처럼 불교에서는 번뇌와 깨달음은 별도로 떨어져 있는 것이 아니고 번뇌에 얽매인 일상 속에서 찾아야 하는 것이 바로 깨달음이라는 것을 가르치고 있다.

• 범부(凡夫)

산스크리트 어 pṛthag-jana를 번역한 말로서, 번뇌에 얽매여 헤매고 있는 사람을 말한다. '이생(異生)'이라고도 하며 범부라는 말은 차츰 어리석은 사람, 보통 사람을 의미하게 되었다. 깨달음에 도달한 성인의 입장에서 보면 번뇌에 시달리는 세상 사람들은 모두 어리석기 때문이며, 또한 그것이 보통 사람들의 모습이기 때문일 것이다. 하지만 불교는 이런 '범부'들을 못 본 체하지 않는다. 그렇기는커녕 성인이나 범부도 인간으로서의 존재 그 자체에는 아무런 차별이 없으며 특히 정토계통의 경전은 범부를 위한 타력구제(他力救濟)로써 극락왕생의 여러 가지 길을 가르쳐준 경전이기도 하다.

• 보청(普請)

'널리(普) 청하다(請)'란 말로서, 승가에서 모든 사람들이 함께 행하는 노동을 의미하였다. 승단에는 석가모니 부처님 시절부터 행해지고 있던 '소제'나 승원의 수리, 보수 등 공동작업을 해야 할 경우가 많이 있었다. 가람을 세우는 등의 큰 불사는 목수나 솜씨 있는 스님만의 손으로는 어림없었다. 그래서 그 사찰이 속해 있는 마을 전체에서 노동력을 청하였기 때문에 '보청'은 승원의 건축을 의미하게 되었다.

• 부촉(付囑)

또는 부속(付屬)이라고도 쓴다. 무엇인가를 건네주는 일을 말한다. 즉 스승이 불법을 전수하는 일이다. 오늘날에는 '따라다니다'라든가 '부속품'과 같은 뜻이 되었는데 이것은 부촉이라는 글자가 부속(附屬)이라는 글자와 혼용된 결과가 아닐까 생각한다.

• 분노(憤怒)

분노(忿怒)라고 쓰는 것이 더 적합한 표현이다. 산스크리트 어 krudhyeta를 번역한 말인데 화내는 것을 말한다. 불교에서는 수행을 방해하는 잘못된 마음가짐을 탐욕과 성냄과 어리석음의 셋으로 나누어서 이것을 삼독(三毒)이라고 부른다. 분노는 바로 이 삼독 가운데 성냄에 해당한다. 그런데 사천왕상에서 볼 수 있는 분노상

(忿怒相)처럼 불상에서 표현되는 '분노'는 삼독심에 포함된 성냄이 아니라 불보살의 부드럽고 평온한 상호를 보호하고 지켜주기 위한 것이다.

● 분별(分別)

산스크리트 어 vikalpa 또는 kalpana 등을 번역한 말로서 마음이 외경계의 사물을 생각하고 헤아리며 선악과 고락 등을 구별한다는 의미이다. 그런데 이 '분별'은 번뇌에 끄달리고 욕심에 집착하는 범부가 제멋대로 쌓아올린 망상의 세계이기 때문에 이런 분별을 배격한 무분별(無分別)의 경지에 도달하지 않으면 안 된다고 불교에서는 가르치고 있다. 무분별이 중요하다는 말은 세간에 살아가는 사람에게 있어 생경하고 좀처럼 쉽게 찬성할 수 없는 사고방식이다. 하지만 이 말은 자기의 취향에 맞고 자기에게 어울리는 것만이 가치가 있고 자기 취향이 아닌 것에 가치를 두지 않고 배격하는 현대인의 자기중심적인 사고방식을 지적하고 교정할 것을 가르치는 말이기도 하다.

● 불심(不審)

자세하지 않은 것, 분명하지 않아서 의심스러운 것을 말한다. 선승이 인사할 때에 자주 사용하였다. '요즘 어떠십니까?' '요사이 건강하십니까?' 정도의 가벼운 의미였을 것인데 오늘날에는 '불심검문' 등과 같이 불시에 의심스러운 일을 묻고 조사하는 경우에 사용하는 말이 되어 버렸다.

• 불퇴전(不退轉)

산스크리트 어 avaivaritka를 번역한 말이다. 더 이상 물러서지 않는 경지, 즉 계를 받아서 출가자가 된 사람은 끊임없이 선행을 쌓고 악행을 피하며 용맹정진하는 일에서 뒤로 물러서서는 안 된다는 뜻이다. 또한 잡념을 없애고 일심이 되며, 부처와 일체가 되어 흔들림이 없는 경지를 말하기도 한다.

• 비밀(秘密)

산스크리트 어 guhya 또는 abhisandhi를 번역한 말이다. 부처님이 가르침을 펼치는 방법에는 현교(顯敎)와 밀교(密敎)의 두 가지가 있다. 현교는 석가모니 부처님이 행한 것처럼 누구라도 두루 알 수 있도록 말이나 문자에 의해서 가르침을 설하는 방법이다. 그런데 밀교는 고통스러운 수행을 쌓아서 부처와 동일한 차원의 경지에 도달한 자만이 불법을 깨달을 수 있다고 하는 것이다. 바로 이처럼 우리들 범부로서는 쉽사리 알아챌 수 없는 심오한 가르침이 바로 '비밀'이다. 그리고 이 '비밀'에는 세 가지가 있다. 우주 전체에 그 위광(威光)이 빈틈없이 미치고 있는 대일여래(大日如來)의 세 가지 업인 신밀(身密), 구밀(口密), 의밀(意密)이 바로 그것인데 이것을 '삼밀(三密)'이라고 한다. 지금은 단순히 사람들 몰래 뭔가 숨기는 것을 의미하는데, '이건 비밀이야'라고 말하면 도리어 사람들의 흥미를 자아내곤 한다. 밀교의 신비주의적인 효과는 바로 이런 차원인지도 모르겠다.

• 빈자일등(貧者一燈)

가난한 사람이 자기 먹을 것도 먹지 않고 정성을 담아서 부처님에게 바친 하나의 등불은 부유한 자가 허영 때문에 기증한 만 개의 등불보다 더 고귀한 것이라는 뜻을 담고 있다. 신심(信心)에는 거짓이 없는 순수한 마음이 소중하다는 것을 말해주는 비유이다.

〈ㅅ〉

● 사고팔고(四苦八苦)

불교의 목적은 깨달음에 있다. 그렇다면 왜 깨달음을 구하는가 묻는다면, 이 세상에 가득차 있는 괴로움으로부터 벗어나기 위해서라고 답할 수밖에 없다. 그렇다면 이 세상에는 어떤 괴로움이 있다는 말인가? 괴로움을 벗어나기 위해서는 먼저 괴로움의 내용을 파악하지 않으면 안 된다. 그런 까닭에 이 세상에 존재하는 괴로움을 정리한 것이 바로 사고팔고(四苦八苦)이다. 사고는 그저 살아 있다고 하는 사실만이라도 맛보는 기본적인 괴로움으로서, 태어나는 괴로움(生苦), 늙는 괴로움(老苦), 병드는 괴로움(病苦), 죽는 괴로움(死苦)을 말한다. 여기에 피할 수 없는 정신적인 괴로움이라고 할 수 있는 사랑하는 이와 헤어지는 괴로움(愛別離苦), 미워하는 이와 만나는 괴로움(怨憎會苦), 원하는 것을 얻지 못하는 괴로움(求不得苦), 심신이 치성해 있는 괴로움(五陰盛苦)의 네 가지를 합한 것이 팔고이다. 어찌보면 존재해 있다는 사실이 벌써 괴로움을 전제로 한 것이 아닐까 할 정도로 괴로움 덩어리인 것이 인생살이이다. 그래서 고생(苦生) 즉 괴로운 삶이라는 말도 있는 것이다.

● 사람 몸(人身)

불교 경전에서는 흔히 '사람 몸 받기 어렵다'라고 말한다. 뿐만 아니라 부처님 법을 만나기란 더욱 어렵다고 말한다. 불교의 윤회사상에서는 모든 중생은 죽은 뒤에 지옥·아귀·축생·수라·인간·천도(天道)의 육도(六道) 가운데 한 곳에 다시 태어나며 그것은 살아 생전 어떻게 살았느냐에 따라 결정된다고 한다. 대부분의 사람은 이 세상에서 훌륭한 행위만 하고 살아갔을 수 없기 때문에 조건이 엄격한 인간도(人間道)로 다시 태어날 수 있는 자는 매우 일부분일 것이다. 그러므로 사람 몸(人身)을 받는다는 것은 매우 어렵고 따라서 참으로 드문 일이라고 하겠다. 지금은 이같은 불교적 의미는 완전히 사라지고 인신매매라든가 인신공격과 같이 오로지 인간의 신체 또는 신분의 의미로 사용될 뿐이다.

● 사람을 보고 법을 설하라

상대방에 따라서 임기응변으로 대처하라는 뜻이다. 석가모니 부처님의 설법은 '대기설법(對機說法)'이라고 하여 상대방의 근기(정신적인 차원, 수준, 성향)에 응하여 쉽게 이해할 수 있는 설법방식을 취하였다. 다시 말하면 하나하나 차근히 이치를 보여주면서 설법하면 납득할 수 있는 사람도 있고, 여러 가지 비유를 들어가며 이야기를 하면서 즐겁게 대화하듯 설법해야지만 따라올 수 있는 사람도 있는 등 이 세상에는 여러 종류의 사람들이 있기 때문에 부처님은 이런 저런 온갖 수단과 방법을 다 써가며 그 사람이 가장 알아듣기 쉬운 쪽으로 설법하였던 것이다. 이것은 오늘날 비즈니스를 하거나 교육을 하거나 심지어는 데이트를 할 때에도 통하는 세상 이치라고 할 수 있으니 석가모니 부처님은 과연 위대한 인물이라 하지 않을 수 없다.

● 사바(沙婆)

산스크리트 어 saha를 음사한 말로서, 괴로움으로 가득찬 이 세상을 가리킨 말이다. 그런데 이 세상은 괴로움이 가득 차 있지만 그렇다고 해서 이 세상을 저버릴 수는 없다. 이 세상을 저버린다고 해도 해탈하지 못한 중생은 또다시 세상에 태어나서 괴로움을 당할 수밖에 없기 때문이다. 따라서 괴로움을 견딜 수밖에 없는 세계라는 의미의 인토(忍土)로 번역한다.

● 사자 몸 속의 벌레

사자의 몸 속에 깃들어 은혜를 입고 있으면서 그 피와 살을 먹어서 해를 입히는 곤충이다. 《범망경》 등의 불전에 나오는 이야기인데 불교 신자이면서도 불교에 해를 끼치는 자를 비유한 말이다. 그러다가 이 말은 자기가 살고 있는 곳에 재앙을 불러일으키는 자, 은혜를 입고도 배반하여 악으로 되갚는 자를 일컫는 말이 되고 있다.

● 사자후(獅子吼)

석가모니 부처님의 설법은 마치 사자가 포효하여 백수를 두려움에 떨어 그들을 항복시키는 것과 같아서 당당하고 위력이 넘쳐난다는 뜻이다. 오늘날에는 그 뜻이 크게 열변을 토하는 것을 말하게 되었고 부처님의 말씀과 같이 올바른 내용인가 아닌가는 그다지 문제삼지 않게 되었다.

164

• 살생(殺生)

목숨 있는 것을 죽이는 일. 불법에서는 인간으로서 올바르게 살아가는 생활방식에 위배되는 것을 악(惡)이라고 보고 있으며 특히 십악(十惡)을 들고 있다. 살생은 그 십악 가운데 가장 먼저 거론되는 것이다. 이와 덧붙여 다른 아홉 가지 악을 열거해보면 먼저 살생 외에 다른 사람의 것을 훔치는 일(偸盜), 자신의 배우자가 아닌 자와 관계를 갖는 일(邪淫)이 몸으로 짓는 세 가지 악업(身의 三惡業)이다. 그리고 거짓말(妄語), 이간질하는 말(兩舌), 욕(惡口), 꾸밈말(綺語)이 입으로 짓는 네 가지 악업(口의 四惡業)이며, 탐욕과 성냄과 어리석음이 뜻으로 짓는 세 가지 악업(意의 三惡業)이다. 그래서 이것을 합하여 십악이라고 하는 것이다. 불법에는 그 밖에도 다섯 가지 악(五惡)이라는 것이 있는데 이것은 불살생·불투도·불사음·불망어·불음주의 오계(五戒)를 깨는 일이다. 오계란 출가자 이외의 모든 불교신자가 최소한 꼭 지켜야만 할 규율인데, 앞서 말한 십악은 기본적으로 지켜야할 것이고 그 밖에 불음주계(不飮酒戒)가 첨가되어 있는 것은 아무래도 재가신자를 대상으로 한 친근한 계율이라는 느낌이 든다. 어쨌든 살생은 출가자와 재가자를 막론하고 불교에서 가장 죄가 깊은 행위라고 하여 금지하고 있다.

• 상대(相對)

불교에서는 '상대(相待)'라고 쓰기도 한다. 다른 것과 뭔가 차별이 인정되는 관계에 있다는 것을 말한다. '서로 맞서고 있다' '대립하고 있다' '관계하고 있다'라는 뜻도 있다. 지금은 '상대적으로'라고 말한다면 '다른 것과의 비교에 있어서는' 이라는 말이 된다.

● 상속(相續)

인과(因果) 다시 말하면 원인과 결과가 연속하여 끝나지 않는 것을 말한다. '찰나생멸'이 불교의 견해인데 이런 '상속'에 의해서 사람은 마음 속에 일관된 상태를 지닐 수 있으며 올바른 불법의 길을 걸어갈 수 있는 것이다. 지금은 재산을 상속한다는 식으로밖에는 이 말이 쓰이고 있지 않지만 상속이란 본래 자신의 마음의 문제이며 다른 사람으로부터 재산을 물려받는 것과는 전혀 상관이 없는 말임을 기억해야 할 것이다.

● 상응(相應)

뜻밖에도 이 말은 산스크리트 어 yoga를 번역한 말이다. 음사어(音寫語)는 유가(瑜伽)이다. 요가는 말할 필요도 없이 오늘날 미용이나 건강을 위해서 전세계적으로 붐을 일으키고 있는 수행법인데 본래는 '마음과 마음의 작용이 일치하다'라는 의미이다. 따라서 서로 상응하지 않는 것이 '불상응(不相應)'이다. 지금은 '어울리다' '이치에 맞다'라든가 '저 선수를 스카우트하기에 상응하는 개런티이다' '그에 상응하는 대우를 해주지 않으면 나는 갈 수 없다'라는 식으로 쓰이고 있다.

● 생자필멸(生者必滅)

《대열반경》에 나오는 말인데 모든 것은 영원히 머무르는 일 없이 변화하는 것이므로 생명이 있는 것도 반드시 죽을 때가 오는 법이란 뜻이다. 같은 의미의 말이 《인왕경》에는 '성자필쇠(成者必衰)'라고 등장하고 있는데 이 말은 세력이 치성한 것도 반드시 쇠할 때가 오는 법이라는 의미이다. 불교의 무상관(無常觀)을 나타내

주는 말이다.

- **선택(選擇)**

산스크리트 어 vicaya를 번역한 말이다. 선(善)을 택하고 악(惡)을 버리는 일을 말한다. 불교의 교리나 그 해석이 아주 세밀하게 나뉘어짐에 따라서 그 복잡한 유파로부터 적당한 것을 가려내어 완전한 하나의 실천이론으로서 모양새를 갖추게 되었다. 선가에서 중시하는 좌선이나 정토 계통에서 중시하는 염불이 바로 그 전형일 것이다.

- **설교(說敎)**

설법(說法)과 같은 말이며, 가르침을 설하는 것이다. 그리고 훌륭한 교의에 근거하여 가르침을 펼치는 것으로서 이런 말은 듣기만 해도 어깨가 뻐근해진다. 또한 세속 사람들의 미숙함이나 잘못을 실례로 들면서 올바른 불법을 밝히는 일도 종종 있었기 때문에 모두 경원하곤 하였다. 오늘날 '상사에게 한바탕 설교를 들었다'라고 하면 짜증나도록 심한 잔소리를 들었고 비난받았다는 의미가 되는데 설교를 기꺼워하지 않는 사람들의 마음은 예나 지금이나 마찬가지인 것 같다.

- **섭취(攝取)**

'단백질을 많이 섭취하시오'라는 등 오늘날에는 오로지 음식물 등을 먹는 의미로 쓰이고 있는데 이것도 또한 불교용어이다. 산스크리트 어 saṃgraha를 번역한 말로서, 부처님이 이 세상의 모든 살아있는 자들을 구제한다는 것을 말한다. 《관무량수경》에서는 '섭취불사(攝取不捨)'라는 말이 있는데 이 말은 아미타부처님의 자비가 중생을 구제하여 그들을 모두 거두되 저버리지 않는다는 뜻이다.

• 성불(成佛)

번뇌를 버리고 떠나서 깨달음의 경지에 이르른 것, 말할 필요도 없이 그 '성불'한 최초의 사람이 석가모니이다. 그러다가 정토 계통의 종파로 오게 되면, 죽으면 모든 사람이 아미타부처님의 자비로 극락정토에 왕생한다고 설하였기 때문에 정토에 갈 수 있으면 부처로 태어난다고 믿게 되었다.

• 성취(成就)

지금은 일반적으로 어떤 일을 이루어내었을 때에 사용하는 말인데 어원은 산스크리트 어 siddhi로서, 완성(完成)이라는 뜻이다. 불교에서 말하는 '완성'이란 깨달음 말고는 없다. 또한 밀교에서는 siddhi를 실지(悉地)라고 음사하여 엄격한 실천 수행에 의해서 얻어지는 투시력, 독심술 등 일종의 불가사의한 초능력을 말하였다.

• 세간(世間)

산스크리트 어 loka를 번역한 말이다. 불교에서는 '세간'에는 두 가지가 있다고 한다. 첫째는 하늘·바다·대지·산·강 등과 같이 우리를 둘러싸고 있는 자연환경의 세간, 즉 그릇(器)으로서의 세간을 말하여 이것을 기세간(器世間)이라고 한다. 또 하나는 성인이나 악마에서부터 금수나 초목에 이르기까지 살아 숨쉬는 모든 것으로서의 중생세간(衆生世間)이다. 오늘날 우리가 말하는 세간의 의미는 후자에 가까우며 그 중에서도 인간 사회의 범위로 한정되는 느낌이 있다.

• 세계(世界)

불교의 세계관은 수미산과 그 주변의 태양과 달이 비치는 범위를 말한다. 본래는 산스크리트 어 loka dathu를 번역한 말인데 'loka'는 세(世) 또는 세간(世間)을 뜻하고 'dathu'는 요소(要素) '구성분(構成分)'을 가리킨다. 즉 '세계'란 살아 숨쉬는 것에서 무생물에 이르기까지 이 세상을 구성하고 있는 모든 요소를 말하는 것이다.

• 소득(所得)

원어는 산스크리트 어인 upalambha로서 '소유'라고도 번역한다. 불교용어에서 소(所)는 수동태이고 득(得)은 능동태를 의미하기 때문에 '소득'은 '얻어진 것' '체험되어진 것'을 가리킨다. 특히 정신적, 지각적으로 자신에게 입수되는 것을 말하며 선가에서는 깨달음을 가리키는 용어이다.

• 소신(所信)

소(所)는 능(能)의 반대말인데 '능'은 능동태이고 '소'는 수동태이다. 따라서 소신(所信)이라고 할 때면 '믿는 사람'인 '능신(能信)'에 맞서는 '믿어지는 것'을 가리킨다. 이 말이 오늘날에 와서는 정치인이 가령 '나의 소신을 표명하겠습니다'라고 하면 자신의 신념을 많은 사람 앞에 밝히겠다는 의지를 나타내는 말이 된 것이다. 하지만 이런 사람들의 신념을 어느 선까지 믿을 수 있을지는 자못 의심스럽기 그지없다.

• 소전(所詮)

능전(能詮)과 반대되는 말이다. 능전과 소전은 '말하다'라는 뜻의 산스크리트 어에서 비롯된 것이다. '능전'은 '말로 표현하는 것' '말'을 가리키며 불교에서는 특히 '경전'을 의미한다. 그런데 '소전'은 '말로 표현되어지는 것' '의미'를 가리키며 '경전에 설해진 가르침' 또는 '경전에서 인용되어 있는 말'을 의미한다.

• 소제(掃除)

소지(掃地)라고도 쓰는데 본래는 석가모니 부처님 시절부터 행해졌던 수행 가운데 하나이다. 수행에 대해서는 경전에 다양하게 설명되고 있는데 그 중에서도 기본이 되는 것은 삼학(三學)이다. 삼학이란 몸과 입과 뜻의 사악함을 멈추는 계(戒), 마음이 어지러운 것을 고요히 가라앉히는 정(定), 올바르게 사유하여 진리에 도달하는 혜(慧)의 세 가지를 뜻한다. 수행은 이런 삼학에 근거하여 일상의 모든 행동거지 하나하나에 이르기까지 티끌 하나도 소홀히 하지 않고 깨끗이 씻어내는 것이어야 한다.

• 수마(睡魔)

산스크리트 어 middha를 번역한 말이 수면(睡眠)인데 middha는 단순히 잠드는 것만을 의미하는 것이 아니라 정신적인 활동이 둔하고 몽롱한 상태를 가리키며, 불교에서는 이런 수면을 수행에 방해가 되고 깨달음에 이르는 것을 방해하는 것으로 간주하였다. 즉 졸음(睡)을 악마(魔)에 비유한 것이다. 부처님이 깨달음을 향한 수행을 하고 있을 때에 악마 즉 파순(波旬)이 수면을 비롯한 욕탐과 굶주림·애착·공포·의혹 등 열두 마군을 총동원하여 방해하려고 한 것이 '수마'의 기원이라고 한다.

• 수승(殊勝)

부처님이나 그 가르침, 또는 절과 같은 건물이 매우 뛰어난 모습을 일컫는 말이다. 나아가서는 거기에 마음을 빼앗기고 공경하는 마음을 품는 태도를 말한다. 다른 어떤 것보다 특출나게 빼어난 것을 일컫는 말로 요즘은 쓰이고 있다.

• 수희(隨喜)

다른 사람의 착한 행위를 칭찬해주는 일이다. 산스크리트 어 anumodana를 번역한 것이다. 이 말이 오늘날에는 다른 사람의 기쁨을 자신의 기쁨인 양 여기는 일을 가리키게 되었다. 불교에서는 '수희공덕(隨喜功德)'이라는 말이 있는데 이것은 다른 사람의 착한 행동을 기뻐하면 그것만으로도 자신의 착한 행동이 된다는 의미이다. 그로부터 감사하는 마음도 생기고 기쁜 나머지 수희(隨喜)의 눈물, 고마움의 눈물을 흘리는 일도 생겨나게 된다는 것이다.

• 식당(食堂)

이 말은 일본에서 쓰이던 용어가 우리 나라에 정착한 경우이다. 본래 불교에서는 스님들이 식사를 하는 곳을 가리킨 말이다. 하지만 큰 사찰 이외에는 특별히 식당을 마련하지 않은 곳도 많았다고 한다. 어쨌든 불법 수행에서는 일상의 모든 행위 가운데에서도 특히 식사에 관해서는 엄격한 규칙을 두었다. 지금은 일반적으로 음식점 등을 가리키는 말이 되었다.

• 신통력(神通力)

'신통'이라고도 한다. 수행을 철저하게 한 성자에게 갖추어진다고 하는 불가사의한 초능력이다. 불교에서는 신통력에도 다음과 같은 여섯 가지가 있다고 하여 '육신통(六神通)'이라고 한다.

신족통(神足通) : 어디든지 갈 수 있는 힘
천안통(天眼通) : 무엇이든 꿰뚫어 볼 수 있는 힘
천이통(天耳通) : 무엇이든 들을 수 있는 힘
타심통(他心通) : 다른 사람의 마음을 읽어내는 힘
숙명통(宿命通) : 전생에 있었던 일을 아는 힘
누진통(漏盡通) : 번뇌를 없애고 깨달음의 세계로 들어가는 힘

이렇게 '신통'이라는 말이 쓰였으나 지금은 매우 특이하고 머리 좋은 사람을 가리켜 '신통하다'라고 부르는 정도의 축소된 의미로 쓰이고 있다.

• 실념(失念)

산스크리트 어 smṛti-moṣa 또는 muṣita smṛti를 번역한 말이다. smṛti는 정념(正念) 즉 삿된 생각을 없앤 깨끗한 마음의 지속을 말하며, '실념'은 그런 정념이 번뇌 등으로 인하여 더럽혀지고 마음이 어지럽혀져 있는 것을 말한다. 지금은 죄다 잊어버린다거나 기억을 하지 못하는 뜻으로 쓰이고 있다.

• 실제(實際)

'실제로 나는 곤란을 겪고 있다'라는 것처럼 우리들은 이 말을

너무나도 많이 사용하고 있는데 그것도 본래는 엄숙한 의미를 지닌 불교용어이다. 산스크리트 어 bhūta-koṭi를 번역한 말로서 존재의 궁극, 사물의 끝을 가리키는 말이다. 불교에서는 그곳은 진실하며 깨달음의 세계라고 하고 있다.

• 심경(心境)

이럴 경우의 경(境)이란 '이해나 판단의 대상이 되는 것'을 말한다. 따라서 '심경'이란 '마음의 작용과 그 작용의 대상이 되는 것'이라는 의미이다. 불교 세계에서는 심(心)도, 경(境)도 한 순간에 잊어버리는 '심경쌍망(心境雙亡)' 또는 심과 경이 하나가 되는 '심경일여(心境一如)'의 입장에 자신을 두는 것을 이상으로 삼고 있다. 현재 이 말이 '마음 상태'라는 뜻으로 쓰이게 된 것은 심과 경의 관계가 어떠한가에 따라서 '마음의 상태'도 정해지기 때문이 아닐까 생각한다.

• 심기일전(心機一轉)

심기(心機)란 '마음의 작용'을 뜻한다. 불교에서는 그 마음의 작용이 한순간 변하여 깨달음의 경지에 들어가는 것이 '심기일전'이다. 이런 표현이 오늘날에 와서는 '이제 회사에 입사하였으니 심기일전하여 일하겠다'는 식으로 쓰이고 있다. 즉 어떤 계기에서 마음가짐을 완전히 새롭게 하여 새로운 사람이 되겠다는 의미로 쓰이게 된 것이다. 어쩌면 속세에 몸을 담고 사는 우리들 범부에게는 바로 이것이 나름대로의 깨달음의 경지가 아닐까 생각한다.

〈ㅇ〉

● **아귀(餓鬼)**

육도(六道) 가운데 하나인 '아귀도(餓鬼道)'에 떨어져 괴로움을 받는 자를 말한다. 불교에서는 사람의 마음을 나누어 '십계(十界)'라고 하는데, 그 십계를 더 세분하여 네 가지 성스러운 세계인 '사성(四聖)'과 여섯 가지의 미혹한 세계인 '육도(六道)'로 구별하였다. '아귀도'는 그 육도 중에서도 지옥도와 축생도와 나란히 삼악도(三惡道)에 들어가는 세계이다. 아귀는 《대지도론》에 의하면 칼날에 묻은 꿀을 탐욕스럽게 핥다가 입을 다친다고 하고 있으며 또한 《성실론(成實論)》에서는 너무나도 목이 말라서 갈증을 덜려고 소금물을 마시다가 도리어 더욱 심한 갈증에 시달린다고 설명하고 있다. 또한 그 모습을 묘사한 설명에 따르면 모습은 꼬챙이처럼 말랐는데 배만 튀어나왔고 목은 바늘과 같이 가늘다고 한다. 그래서 그 배를 다 채우고자 욕심껏 음식을 먹지만 목이 너무나도 가늘어 그것을 삼키지 못하여 영원히 포만감을 느끼지 못하는 중생이라고 한다. 이따금 걸신들린 듯 먹어치우는 사람, 또는 조금만 목마르거나 배고프면 신경질내고 울부짖는 사람이나 아이들을 아귀 같다고 표현하는데 바로 여기에서 나온 말이다.

● **아비규환(阿鼻叫喚)**

아비지옥(阿鼻地獄)과 규환지옥(叫喚地獄)을 더한 말이다. 둘 다 팔열지옥(八熱地獄)에 들어 있다. 아비지옥은 무간지옥(無間地獄)이라고도 불리는데 고통이 조금도 쉴 사이 없이 생겨나는 지옥의 이름이다. 규환지옥은 괴로움을 견디지 못하여 비명을 지르고 울부짖는 소리가 끊이지 않는 지옥의 이름이다. 이런 내용을 담은 말이기 때문에 오늘날에는 전쟁터나 엄청난 천재지변이 일어난 곳에서 죽어간 자들의 시신을 가리키거나 살아났지만 상처를 입어 괴로움에 몸부림치는 현장을 가리켜 '아비규환이다'라고 부르게 되었다. 또는 조용히 마음을 가라앉히지 못하고 분노나 욕망에 휩싸여 있을 때, 작은 이익에도 앞다투어 서로 손을 내밀며 남을 배려하지 못하는 모습을 가리키는 말이 되었다.

• 악마(惡魔)

그냥 '마(魔)'라고도 말한다. 산스크리트 어로 māra인데, 탐욕·성욕·수면욕 등의 본능적인 욕망이 있는 욕계(欲界)를 지배하는 마왕을 의미한다. 불교에서 설명하는 바에 의하면 석가모니 부처님이 수행에 전념하고 있을 때 이 마왕은 자신의 딸인 마녀들에게 부처님을 유혹하도록 시키고 또한 욕탐·배고픔과 굶주림·애착·수면·두려움 등으로 이루어진 열두 마군(魔軍)에게 부처님의 수행을 방해하게끔 한다. 하지만 부처님은 오히려 미동도 하지 않은 채 이들을 물리쳤다고 한다.

• 안심(安心)

깨달음의 경지이다. 어떤 것에도 헷갈리지 않는, 고요하고 평화로운 경지이다. 석가모니 부처님은 가야라고 하는 숲속에서 6년 동안 극단적으로 몸을 괴롭히는 수행을 통하여 이 안심(安心)을 구하려고 하였지만 구하지 못하였다. 그래서 부다가야의 보리수 아래에서 명상에 잠겨 마침내 '붓다', 즉 '깨달은 사람'이 되었던 것이다. 석가모니 부처님 조차도 그토록 자신을 괴롭혔지만 얻지 못하였던 그 경지! 그 만큼 안심, 깨달음을 열기란 좀처럼 쉽게 구할 수 없는 경지일 것이다. 지금 우리들 범부가 바라는 것은 진정한 깨달음을 의미하는 '안심'과는 조금 의미가 다른, '아이구! 다행이다', '이제 한 시름 놓았다'라는 의미의 '안심' 정도가 아닐까 한다.

• 애교(愛嬌)

부처님이나 보살의 부드럽고 자비에 넘친 표정을 가리키는 불교 용어로서, '애교상(愛嬌相)'에서 온 말이다. 지금은 붙임성이 좋고 모임의 분위기를 잘 돋우며, 사람들 주변을 잘 살펴주며 사랑스럽고 농담도 곧잘 하는 사람에게 쓰는 말이며 주로 여성들에게 하는 표현이 되어 있다. 일반적으로 '애교가 있다'라고 하면 표면적으로 아기자기한 느낌만을 떠올리게 되지만 본래의 의미는 그렇게 경박한 이미지만은 아니었던 말이다.

• 억겁(億劫)

'겁'은 산스크리트 어 kalpa의 음사어인 겁파(劫波)를 줄인 말이다. 우주의 광대함 따위를 표현할 때에 사용하는, 매우 오랜 시간의 단위이다. 억이란 숫자도 매우 큰 숫자이므로 억겁이란 헤아릴 수 없이 무량한 시간을 말한다. 《법화경》에서는 부처님을 '억겁에 한 번 만날 수 있다'라고 한다. 즉 부처님을 만난다는 일은 그 정도로 어려운 일이므로 지금이라도 부처님의 가르침을 잘 따르고 수행하라는 의미인 것이다. 억겁이란 우리들 범부로서는 상상이 미치지 못하는 숫자이다.

• 여의치 못하다(不如意)

생각대로 되지 않는 것을 뜻한다. '여(如)'란 어떤 일이나 사물이 오직 있는 그대로인 실체를 말한다. 이 '여'의 경지에 도달한 자는 마음에 아무런 걸림이나 장애가 없고 속박되는 일도 없다. 이것을 '여의'라고 하는데 그와 정반대인 경우가 '불여의' 즉 여의치 못하다는 표현이다. 오늘날에는 돈이 없거나 형편이 풍족하지 못하면 '여의치 못해'라고 하는데 돈이 삶 자체를 좌우하는 현실을 그대로 표현한 말이라 하지 않을 수 없다.

• 연기(緣起)

'인연생기(因緣生起)'의 줄인 말이다. 인연(因緣)에 의해서 일어나는 존재, 일을 말한다. 사찰이나 오래된 건축물에는 연기(緣起)가 있다. 그 건물이 지어지게 된 계기를 말하는 것이다.('인연(因緣)' 항목 참조)

• 옷깃만 스쳐도 인연

옷깃이 서로 스치듯 지나고, 소매끝이 아주 잠깐 동안 스치는 것과 같이 아주 사소한 일일지라도 그것은 '전생의 인연'이 아니고서는 그렇게 될 수 없다. 길을 걷다가 스쳐지나는 사람과도 그런 전생의 연분이 있어서 그렇다고 하는데 가족관계나 부부관계의 인연은 이루 헤아릴 수 없는 전생의 오랜 인연이 없으면 불가능한 관계일 것이다. 불교의 윤회, 인과응보의 가르침에서 생겨난 속담이다.

• 왕생(往生)

이 세상을 떠나서 저 세상으로 다시 태어나는 일. 말 뜻 그대로 하자면 지옥에 가서 다시 태어나는 것도 왕생이라고 하겠지만 아미타부처님이 계시는 정토세계에 태어나는 것을 왕생이라고 표현한다.

• 외도(外道)

인도에서는 단순히 불교 이외의 종교나 그 종교를 믿는 사람들을 가리켜 '외도'라고 하였다. 그것이 중국으로 들어와서 일종의 가치관이 더하여져서 '본 줄기에서 벗어난 것'이라고 하는 넓은 의미가 되었다. 뿐만 아니라 자신의 배우자가 아닌 사람과 사귀는 것을 가리키는 가장 세속적인 말로까지 변하였다.

• 용(龍)

산스크리트 어 nāga를 번역하였는데 nāga의 본래 의미는 독사인 코브라이다. 그렇다면 어째서 코브라인 나가가 전혀 비슷하지 않은 용이 되었을까? 그건 바로 중국에서 이 코브라를 상상 속의 동물인 '용'으로 해석했기 때문이다. 처음에는 기세좋게 시작하다가 끝날 무렵에는 지리멸렬한 것을 '용두사미'라고 한다.

• 우치(愚癡)

'무지'라는 의미인 산스크리트 어 moha가 어원이다. 세상 이치에 대하여 어두운 자, 나아가 자신이 그런 이치에 어두운지조차 모르는 자를 가리키는 말이다.

● 유야무야(有耶無耶)

사람들 중에는 어떤 일이나 사물에 대하여 긍정적이든 부정적이든, 또는 찬성이든 반대이든, 또는 호감이든 불쾌감이든 간에 두 가지 입장에서 똑 부러지게 하나의 입장을 취하지 못하고 망설이는 사람이 있다. 그런데 불교 특히 선가(禪家)에서는 사물이나 어떤 사항에 대해서 두 가지의 대립하는 견해로 나누고 어느 쪽이든 한쪽을 올바르다고 결정짓고 고집하지 않았다. 선가에서는 "…는 있는가(有耶), 없는가(無耶)?"라는 질문을 자주 하는데 '있다'라고 대답하면 틀린다. 그렇다고 해서 '없다'라고 대답해도 역시 틀린 답이 된다. 결국 '있지만 없다'라든가, '있는 것도 아니고 없는 것도 아니다'라든가 또는 있다와 없다라는 단정적인 견해를 벗어난 답을 원한다는 뜻인데 우리들 범부의 입장에서는 쉽게 알지 못하는 선문답이 이루어지는 것이다. 즉 유야무야인 것이다. 하지만 부처님은 이런 유야무야의 세계, 어느 쪽이든 결정내리지 않는 애매모호한 사유를 뛰어넘어 절대적이며 평온한 세계에 들어갔다고 한다.

● 율의(律儀)

불교 성전에는 경(經)·율(律)·논(論)의 '삼장(三藏:藏이란 거두어 들인다는 뜻)'이 있다. 경장(經藏)은 석가모니를 비롯하여 여러 성현들이 설한 가르침, 율장(律藏)은 수행자나 신자가 지켜야할 계율의 모든 항목, 논장(論藏)은 불법과 그 의의를 기술한 것을 말한다. '율의'란 악업을 짓지 못하도록 정한 규칙이다.

● 융통(融通)

서로 다른 개별적인 것들이 하나로 융합되어 구분이 없는 것을 말한다. 불교에서는 대립하는 견해를 일단 인정하고 각각을 검토해서 모든 것을 감싸 안는 체계를 도출하는 것이 특징이다. 다시 말하면 '융통'을 장점이자 특징으로 내세우는 가르침인 것이다. 이 말이 오늘날에는 '융통성 있다' '돈을 융통하다'라는 표현으로 쓰여서 임기응변에 강하고 사교술이 뛰어나는 사람을 표현하거나 또는 꽉 막혀 있는 자금 사정에 숨통을 틔어주는 경우에 쓰이고 있다.

● 이심전심(以心傳心)

'저 사람과는 이심전심이다'라고 말하면 구태여 입 아프게 말로 설명하지 않더라도 상대방이 쉽게 나의 마음을 잘 알아주고 의기투합할 수 있는 사이라는 뜻이다. 이 말은 선가에서 쓰는 말이다. 불교에서는 진리란 말이나 책에 의해서 표현할 수 있는 것이 아니라 그것은 무언(無言) 중에 마음에서 마음으로 전하는 것이어야만 한다고 한다. 나아가 이 '이심전심'은 마음을 전달하는 쪽이나 전달받는 쪽이 둘 다 높은 수준에 도달해 있지 않으면 불가능하다. 스승과 제자가 함께 진리를 전하고 전해받을 만한 마음의 높은 수준에 도달해 있지 않으면 일방통행에 불과한 몸짓에 지나지 않기 때문이다.

● 이익(利益)

불보살의 힘에 의해서 얻어지는 이익과 행복을 말한다. 또한 자신을 위해서 이루는 것을 '공덕'이라고 하는 것에 비해서 다른 사람을 이롭게 하는 것을 '이익'이라고 말하는 경우도 있다. 지금은 다른 사람을 이롭게 하는 것은 얼간이 같은 짓이라고 비난받고 있는 세태가 되고 말았다.

● 인간(人間)

산스크리트 어 manusya-loka를 번역한 말이다. manusya는 사람(人), loka는 세간(世間)이라는 의미로서 즉 '인간'이란 세간에서 살아가는 사람이라는 뜻이다. 이 말은 예나 지금이나 또는 불교나 그렇지 않은 세계에서나 통용되는 말이며 그 뜻은 변함이 없는 실로 '인간적인' 맛을 깊이 풍기는 단어이다.

● 인과(因果)

원인으로부터 반드시 그에 알맞는 결과가 생기며, 결과가 있는 것에는 반드시 그에 상응하는 원인을 발견할 수 있다고 하는 것을 말한다. '인과응보(因果應報)'라고도 하고, '자업자득(自業自得)'이라는 말도 같은 의미를 지녔다. 본래 인과(因果)라는 말의 깊은 뜻을 짚어보면 과거를 반성하고, 미래를 잘 생각하며 현재 올바르게 살아가는 법을 익혀서 자신의 힘으로 해결해야 한다는 뜻이 담겨 있다. 그렇지만 어느 사이엔가 '인과'는 어두운 숙명론적인 색채를 띠게 되었다. 사람들은 벗어날 수 없는 운명이라는 의미로 인과라는 말을 받아들이게 되었다는 것이다. 하지만 '인과'의 바른 뜻은 자신의 현재 처지는 자신이 과거에 행한 일의 과보이면서도 자신의 행복한 내일을 향한 원인의 바탕이 된다는 뜻이다. 인간의 자유와 의지와 희망을 이야기한 말인 것이다.

- **인내(忍耐)**

깨달음을 얻기 위한 수행인 바라밀 가운데 하나인 '인욕(忍辱)'과 같은 뜻이다. 괴로운 일이나 모욕을 참아낸다는 뜻이다.

- **인도(引導)**

인도(引導)라는 말은 《법화경》에 등장한다. 사람들을 부처님의 가르침으로 이끌고 안내하는 것이 그 본래의 뜻이다.

- **인도(人道)**

현재는 영어의 휴머니즘을 번역한 말인 '인도주의(人道主義)'로 쓰이고 있는데 불교에서는 육도(六道) 가운데 하나인 인간계를 가리킨다. 인도주의라고 하면 인간의 최고의 덕목으로 여겨지고 있지만 불교의 '인도'는 번뇌에 뒤덮여 미혹되어 있는 길의 하나일 뿐이다.

- **인사(人事)**

오늘날에는 넓은 의미에서 인간에 관련된 사항 전반을 가리키는 말로 사용되고 있는데 특히 중국의 선종에서는 첫대면하는 승려들끼리 인사할 때와 그때 지참하는 선물을 가리키는 용어로 쓰였다. 그들은 처음 대면할 때 건네는 말이나 행동 등을 대단히 중시하여 상대방의 인물 됨됨이와 역량을 재빨리 파악함과 동시에 자신의 능력을 상대방에게 멋지게 보이는 일에 지금까지 쌓아온 수행의 모든 것을 걸었던 것이다. 그런 중요한 장면을 '인사'라고 하게 된 것은 출신이나 경험 따위의 인사가 그 자리에서의 승패의 판가름이 되었기 때문일 것이다. 인사하느라 골치를 앓았던 것은 옛날의 선승도 예외는 아니었던 것 같다.

● 인연(因緣)

사물이나 사건의 원인, 유래, 관계를 의미하는 말이다. 더 이상 자신의 힘으로 어쩌지 못할 경우 '인연이 다하였다'라고 말하기도 하고, 긍정적이거나 부정적인 관계를 갖게 되는 것을 '인연을 맺는다'라고 표현한다. 모든 일은 혼자만의 힘만으로 이루어지거나 지탱될 수는 없다. 그것이 있게끔 바탕을 마련해준 것을 인연이라고 한다.

● 일대사(一大事)

흔히 '결혼은 인륜의 대사(大事)이다'라고 말한다. 이 말은 《법화경》에서 "모든 불세존은 오직 한 가지 큰 일의 인연(一大事因緣)을 지녔기 때문에 세상에 출현하셨다."라는 말에 의거한다. 다시 말하면 부처님은 더할 나위 없이 소중하고 중요한 이유가 있기 때문에 이 세상에 나타나셨다는 말이다. 그 '일대사인연' 즉 유일하고 가장 큰 일의 인연이란 다름 아니라 자신이 깨달은 진리를 이 세상의 미혹된 사람들에게 말해주고 이해시켜서 그들을 진리의 길에 들게 하고자 하는 것을 말한다. 이 일이 부처님의 '대사(大事)'이다. '결혼이 인륜의 대사'라는 앞서의 말도 결혼이 바로 이 세상에서 가장 중요한 일이라는 뜻인 것이다. 우리가 흔히 '큰일이야!'라고 말할 때의 그 표현도 한문으로 표현하면 대사인데 이 말도 쉽게 넘겨버릴 수 없거나 소홀하게 여겨서는 안 되는 일을 가리키는 말로서 역시 앞서 설명한 부처님의 일대사인연에서 비롯된 말이라 하겠다.

〈ㅈ〉

● 자비(慈悲)

산스크리트 어로 우정(友情)을 의미하는 maitri와 슬퍼하다는 뜻의 karuṇā를 합성한 말이다. 자비란 이웃을 내 몸과 같이 생각하는 우정(慈)과 이웃에게 닥친 슬픔을 나의 일처럼 슬퍼하는 연민(悲)을 말한다. 부처님이나 보살들이 세상 사람들에게 즐거움을 주고 괴로움을 없애주려고 다가오는 모습을 표현한 말이다. 지금은 가난한 자들에게 물질적으로 베풀 때에 흔히 '자비를 베풀다'라는 표현을 하고 있다. 부처님의 자비는 중생들이 생사의 괴로움에서 영원히 벗어날 수 있는 가르침을 베푼 대자대비(大慈大悲)인 것이다.

● 자업자득(自業自得)

'누구의 탓도 아니다. 내가 저지른 일의 과보이다'라는 말로서, 그다지 좋은 의미로 쓰이지 않는다. '저 녀석이 시험에 떨어진 것은 자업자득이다'라고 말하면 이 말은 곧 '공부하지 않았으니 떨어지는 일은 당연한 일이다'라는 뜻으로 업신여기는 뉘앙스를 풍기게 된다. 선인선과(善因善果), 악인악과(惡因惡果) 즉 착한 행동을 하면 좋은 결과가 생기고, 악한 행동을 하면 악한 결과가 나온다는 것이 불교의 근본사상인데, 여기에서 업(業)이란 그 '행동'을 뜻한다. '자업자득'은 너무나도 당연한 이치 같은데 요즘 세상은 그것도 맞지 않는 것만 같다. 다른 사람의 행위가 내게 불똥이 튀어 그야말로 타업자득(他業自得), 자업타득(自業他得)이 되는 세상이기 때문이다.

● 자유자재(自由自在)

자유(自由)란 산스크리트 어 svayam을 번역한 말인데, 다른 것의 영향이나 속박을 받지 않고 독립자존해 있는 평온한 경지를 말한다. 자재(自在)란 산스크리트 어 vaśitā를 번역한 말인데 번뇌의 지배로부터 해방되어 자기의 의지대로 행하는 경지를 말한다. 석가모니 부처님을 '자재인(自在人)'이라고 하는 것도 바로 이런 이유에서이다. 두 경우 모두 깨달음의 경지이다. 불교에서는 자유로우면 자재롭게 되고, 자재로우면 자유로워진다고 하여 '자유자재'라고 하는 말이 생겨났다. 그런데 요즘은 깨달음과 전혀 상관없이 자기 멋대로 행동하는 것, 부모의 간섭에서 벗어나는 것을 일컫는 말이 되었다.

● 장광설(長廣舌)

또는 '광장설(廣辰舌)'이라고도 한다. 부처님의 몸에는 32상(相), 80종호(種好)라고 불리는 매우 뛰어난 특징이 갖추어져 있었다고 한다. '장광설'은 그 32상 가운데 하나인 '장광설상(長廣舌相)'을 가리킨다. 이 상은 혀가 매우 길고 부드러워서 쭉 내밀면 온 얼굴을 덮을 수 있을 정도라고 한다. 이것은 즉 부처님의 말씀에는 거짓이 없음을 상징하고 있다. 이런 의미를 담은 장광설이 시대를 거쳐서는 유창하게 자기 변론을 한다거나 쉬지 않고 말을 퍼부어대며 설교하는 사람을 가리키는 말이 되었다. '장광설을 늘어놓지마!'라는 표현이 바로 그것이다.

● 장로(長老)

승랍 다시 말하면 계를 받고 오랜 세월 수행해온 덕이 높은 스님을 가리키는 말이다. 산스크리트 어 āyuṣmant를 번역한 말로서 '나이 먹은 사람'이 본래의 뜻이다. 그런데 반드시 나이만을 가지고 윗사람으로 존경하는 것이 아니다. 예를 들면 석가모니 부처님은 자신보다 나이가 아래였던 제자 아난에게 '장로 아난'이라고 불렀고 또한 선가에서는 훌륭한 지도자가 있으면 그 스님은 장로라고 불렀다. 즉 나이에 걸맞는 경험과 수행을 쌓은 어진 스님을 찬양하여 부른 칭호가 바로 '장로'인 것이다. 오늘날 정계(政界)의 장로니, 재계(財界)의 장로니 하는 말이 범람하고 있는데 과연 그런 호칭을 듣는 사람들은 장로라는 깊은 의미에 걸맞는 인물들일까? 또한 더 안타까운 것은 오늘날 우리 불교에서는 장로라는 말이 자취를 감추는 대신 기독교에서 이 말을 자신들의 전유물인 양 사용하고 있다는 점이다.

● 장엄(莊嚴)

산스크리트의 원어는 '배치'를 의미하는 vyūha와 '장식'을 의미하는 alaṃkāra의 두 가지가 있으며 이 두 가지가 합쳐져서 지금의 '존엄하고 엄숙함'이란 뜻이 되었다. 그 원류를 밝혀보면 지금의 단순한 겉모양새를 잘 매만져서 장식하는 것을 '장엄'이라고 하는 것은 왠지 가벼운 느낌이 든다.

● 장자(長子)

산스크리트 어 sresthna를 번역한 말이다. 부자라는 의미이다. 우리들은 재산가를 보면 조금 부러움을 섞어서 억만장자니 백만장자라고 말하는데 바로 이 말에서 나온 것이다. 하지만 경전에 등장하는 장자는 이런 의미와는 다소 뉘앙스가 다르다. 즉 같은 재산가

라 할지라도 스님이나 사찰에 보시하는 부유한 상인(商人)들을 가
리킨다는 말이다. 그들은 계급이 낮았지만 진취적인 기상으로 충
만해 있었던 신흥세력이었으며 불교에 대한 신앙심을 갖고 있었고
또한 스님들 못지 않은 지식과 교양을 갖추고 있었다. 이른바 단월
(檀越) 즉 시주자라 불리던 사람들은 이런 장자를 중심으로 한 무
리의 세력이었던 것이다.

- 절대(絕對)

다른 것과 서로 어긋나 대립하면서 관계 맺고 있는 것을 상대(相
對)라고 하며 그 상대를 초월한 것이 절대(絕對)이다. 즉 다른 것
과의 비교나 대립을 넘어서 그 자체로서 그곳에 있는 것을 말하는
데 이것은 이상적인 경지라고 할 수 있다. 불교에서는 이런 '절대'
도 아직 상대와의 관련에서 생긴 것이므로 진정한 '절대'는 아니
라고 보며, 상대와 절대의 차원을 넘어선 것으로서 '절대불이(絕對
不二)의 세계'를 말하였다. 그것이 지금은 '나는 절대로 거짓말을
하지 않아'라든가 '절대 반대야!'라고 하여 '결코' 또는 '반드시'라
는 뜻으로 사용되고 있는데 진정으로 절대적인 것인지 어떤지는
미심쩍은 경우가 적지 않다.

- 절묘(絕妙)

'절대묘(絕對妙)'의 줄인 말이다. '절대묘'란 절대불이의 세계에
들어간 깨달음의 경지를 말한다. 지금은 '절묘한 투구입니다'라든
가 '강사가 절묘하게 연설하여 청중을 사로잡았다'라고 말하여 단
지 기술적으로 더할 나위없이 뛰어난 것을 말하는데 본래의 정신
적인 의미는 완전히 사라져버린 감이 있다.

● 접대(接待)

'어젯밤에는 거래처 사람을 접대하느라 밤늦게까지 정말 힘들었어'라고 말하는 것처럼 오늘날에는 손님을 대접한다는 의미로 보통 사용되고 있다. 하지만 이 말은 본래 성지를 순례하거나 스승을 찾아 이리저리 유행하는 스님들을 문전에서 차나 음식 등으로 대접하는 것을 말하였다. 후에 절에서 가난한 사람들에게 먹을 것을 베푸는 일도 이렇게 말하게 되었는데 섭대(攝待)라고도 쓴다.

● 정직(正直)

산스크리트 어 rju를 번역한 말로 '곧바로', '똑바르게'라는 뜻이다. 불교 세계에서는 특히 부정한 길에서 미혹되지 않고 올바르게 곧바로 불법 수행에 전념할 것을 뜻하는 말이다. 오늘날에는 이런 뜻이 남아 있어서 거짓말을 하지 않고 사실 그대로 말하는 것을 뜻하게 되었다.

● 정진(精進)

오늘날에는 온 힘을 다하여 노력하는 것을 뜻하는 말로 폭넓게 사용하고 있는데 본래의 뜻은 오직 불법 수행에 전념하는 것을 의미한다. 정진의 목적은 깨달음이다. 즉 지혜를 얻는 것이므로 불교 수행의 대표적인 항목인 육바라밀에도 정진바라밀이 들어 있다. 한 가지 목적을 정해 놓고 부지런히 노력하는 것을 뜻하는 말이다.

● 제목(題目)

본래는 경전의 표제(表題)를 제목이라고 하였다. 지금은 폭넓게 모든 책의 타이틀, 테마를 가리키게 되었다.

188

● 제창(提唱)

어떤 것을 제안, 주장하는 것을 말한다. 즉 '그녀가 제창한 계획이 이제 엄청난 성과를 거두기 시작하였다'라는 식으로 사용하는 경우이다. 그런데 이 말도 그 근원을 따져보면 역시 불교용어이다. 선가에서 지도역할을 맡은 스님이 경전이나 어록 등을 해석하면서 종지(宗旨)를 강의하는 것을 말한다. '제강(提綱)' 또는 '제요(提要)'라고도 말한다. 청중에게 자기 종파의 근본취지와 원리를 주장하는 일이 많았기 때문에 현재와 같은 용법으로 와전된 것으로 보인다.

● 중도(中道)

'중도노선'이라는 말이 있다. 오로지 극단적인 어느 한 켠으로 치우치지 않는 정치적 입장을 의미하는 이 말은 본래 불교용어이다. 깊은 의미를 가진 불교의 근본사상으로 다양한 설명을 할 수 있겠는데, 먼저 수행에 임하는 수행자의 자세에 대한 중도를 보기로 한다. 석가모니 부처님이 출가하기 전 궁궐에서 더할 나위 없이 화려한 생활을 보냈는데 그렇다고 해도 생로병사를 벗어날 수 없었다. 뿐만 아니라 출가한 뒤에는 온갖 극단적인 고행을 통하여 번뇌의 근원이라고 여겼던 자신의 몸을 괴롭혔지만 역시 얻을 수 있는 것은 병과 죽음뿐이었다. 극단적인 쾌락이나 극단적인 고행은 깨달음에 아무런 도움이 되지 못하였다. 수행자의 자세가 그 중간인 절제와 정진으로 일관하면 결국 마음의 평온과 생사의 해탈에 도달할 수 있다는 것이 바로 중도의 의미이다. 또 하나 천태(天台) 대사가 말하는 '삼제(三諦)의 이치'라는 것이 있다. 삼제란 공가중(空假中)의 세 가지 이치라는 뜻이다. 만물은 인연에 의해서 생겨나며 또한 멸해가고 정해진 것이 아니라는 것이 바로 공(空)의 이치 즉 공제(空諦)이다. 하지만 우리들의 눈앞에 모습을 드러내고 있다는 말이 바로 그것이 존재하고 있음을 말하는 것이므로 이것은 가(假)의 이치 즉 가제(假諦)이다. 그러나 이와 같은 공이나 가에 의하지 않은 중(中)이 진실하다고 하므로 이것이 중(中)의 이치 즉 중제(中諦)이다. 이 중제가 바로 중도인 것이다. 다시 말하면 열반 등의 깨달음의 경지와 같다고 생각해도 무방하다. 그런데 요즘 사용하고 있는 중도는 쉽게 말해서 앞에서의 설명과 비슷한 중간의 의미를 지니는데 이런 태도는 잘못하다가 적당주의나 애매모호한 생활방식으로 표현되기 쉬우므로 신중해야 한다. 부처님이 말씀하신 중도는 그런 적당주의가 아니기 때문이다.

● 지사(知事)

산스크리트 어 karma-dāna를 번역한 말로서 친구, 벗을 의미한다. 또는 역시 kalyāṇamitra를 번역한 말이기도 하는데 이 말은 선지식(善知識) 즉 착한 벗이라는 뜻이다. 불교에서 말하는 벗 또는 좋은 벗은 단순한 친구에 머물지 않고 부처님의 존귀한 가르침을 설하여 깨달음으로 인도하는 사람을 말한다. 이런 사람은 벗이라고 하기보다는 스승에 가까우며 대체로 고승(高僧)을 의미하는 말로 쓰였다. 이런 '지식'이 지금과 같은 의미가 되어 영어의 knowledge를 번역한 말이 되고 만 것은 선지식이 갖추고 있는 지혜나 교양 등의 특성이 부각되고 와전된 것으로 생각된다. 따라서 지금 사용하고 있는 지식인이 본래의 의미에 가까운 말일 수도 있다.

• 진공(眞空)

살아 있는 것은 실체가 없으니 즉 '이것은 이것이다'라고 결정짓는 본성을 갖고 있지 않다는 것을 불교 세계에서는 '공(空)이다'라고 표현한다. 이 공의 의미를 더욱 강화한 표현이 '참다운 공(眞空)'이다. 만물은 공인데 그 공도 또한 돌파되지 않으면 안 되는 것이므로 '공을 비우는(空)' 수행을 끝까지 밀고 나간 결과 '진공'의 경지에 도달하는 것이 불교 수행의 이상으로 여겨지고 있다. 그리고 공을 철저하게 밀고나간 이 진공에 이르면 사물을 있는 그래로 보는 '묘유(妙有)'의 입장으로 전환한다고 한다. 도대체 무슨 소리인지 헷갈리는 이야기이겠지만 이럴 경우의 유는 우리가 일상생활에서 '이렇게 있다(有)'라는 식으로 생각하는 그런 유가 아니라 일체의 미혹과 집착이 없어진 '진공'의 경지에 들어서야 비로소 얻어지는 실상을 말한다. 물론 과학용어인 '진공'과는 관계가 없다.

〈ㅊ〉

• 차별(差別)

이 세상에 있는 것은 무엇 하나도 아주 똑같은 것이 없다고 보는 견해이다. 따라서 단순히 '구별'의 뉘앙스가 강한 말이다. 그런데 지금의 '인종차별' '남녀차별'이라고 말하듯이 신분에 있어 상하의 계급을 붙이거나 대우할 때에 격차를 두거나 하는 의미는 잘못된 것이다. 그런 '차별'조차도 인간의 마음이 만들어낸 미혹한 세계인 것이며, 그 내면에는 절대평등이 들어 있다는 것이 부처님의 가르침이다.

• 찰나(刹那)

산스크리트 어 kṣaṇa를 음사한 말로서 '순간'의 의미이다. 어떤 설에서는 하루 밤낮의 648만 분의 1, 즉 75분의 1초라고도 하며 또 다른 설에서는 1탄지(彈指 : 손가락을 딱 하고 튀기는 순간)의 65분의 1의 시간이라고도 말한다. 어쨌든 지극히 짧은 시간임에는 틀림없다. 불교에서는 '찰나생멸(刹那生滅)'이라든가 '찰나무상(刹那無常)'이라는 말을 자주 하는데 이것은 일체의 모든 것은 한 순간 사이에 태어나서 한 순간 사이에 죽으며 유전(流轉)하여 잠시도 머무는 일이 없다는 뜻이다. 우리들이 사용하고 있는 '찰나'도 비교적 본래의 뜻에 가까워 찰나주의(刹那主義)라고 하면 뒷일은 조금도 고려하지 않고 순간의 쾌락에만 젖어드는 입장을 가리켜서 하는 말이다.

• 참회(懺悔)

지금은 마치 기독교나 가톨릭의 전문용어인 것처럼 사용되고 있는 말인데 본래는 불교에서 쓰던 말이다. 참(懺)은 산스크리트 어 kṣama를 음사한 것이고 회(悔)는 그 말을 번역한 말로서 '참회'의 본래의 뜻은 후회함, 뉘우침이다. 불교에서 계율에 어긋난 행동을 한 승려가 모든 사람들 앞에서 그 죄를 고백하고 불상 앞에서 뉘우치는 것을 말한다.

• 청중(聽衆)

지금은 강연이나 연주회 등 뭔가를 들으러 모인 사람들을 청중이라고 말하는데 불교에서는 설법을 듣는 스님이나 신자를 가리킨다.

• 체념(諦念)하다

체(諦)라는 말은 산스크리트 어로 satya이며 이 말은 진리(眞理)라는 말이다. 즉 '깨닫는다' '잘 살피다'라는 의미를 지닌 말이다. 진리는 어차피 우리와 같은 범부의 손이 닿지 않는 아주 먼 곳에 위치해 있다는 지레짐작에서일까? 그렇지 않으면 진리를 끝까지 추구하여 가는 일이 너무나도 어렵고 힘들기 때문에 중도에 포기하는 자들이 많았기 때문일까? 오늘날 '체념한다'라고 하면 이 말은 더 이상 행동하거나 생각하기를 포기하고 도중에 두 손 들고 만다는 뜻이 되었다. 하지만 본래는 '깊이 잘 생각하여 궁극적인 진리를 깨닫는다'라는 뜻을 지닌 말이다. 특히 제(諦)라는 말은 '네 가지 성스러운 진리'인 사성제(四聖諦)에도 들어가 있는 말이므로 불교와 아주 관계가 깊은 말이다.

• 초심(初心)

'초발보리심(初發菩提心)', 즉 깨달음을 구하는 마음을 처음으로 발하는 것을 말한다. 불교에서는 이 '초심'을 매우 중요하게 여겨서 초심이야말로 깨달음에 가장 가까운 것으로 간주하였다. 오늘날에는 어떤 직업이나 일을 처음으로 접하게 된 사람을 가리켜 초심자라는 말을 쓰는데 이 뜻은 불교 고유의 뜻과 크게 다르지 않다.

• 축생(畜生)

인간 외의 동물을 가리킨다. 하지만 불교에서는 악업을 짓고 도리를 분별하지 못하는 어리석은 자가 죽은 뒤에 다시 태어나는 것이 '축생'이며, 그 세계를 축생도(畜生道)라고 한다. 지금은 가축을 의미하는 말이 되었으며 축생과 같은 의미인 짐승이라는 말은 매우 하열한 동물이나 또는 인간의 도리를 모르는 사람에게 비난의 말로 퍼부울 때 자주 쓰이는 말이다.

● 출세(出世)

의미는 두 가지가 있다. 첫째로는 산스크리트 어 buddha-utpāda를 번역한 것으로 buddha는 깨달은 사람, 즉 석가모니 부처님을 가리키고 utpāda는 '이 세상에 출현하다' 라는 뜻이다. 따라서 이럴 경우의 출세는 석가모니 부처님이 사람들을 구제하기 위해 이 세상에 태어나신 것을 말한다. 또다른 하나의 뜻은 산스크리트 어 loka-uttara를 번역한 말이다. loka는 세간(世間) 특히 속세를 말하며 uttara는 '초월하다' 라는 의미이므로 이 두 말을 합하면 '세속을 벗어나다'라는 뜻이다. 다시 말하면 일상생활을 버리고 부처님의 가르침대로 수행하기 위해 출가한 것이라고 생각하면 그다지 틀리지 않을 것이다. 오늘날에는 '입신출세(立身出世)'라는 말을 자주 하는데 속세에서 가장 높은 지위를 얻기를 열망하는 범부의 마음이 담긴 말로 출세의 뜻이 바뀐 경우라고 하겠다. 아마 이렇게 의미가 바뀐 것을 알면 부처님도 입을 다물지 못할 것이다.

● 친우(親友)

산스크리트 어 mitra를 번역한 말로서, 높은 덕을 갖추고 불법의 올바른 길을 설하고 사람을 부처님의 가르침으로 이끌어들여 깨달음을 열게 하는 사람을 말한다. mitra란 '벗(友)'을 가리킨다. 그런데 수행승에게 있어 벗이란 우리들이 말하는 놀이친구니 나쁜 패거리 등과 같은 정도의 친구가 아니라 불법을 철저하게 닦아나가는 가운데 자신을 꿰뚫어보고 가르쳐 인도해주는 뛰어난 스승을 말하는 것이다. 선지식(善知識)과 같은 뜻이다.

〈ㅌ〉

• 타락(墮落)

본래는 떨어지다(落)라는 의미의 한자어인데 불교 세계에서는 특히 승려가 도심(道心)을 잃고 악도(惡道)에 떨어지는 것을 의미한다. 오늘날에는 '신세를 망치다'라는 뜻으로 사용하고 있다.

• 탐욕(貪慾)

욕망에 탐착하는 것을 말한다. 부처님의 법에 어긋나는 십악업 중에 의업(意業)이 있는데 그중 첫번째가 바로 탐욕이다. 인과의 이치를 모르고 자신이 행한 업보다 더 많은 과보를 바라는 어리석은 마음이다. 오늘날에는 탐욕은 의욕에 지나치거나 보답을 지나치게 바라는 사람에게 쓰는 말이므로 불교에서의 표현과 그다지 어긋나지 않는다.

• 탑(塔)

산스크리트 어 stūpa를 음사한 말로서 솔탑파(率塔婆)를 줄인 말이다. 죽은 자의 유해를 매장한 네모진 무덤을 말하는데 쉽게 표현하자면 인도식 묘라고 할 수 있다. 그중에 특히 신분이 높은 사람의 유골을 모신 것을 탑이라고 불렀던 것이다. 흔히 중국은 벽돌, 한국은 돌, 일본은 나무를 재료로 하여 탑을 만드는데 일반적으로

3층, 5층, 7층, 9층의 높이로 제작된다. 이 탑에는 부처님의 사리를 모시는 것이 기본이며 차츰 경전이나 그 밖의 불교용품을 넣고 부처님의 진짜 몸인 양 숭배하여 왔다. 오늘날에는 이런 탑이 '타워'라는 표현으로 변하여 예를 들면 에펠 탑이나 승전탑, 기념탑이라는 용어로 사용되고 있는 것이다.

• 통(通)

신통력 또는 통달이라는 말을 생략한 것이다. 우리들이 보통 사용하고 있는 '경제통' '정보통'이라는 그 '통'도 바로 그 분야에서 전문적인 지식을 지닌 달인(達人)을 의미하고 있다.

• 통달(通達)

prati-vedha, gatiṃ-gata, parijñā 등의 여러 가지 산스크리트 어를 '통달'이라고 번역하고 있다. 사물을 잘 이해한다는 의미이며 이것은 깨달음에 가까운 경지이다. 바로 위의 '통(通)'이라는 단어와 일맥상통하고 있다.

• 퇴치(退治)

본래는 대치(對治)라고 쓰며 불법 수행에 방해가 되는 번뇌를 치워 없애고 악마를 물리치는 것을 의미하였다. 즉 골칫거리에 맞서는 방법을 생각하였기 때문에 '대치(對治)'이며, 대응책이란 다시 말하면 물리치는 일이므로 퇴치(退治)라는 말이 되었을 것이다. 산스크리트 어 pratipakṣa를 번역한 말이다.

〈ㅍ〉

• 파문(破門)

살생과 거짓말, 사음(邪淫), 거짓말의 악업을 범한 승려를 교단에서 추방하는 일. 또는 종교인을 그의 옳지 못한 행동으로 인해 그가 속한 종단이나 종교교파에서 제적하는 일을 말한다.

• 평등(平等)

모든 것이 널리 구별없이 똑같은 것을 말한다. 선과 악, 괴로움과 즐거움, 신분의 고하, 적군과 아군, 아름다움과 추함 등, 우리들의 눈에 비치고 마음에 느껴지는 온갖 사항들, 가치판단은 우리들이 그런 견해를 일으키고 그렇다고 고집하는 것에 지나지 않는 것이다. 불교에서는 모든 번뇌를 버리고 깨끗한 깨달음의 경지에 이르면 모든 것은 평등하게 불성(佛性)으로 가득차 있다고 말한다. 오늘날의 '평등주의'라든가 '남녀평등'에서와 같은 '평등'의 의미도 얼핏 보면 같은 것 같지만 지금의 평등은 차별을 없애는 곳에 평등이 있다고 하는 견해인 것에 비해서 불교에서 말하는 '평등'은 차별이건 무엇이건 있는 그대로를 받아들일 때에 비로소 평등의 세계가 보여진다고 말한다.

〈ㅎ〉

• 하품(下品)

정토 경전에서 쓰이는 말이다. 정토교에서는 불교를 이해하고 그것을 실행할 소질이나 능력에 따라서 사람을 상품·중품·하품의 세 단계로 구별하고 그 각각을 상생(上生)·중생(中生)·하생(下生)의 세 종류로 나누어 모두 아홉 가지 단계를 만들었다. 이것을 구품(九品)이라고 한다. 따라서 '상품상생(上品上生)'은 말할 것도 없이 불교에서는 가장 우등생을 뜻하는 말이 된다. 이에 비해서 '하품하생(下品下生)'의 경우는 고귀한 부처님의 말씀 따위는 아예 거들떠보지 않음은 물론이요, 도둑질은 기본이고 살인마저도 서슴지 않고 저지르는 최하층의 가장 사악한 인간을 가리키게 된다. 그런데 정토 경전에서는 설령 그런 짐승만도 못한 사람이라 할지라도 만일 그가 오로지 극락정토에 왕생하기를 원하여 일심으로 염불한다면 아미타불의 자비로 그 소망을 이룰 수가 있다고 가르친다. 지금은 쇼핑타운에서 디자인이 으뜸가고 기능이 뛰어나며 매우 고가인 제품들을 가리켜 상품(上品)이라고 하고, 가격과 성능면에서 적당하면 중품(中品), 그리고 성능도 엉망이고 디자인도 조악한 것을 가리켜 하품(下品)이라고 하여 값어치를 매기는 말이 되었다. 하지만 본래는 부처님의 깨달음 앞에 선 사람들의 내면의 값어치를 매기는 용어였으며 그렇다고 해도 그 상중하의 단계는 영원히 고정된 것이 아니라 다소 시일이 걸릴지라도 언젠가는 모두 똑같이 깨달음의 경지에 이를 수 있는 것임을 불교에서는 말해주고 있다.

● 학자(學者)

산스크리트 어 saikṣa-kāma, 즉 '배우고자 뜻하는 사람'이라고 번역할 수 있으며 불교에서의 수행자를 말한다. 또는 '학생(學生)'도 같은 뜻이다. 지금은 '학생'이라고 하면 현재 배우고 있는 사람을 뜻하고, '학자'라고 하면 그 학생을 가르치는 선생님을 뜻하게 되어 뜻이 다른 것 같지만 본래의 의미를 더듬어보면 두 말 모두 똑같은 수행자, 배워야 할 사람인 것이다.

● 항복(降伏)

지금은 경기 등에서 자신의 패배를 인정하고 상대방 또는 적에게 굴복하는 것을 가리키는 말이 되었지만 본래는 '굴복시킨다' 즉 상대방을 굴복시켜 복종케 하는 것을 의미하였다. 의미가 완전히 역전된 것이다. 석가모니 부처님께서 보리수 아래에 앉아 깨달음을 이루실 때 번뇌를 상징하는 악마들을 항복시켰다는 내용에서 의미를 파악할 수 있을 것이다.

● 행의(行儀)

승려의 수행은 행주좌와(行住坐臥) 즉 걸어다니고, 멈춰서고, 앉고, 눕는 그 모든 행동이 예식상의 규율에 준해야만 한다. 그 행위의 규율을 바로 '행의'라고 하며, 그것이 마침내 행사의 작법(作法)으로까지 자리잡게 된 것이다.

● 현관(玄關)

본래는 선종(禪宗)의 길에 들어서는 관문(關門)을 말하였다. 현(玄)은 심오하고 미묘한 도리 즉 부처님의 가르침을 일컫는 말이고, 관(關)은 중요한 출입구를 의미한다. 그런 본래의 뜻에서 다시 구체적으로 선종 사찰의 출입구 등을 '현관'이라고 부르게 되었으며 오늘날에는 가정집에서 밖과 안을 구별하여 달아 놓은 문을 '현관'이라고 부르게 된 것이다.

● 현재(現在)

삼세(과거 · 현재 · 미래) 가운데 하나이다. 우리들은 보통 '지금' 또는 '지금을 중심으로 한 어느 정도의 폭을 갖고 있는 시간'의 의미로 사용하고 있는데 불교 세계에서는 단순히 시간의 구분을 나타내는 용어인 것이 아니라 인과(因果)의 흐름 속에서 현재라고 하는 것을 포착한 것이다. 즉 과거의 결과를 초래한 현재, 미래의 원인으로서의 현재인 것이다. '지금 존재한다'는 표현에서 발전되어 '왜 지금 존재하는 것인가?'라고 물음을 던지는 것이 불교의 '현재'인 것이다.

● 화신(化身)

'들어가다'라는 의미의 산스크리트 어를 번역한 말로서 불보살이 사람들을 구제하기 위해 짐짓 다른 모습으로 변장하여 이 세상에 나타나는 것 또는 그렇게 나타난 모습을 가리킨다. '권현(權現)' '권화(權化)'도 같은 의미이다. 그런데 이 말이 변해서 어떤 한 가지 일이나 목적에 집착해 사악한 일도 서슴지 않고 행하는 사람을 가리켜 '악의 화신'이라고 부르게 된 것처럼 그 의미가 완전히 다른 뉘앙스를 풍기게 된 것이다.

● 환희(歡喜)

부처님의 가르침을 듣고 그 세계를 맛본 뒤에 마음 속에 솟구쳐 오르는 기쁨, 더할 나위 없는 기쁨, 즉 황홀경을 말한다. 이 기쁨에 겨워 손발이 움직이고 마침내는 온몸을 움직이게 되는 것이 '환희용약(歡喜踊躍)'이다.

● 회자정리(會者定離)

《열반경》에 나오는 유명한 말인 "생자필멸(生者必滅) 회자정리
(會者定離)"에서 뒷 부분만을 우리가 쓰고 있다. 만나면 반드시 헤
어지게 마련이라는 뜻이며, 좀더 쉬운 뜻으로 번역하면 만남은 이
별의 시작이라는 의미로까지 풀이될 수 있을 것이다. 태어난 자는
인간이건 짐승이건 식물이건 언젠가는 반드시 세상을 떠나게 마련
이고, 인연을 따라 만난 자는 그 관계가 사랑하는 사이였건, 증오
하는 사이였건 역시 언젠가는 헤어지게 마련이므로 이 세상에서
그다지 집착할 일은 없다는 의미이다. 헤어지는 것 또한 영원한 것
이 되지 못한다는 뜻까지 포함하고 있다.

● 후생(後生)

사람은 전생(前生)과 금생(今生), 그리고 후생(後生)의 순서로 태
어나고 죽는 일을 반복한다. 그 중 '후생'은 금생 즉 이 세상에서의
인생을 마치고 이어서 태어나는 내세(來世)를 가리킨다. 또는 이번
세상에서 목숨을 마치고 죽어서 가게 되는 아미타부처님의 극락정
토에 왕생하는 것을 의미하기도 한다.

제6장

알아두면 유익한 불교용어

제6장
알아두면 유익한 불교용어

불교에 관심을 갖고 있는 사람은 매우 많다. 하지만 일단 책을 통해서 불교를 알고자 하면 '어이구 어려워!'라며 물러나는 경우 또한 많다. 왜 그럴까? 어쩌면 그것은 불교라는 것 자체의 어려움 때문이라기보다는 '불교용어'의 난해함 때문일 것이다.

하지만 '불교용어'도 본래 어려운 것이 아니다. 지레짐작으로 어렵다고 생각해 버리고 마는 것은 한자가 어려운 탓도 있고, 또는 그런 문자들로 빼곡하게 채워져 있는 서적을 처음으로 대면했을 때 쉽게 페이지를 넘기지 못하는 탓이기도 할 것이다. 또한 좀 어렵게 해설해야 제법 고상하게 비칠 것으로 생각하고 있는 학자들의 나쁜 습관 탓도 있다. 따라서 여기에서는 지금 말한 것과 같은 어리석음을 피하여 쉽고 뜻이 잘 통하는 문장이 되도록 주의를 기울였다.

'불교용어'는 그다지 재미있지 않다. 하지만 부처님의 마음을 이해하려고 하는 마음만 있으면 어느 사이엔가 메시지가 와 닿는다.

그것은 인도와 중국, 한국, 일본의 역사와 문화, 사상, 생활 등등 온갖 모든 장르의 정수가 생생하게 숨쉬고 있는 세계이다.

여기에서 열거한 전문용어는 불교를 알기에 앞서 미리 이해해 두어야 할 최소한의 용어들이다. 일단 이 의미들을 이해하기만 한 다면 불교 세계의 전체적인 모습을 볼 수 있으므로 여기에서 열거 한 단어들은 어찌보면 기본적이면서도 가장 중요한 말들이라고 할 수 있을 것이다.

거듭 말하지만 불교용어가 가르쳐 주는 세계는 재미있다. 알면 알수록 재미있는 세계이다. 그 첫번째 단계로서 먼저 여기에 든 단 어를 음미해보는 것이 어떨까 한다.

〈ㄱ〉

• 가지(加持)·기도(祈禱)

가지는 불보살의 위력이 우리들 중생에게 미쳐서 불보살과 우리 들이 서로 통하고 교류하는 것을 말한다. 가지의 가(加)는 가피(加 被), 가호(加護)를 줄인 말로서, 입히다(被), 보호하다라는 의미이 다. 또한 지는 섭지(攝持)의 줄인 말로서, 우리들이 불보살의 위력 을 받는(感受)다는 뜻이다. 기도는 이런 가지의 상태에 자신을 이 끌어들이기 위해 기원하는 것으로, 가지·기도 때 외우는 말을 다 라니(陀羅尼)라고 한다. 천태(天台), 진언(眞言) 등의 밀교에서 행 하는 비법(秘法)이다.

● 각하조고(脚下照顧)

선가(禪家)에서 쓰는 말인데 '발 밑을 유심히 보라'는 말이다. 선종 계통의 사찰 출입문 등에서 이 네 글자로 쓰여진 현판을 쉽게 볼 수 있는데, 이 말은 신발을 제멋대로 벗어놓지는 않았는가라고 주의를 촉구하는 말이다. 또한 하나를 보면 열을 알 수 있다는 말도 있는 것처럼 매사를 적당하게 해서는 안 된다고 경계하는 말이다. 인간은 어쨌거나 현실에 익숙한 꿈을 추구하고 있거나 자신의 사소한 결점도 알아채지 못하면서 다른 사람의 일을 이러쿵 저러쿵 말하곤 한다. 하지만 다른 사람에게 정신이 팔려 있다 보면 자신을 위험에 빠뜨릴 뿐이므로 자신과 자기 주변의 일을 엄격하게 돌아보며 엄격하게 다스려 가는 것이 중요하다는 가르침이다.

● 간화선(看話禪)

깊이 추구해야 할 과제인 공안(公案)을 생각하면서 좌선하는 것을 말한다. 이럴 경우 '화(話)'란 공안을 말하므로 공안선이라고도 한다. 중국 송나라 시절 임제종에서 채택하여 널리 행해졌던 선 수행법으로 조동종(曹洞宗)의 묵조선(默照禪)과 비교·대조되는 좌선법이다.

● 거사(居士)

출가승려가 아닌 일반 사람이면서 부처님을 믿고 일상생활 속에서 그 가르침을 배우고 수행하는 남성을 말한다. 산스크리트 어 gṛha-pati라는 말을 옮긴 것으로, 본래는 가장 혹은 자산가라는 의미이다. gṛha-pati가 불교신자가 되면서 자금면에서 지원을 받게 되는 일이 많아졌으므로 재가신자라는 의미로 뜻이 바뀌어진 것으로 보인다.

• 게(偈)

산스크리트 어 gāthā를 음사한 말로서 송(頌)이라고 번역한다. 따라서 게송(偈頌)이라고도 한다. 경전이나 논서 속에서 싯구의 형식으로 부처님의 덕을 찬양하고 또한 사상이나 심정의 핵심을 노래한 것이다.

• 결가부좌(結跏趺坐)

좌선 방법 가운데 하나이다. 두 다리를 맺는다는 뜻으로 위엄이 있는 자세가 되며 또한 편안히 좌정할 수 있다. 그러므로 '안락법문(安樂法門)'이라고도 말한다. 왼발을 오른발 위에 올리는 것을 항마좌(降魔坐), 그 반대인 자세를 길상좌(吉祥坐)라고 하는데 보통 항마좌를 많이 취한다. 선종에서는 이 결가부좌를 올바른 좌선의 자세라고 보고 공덕도 뛰어나다고 하는데 대체로 한쪽 다리만을 맺는 반가부좌(半跏趺坐)의 자세를 취하는 경우도 많다.

• 결연(結緣)

불보살이 중생을 구제하기 위해 불교와 인연을 맺는 것이다. 《마하지관(摩訶止觀)》에 '화광동진결연(和光同塵結緣)의 시작'이라고 하고 있으며, 어떤 계기에 의해서건 부처님의 가르침에 이끌려 불법의 수행을 시작하고자 하는 것을 결연(結緣)이라고 말하고 있다. ('화광동진(和光同塵)' 항목 참조)

● 계명(戒名)·법명(法名)·법호(法號)

스승으로부터 계를 받아서 불교인이 된 사람에게 주어지는 이름
이다. 계(戒)는 산스크리트 어 śila를 번역한 말로써, 악을 없애고
선을 행하는 규칙이라는 의미를 갖는다. 계명은 선종(禪宗), 천태
종(天台宗), 진언종(眞言宗), 정토종(淨土宗) 등 종파의 구별 없이
부르는 이름이고, 정토진종(淨土眞宗)은 법명, 일련종(日蓮宗)에서
는 법호라고 한다.

● 계율(戒律)

부처님이 불교신자를 위해 제정한 금지령(禁止令) 또는 규칙을
말한다. 불법을 수행할 때에 잘못하는 일이 없기를 권하고 또한 교
단의 결속과 운영을 확고하게 하기 위해 출가자와 재가자에게 엄
격하게 이 규율을 지키게 한다. 즉 불교의 법률이다.

출가자의 계율과 재가자의 계율은 다르다. 먼저, 출가자에게는
《남방광율(南方廣律)》의 비구 227계, 비구니 311계, 또는 《사분율(四
分律)》의 비구 250계, 비구니 348계 등 수많은 항목으로 매우 세분
되어 있는데 이 계율을 받아서(受戒) 지켜(持戒) 깨달음에 이르러
야만 하는 것이다. 한편 재가자의 계율은 기본적으로는 불살생(不
殺生)·불투도(不偸盜)·불사음(不邪淫)·불망어(不妄語)·불음주
(不飮酒)의 5계가 있다. 여기에 몇 가지를 더 첨가하여 육법계(六法
戒), 팔재계(八齋戒) 등도 있는데 그래도 출가자의 계율에 비교하
면 말할 수 없을 정도로 간결하고 또 이해하기 쉬운 항목으로 이
루어져 있다.

• 공(空)

산스크리트 어 śūnya의 역어(譯語)로서 어떤 것도 아닌 것, '무(無)'이다. 하지만 일반적으로 말하는 무(無)는 허무(虛無)라는 뜻이든가, '돈이 없다'라고 할 때와 같이 무엇인가가 결여되어 빈털털이가 된 상태를 말하는데, 불교의 공은 존재의 본성을 말하는 적극적 의미를 지니고 있다. 다시 말하면 만물은 인과(因果)에 의해서 생기(生起)하고 한 순간도 머무르는 일이 없이 유전(流轉)하고 있는 것으로서, 고정적인 실체라는 것은 없다는 의미에서 공이라고 한다. 이런 공의 경지를 알게 되면 '온갖 미혹이나 집착이 없어지게 되며, 모든 존재가 있는 그대로 본연의 모습, 실상으로서 나타나게 되고, 모든 것은 부처의 세계라고 깨닫게 된다.'고 불교에서는 설명하고 있다.

• 공덕(功德)

뛰어난 특질, 또는 선행을 말하며 산스크리트 어 guṇa, puṇya 등을 번역한 말이다. 대승불교에서는 자신만의 깨달음을 위해서가 아니라 널리 온 세상 사람들을 깨달음에 이르게 하기 위해 공덕을 쌓을 것을 설하고 있다. 특히 선행을 하여 자신을 이익되게 하는 것을 공덕이라고 하고, 다른 사람을 이익되게 하는 것을 이익(利益)이라고 나누어서 말하는 경우도 있다. '공덕주(功德主)'란 말은 부처님을 가리키는 말이다. 또는 불법승 삼보에게 공양을 올리는 사람을 말하기도 한다. '공덕지(功德池)'란 극락정토에 있는 공덕으로 가득 찬 연못을 말한다.

• 공안(公案)

선가(禪家)에서 수행자가 좌선공부하여 꿰뚫어야 하는 과제이다. 고칙공안(古則公案)과 현성공안(現成公案)의 두 가지가 있다. 고칙공안은 선현(先賢)의 선체험을 말한 것으로서 그것을 좇아서 체험하여 깨달음에 이르는 것이다. 그런데 일본의 도원(道元) 선사는 이것을 따르지 않았으며 바로 지금 이 순간의 현실이야말로 공안이 성취되는 자리라고 하는 현성공안을 설하였다.

• 공양(供養)

불법승 삼보에게 여러 가지 물건을 바치며 귀의하고 찬양하는 일이다. 원어는 산스크리트 어로 pūjāna이며, '바치다', '채색하다'라는 의미이다.

• 과거불(過去佛)

석가모니 부처님 이전에 있었던 부처님을 말한다. 이것을 과거칠불(過去七佛)이라고 하는데 비바시불(毘婆尸佛)·시기불(尸棄佛)·비사부불(毘舍浮佛)·구류손불(拘留孫佛)·구나함모니불(拘那含牟尼佛)·가섭불(迦葉佛) 그리고 석가모니불(釋迦牟尼佛)이다. 석가모니불의 깨달음은 비단 석가 한 사람의 우연한 산물이 아니며, 과거의 모든 부처님이 걸었던 오래고 올바른 길을 발견하고 그에 따라서 깨달음에 이르렀던 것이라고 하는 견해가 바로 과거칠불의 사상이다.

• 관정(灌頂)

밀교에서 여러 가지 수행을 마친 승려가 아사리(阿闍梨)의 지위

에 오를 때에 행하는 의식이다. 또한 아사리가 제자 승려에게 법을
줄 때 행하는 의식이기도 하다. 고대 인도에서 국왕이 즉위할 때에
바닷물을 머리에 부어서 축하하는 의식을 관정이라고 하였는데 그
것을 불교에서 받아들인 것이다. '관정가행(灌頂加行)'이라는 말은
관정을 받는 준비로서 필요한 행을 말한다.

● 광명(光明)

  빛이 어둠을 밝히는 것처럼 지혜는 무지를 없앤다. 바로 이런 점
에서 광명은 오로지 불보살의 지혜를 상징하는 것으로 여겨져 왔
다. 지광(智光)과 신광(身光)이 있는데 지광은 마음 속의 지혜라고
하는 빛이며, 신광은 그것이 밖으로 나타난 것이다. '십이광(十二
光)'이라는 말은 십이광불(十二光佛)이라고도 하며, 아미타여래의
광명을 열두 가지로 나누어서 찬양한 것이다. '광명변조(光明遍照)'
라는 말은 자비심 깊은 아미타불의 광명이 중생을 널리 비춘다는
뜻이다. 또한 '변조여래(遍照如來)'라는 말은 대일여래(大日如來)의
다른 이름으로서 그 광명이 세계를 널리 비추기 때문에 불리게 된
이름이다.

● 교외별전(敎外別傳)

  부처님이 설한 경전 등의 말에 의존하지 않고, 선종에서 사람에
게서 사람에게로 깊고 오묘한 가르침을 전하는 것을 말한다. 《혈맥
론(血脈論)》에 "전불후불 이심전심 불립문자(前佛後佛 以心傳心 不
立文字)" 즉 "예로부터 부처님들은 마음으로써 마음을 전하였고
문자를 사용하지 않았다."라고 하였는데 이 말이 바로 교외별전과
같은 뜻이다. 즉 선종의 본질을 나타내는 말이다.

• 권교(權敎)·실교(實敎)

권(權)이란 말은 가(假)라는 뜻으로서, 권교는 부처님이 대승의 진정한 가르침으로 인도하기 위하여 사용한 방편(교묘한 수단)으로서의 가르침이다. 실교는 대승의 진실한 가르침이다. 각 종파마다 권교나 실교에 대한 견해가 다르다. 예를 들면 천태종에서는 《법화경》을 실교라고 하고 다른 경들은 전부 권교라고 하고 있다.

• 권청(勸請)

부처님이 와 주시기를 청하는 것이다. 석가모니 부처님이 깨달음을 얻었을 때에 범천왕(梵天王)이 그 깨달음의 경지를 널리 대중에게 가르쳐 주시도록 원하였던 것이 그 시초라고 한다. 불교 중에서도 특히 밀교에서는 이런 권청을 중요하게 여기고 있다.

• 권현(權現)

산스크리트 어 avatāra를 번역한 말로서, '들어가는 것'을 의미한다. 영원불멸한 부처님(法身佛)이 세상 사람들을 구제하기 위해 불보살 등의 모습으로 나타나는 것이다.

• 귀의(歸依)

의지처로 삼아서 신앙하는 것을 말한다. 산스크리트 어 namo를 옮긴 말이다. 음사어(音寫語)는 나무(南無)이다. 따라서 나무아미타불(南無阿彌陀佛)이라는 염불은 '아미타부처님에게 귀의합니다'라는 뜻이다.

● 극락(極樂)

아미타불이 머무시면서 언제나 법을 설하고 있는 행복한 곳이다. 서쪽 아득히 멀리 떨어진, 십만억토(十萬億土)를 지난 곳에 있는 정토로서 그 어떤 미혹이나 괴로움이 없는 원만한 세계라고 한다. 극락정토는 그곳에 왕생해가는 사람들의 자질에 의해서 상품(上品), 중품(中品), 하품(下品)의 셋으로 크게 나누고 있으며, 그 각각을 상생(上生), 중생(中生), 하생(下生)의 셋으로 나누기 때문에 구품정토(九品淨土)라는 이름도 있다. 지옥과는 정반대의 성격을 지닌 곳이다. '극락대(極樂臺)'란 극락에 있는 연꽃으로 이루어진 대(臺)를 말하며, '극락동문(極樂東門)'이란 서쪽 극락세계에서 인간 세계를 향해 열려져 있는 동쪽 문을 말한다.

● 근본불교(根本佛敎)

석가모니 부처님 자신의 교설, 또는 직제자(直弟子) 등과 같이 석가모니 부처님과 아주 가까운 사람의 가르침으로서 일반적으로는 원시불교를 말한다.

● 금강계(金剛界)・태장계(胎藏界)

금강계(金剛界)는 밀교의 본질인 대일여래(大日如來)의 지덕(智德)이라는 측면을 상징하는 것이다. 금강(金剛)은 '견고함'을 의미하는데 대일여래의 지덕(智德)은 견고하여 그 어떤 번뇌라도 모두 멸해 버리기 때문에 이런 이름이 붙었다. 이에 대해서 태장계(胎藏界)는 대일여래를 자비(慈悲)의 측면에서 설한 것이다. 각기 남성적, 여성적 원리에 근거하여 받아들인 것이다. 금강계는 《금강정경(金剛頂經)》, 태장계는 《대일경(大日經)》의 설에 의하고 있는데 이

두 가지는 보통 그림으로 도식화된 양계만다라(兩界曼茶羅)로 알려져 있다. 금강계만다라는 구회만다라(九會曼茶羅)라고도 불린다.

〈ㄴ〉

• 내영(來迎)

극락왕생을 원하는 사람이 죽었을 때에 불보살이 맞이하러 와서 그를 인도하는 것을 말한다. '내영인접(來迎引接)'이란 말은 불보살이 내영하여 중생을 구제해서 극락정토로 이끌고 가는 것을 말한다. '내영도(來迎圖)'란 말은 정토신앙에 따른 불교 그림으로서 아미타불이 내영하기 위해서 여러 보살들을 거느리고 인간세계로 내려오는 모습을 그린 것이다. 이 밖에도 미륵보살내영도도 있다.

〈ㄷ〉

• 다비(茶毘)

팔리 어 jhāpeti 등의 음사어인데 화장(火葬)을 말한다. 석가모니 부처님도 스스로 화장하도록 유언하였던 바와 같이 화장은 인도에서의 일반적인 장례법이다. 그런 장례법이 불교의 전래와 함께 중국이나 한국, 일본에도 전해진 것이다. 대체로 화장법이 전해지기 전에는 땅에 묻는 토장(土葬), 매장(埋葬) 등이 있었다. 인도와 영국 등이 세계에서 손꼽히는 화장국가이다. 현재 우리 나라와 일본 등도 점차 화장이 증가하는 추세이다.

214

산스크리트 어 mahā-yāna를 번역한 말로서, '커다란 수레'라는
뜻이다. 재래 불교교단에 대해서 개혁을 일으킨 재가신자들이 전
통적 보수파를 소승(小乘)이라고 부르고, 자신들을 보살(菩薩)이라
고 칭하면서 스스로 대승이라 부르기 시작하였다. 대승의 특징 가
운데 가장 먼저 손꼽을 수 있는 것은 스스로 수행하여 깨달음에
도달하는 것을 목적으로 하지만, 그 수행은 동시에 다른 사람까지
도 깨닫게 함으로써 수행을 완성하게 된다는 점이다. '자리이타(自
利利他)' '자각각타(自覺覺他)'의 사상인 것이다. 두 번째 특징은
'실유불성(悉有佛性)' 다시 말하면 목숨을 가진 모든 중생은 태어
나면서부터 부처님이 될 본성을 갖추고 있다는 점이다. 따라서 자
신의 마음으로 부처님의 가르침을 믿겠다는 결심만 일으킨다면 누
구라도 구제받지 못할 자는 없으며 부처님이 되지 못할 자는 없다
는 것이다. 그리고 세 번째 특징은 출가하여 수행하지 않더라도 그
마음에 신앙심만을 갖고 있기만 한다면 기본적으로 구제받는다고
하는 이행도(易行道)의 가르침이다. 이상의 특색을 지니고 있기 때
문에 자기의 완성과 깨달음만을 목적으로 하는 소승에 비해서 커
다란 수레, 대승이라고 부른다는 것이다.

- 득도(得度)

생사고해를 건너서 피안에 이르는 일, 다시 말하면 깨달음을 얻
는 것을 말하는데 이런 뜻이 오늘날에는 머리를 깎고 출가하는 것
자체를 이르는 말이 되었다.

〈ㅁ〉

● 만(卍)

산스크리트 어 svastika를 번역한 말이다. 본래는 비슈누 신의 가슴에 있는 나선형의 털을 가리킨다. 공덕이 원만하다는 의미를 지니고 있다. 불교에서는 부처님의 가슴과 손발, 머리카락 등에 그려져 있으며 길상만덕(吉祥萬德)의 상징으로 여겨지고 있다. 오른쪽으로 도는 것과 왼쪽으로 도는 것이 있으며 왼쪽으로 도는 것이 본래의 만자이지만, 중국이나 한국, 일본에서는 사찰의 표시 등을 나타낼 때 주로 오른쪽으로 도는 방향의 만(卍)이 채택되고 있다.

● 말법(末法)

석가모니 부처님 입멸(入滅) 후, 불교가 어떻게 유포될 것인가에 따라서 시대를 셋으로 구분하였는데 그 중 하나이다. 일반적으로는 정법(正法), 상법(像法) 시대를 지나 부처님의 가르침만이 남고 그 행(行)이나 증(證:깨달음)도 쇠퇴하고 마는 시대를 말법시대라고 한다.

● 망상(妄想)

수행에 장해가 되는 올바르지 못한 생각이다.

● 면벽구년(面壁九年)

보리달마(菩提達摩)가 중국 위(魏)나라 낙양에 있는 소림사에 머물면서 벽을 향하여 좌선하기를 9년, 그 동안 단 한 마디도 하지 않았던 고사를 두고 하는 말이다. 달마는 선종의 시조로서 남인도

바라문 출생이며 중국으로 건너와서 대승선의 깊은 뜻을 전하였다. 당시 중국불교는 경전의 한역(漢譯)과 그 연구, 강석(講釋)이 주를 이루었으며 또한 절이나 불상을 지음으로써 불교가 외형적으로 매우 융성해지고 있었던 때인데 달마의 면벽구년은 이같은 풍조에 커다란 반성을 불러일으켰던 것이다.

• 명도(冥途)

번뇌에 끄달려서 미혹한 채로 죽는다면 그는 죽어서 어디로 갈까? 극락왕생은 기대할 수 없다. 그 영혼은 명도(冥途) 다시 말하면 암흑세계에서 길을 잃고 헤매일 수밖에 없는 것이다. 특히 지옥과 아귀, 축생의 삼악도(三惡道)는 명도(冥途)로 가는 길(途)이므로 삼도(三途)라고 한다.

• 무명(無明)

밑바닥에 있는 무지(無知)로서, 모든 법의 진리에 어두운 것을 말한다. 십이인연(十二因緣)에서 첫번째로 등장하는 항목이다. 무명 때문에 헤매는 것을 바로 어리석음(愚癡)이라 한다. '무명의 긴 밤(無明長夜)'이라는 말이 있는데 이 말은 길고 긴 어둔 밤을 무명에 비유한 말이다.

• 무상(無常)

산스크리트 어 anitya를 번역한 말로서, 일체의 사물은 생멸하고, 변화하며, 그들 중에는 영원불변인 것은 하나도 없다는 뜻이다. 제행무상(諸行無常)은 불교의 중심 사상이다.

● 미륵불(彌勒佛)

《불설미륵하생성불경(佛說彌勒下生成佛經)》에서 석가모니 부처님이 하신 예언에 따르면 현재 미륵보살은 도솔천(兜率天:三界 가운데 하나로서 天上界에 있다)에서 천인(天人)을 위해 법을 설하고 있는데 4천 년(인간의 수명으로는 56억 7천만 년)이 지났을 때 이 세상에 출현하여 성불하게 되어 있다. 다시 말하면 미륵보살은 언젠가는 부처님이 될 것으로 정해져 있는 미래불인 것이다.

〈ㅂ〉

● 반야(般若)

지혜(智慧)와 같은 뜻이다. '반야바라밀(般若波羅蜜)'이란 육바라밀 중에서도 반야가 가장 중요하며 궁극적인 것이라고 하는 견해에서 이런 이름이 붙여졌다. 《반야경》은 그 이름 그대로 반야바라밀을 중심으로 가르침을 설한 것이다.

● 발심(發心)

발보리심(發菩提心)의 줄인 말이다. 보리심을 일으키는 것, 깨달음을 구하여 수행하고자 하는 마음가짐을 일으키는 것을 말한다. 보리심에 특히 무게를 두는 것은 밀교(密敎), 성도문(聖道門:自力門) 계통으로서 《보리심론(菩提心論)》에는 보리심이란 무엇인가가 자세하게 설해져 있다.

● 번뇌즉보리(煩惱卽菩提)

직역하면 '번뇌는 그대로 깨달음이다'라는 말이 되는데 그 의미
는 매우 깊다. 이 한 구절은 '번뇌가 없는 깨달음이란 있을 수 없
다. 번뇌로 고통받는 자신을 예리하게 간파해가는 것이 깨달음에
이르는 유일한 길'이라는 뜻이 담겨 있는 준엄한 말이다. 《마하지
관(摩訶止觀)》이나 《법화현의(法華玄義)》에 '생사즉열반(生死卽涅
槃), 번뇌즉보리(煩惱卽菩提)'라고 말하고 있으며 천태종을 비롯한
대승의 각 종파가 그 가르침을 받아들이고 있다.

● 범(梵)

산스크리트 어 brahman의 음사어이다. 인도 바라문교의 최고 원
리이다. 이 말은 중국이나 한국, 일본에서는 불교학문을 범학(梵
學), 부처님의 음성을 범음(梵音), 불교의 노래를 범패(梵唄)라고
하는 등 인도와 불교에 관한 것을 상징하는 말이 되었다.

● 범성일여(凡聖一如)

범(凡)은 범부, 성(聖)은 부처님이다. 대승불교에서는 사람들은
본래 부처님이 될 가능성을 가지고 있는데 그것은 번뇌에 덮여져
있다. 따라서 그것을 부처님의 힘에 의해서 제거해 버리면 성불할
수 있다고 하였다. 따라서 미혹이 가득 넘쳐 있는 범부이건 미혹에
서 탈출한 성자이건 각각 본래 불성을 갖추고 있다고 하는 점에
있어서는 아무런 차이점이 없다. 즉 평등하다는 말이다. 이것이 바
로 범성일여의 사상이다. 같은 의미에서 범성불이(梵聖不二), 생불
일여(生佛一如) 등 여러 가지 다양한 표현들이 있다.

● 법(法)

산스크리트 어 dharma를 옮긴 말이다. 매우 다양한 뜻을 지니고 있는 말인데, 본성 및 속성을 지녔으며 그것이 무엇인지 알아보려는 이해를 낳는 것을 말한다. 원시불교에서 법(法)에는 네 가지 의미가 있다고 하였다.

첫째로는 '교법(敎法)'인데 석가모니 부처님의 가르침, 즉 경전이다. 둘째로는 '인(因)'인데 법에는 올바른 인과관계가 포함되어 있다고 하는 것이다. 셋째로는 '덕(德)'인데 법에는 바른 뜻이나 선한 덕이 있다고 하는 것이다. 그리고 네번째로는 '무아성(無我性)'인데 무아성은 불교의 으뜸가는 이상이며 대승에서 말하는 '공(空)'과 같은 의미이다.

● 법등(法燈)

석가모니 부처님은 입멸할 때에 제자들에게 "내가 입멸한 뒤에 스스로를 등불로 삼고 법을 등불로 삼으라."라는 유언을 남기셨다. 이처럼 부처님의 바른 법이 세상의 어둠을 비추는 것을 등불에 비유하여 법등이라고 한다. 또한 매우 뛰어난 스님을 가리키거나 또는 부처님 앞에 밝힌 등불을 가리키는 경우도 있다.

● 법륜(法輪)

부처님의 가르침, 또는 이 가르침을 널리 설하는 것을 전법륜(轉法輪)이라고 한다. 륜이란 수레바퀴인데 고대 인도의 무기를 말하기도 한다. 인도의 이상적인 왕을 전륜왕(轉輪王)이라고 하는데 그를 상징하는 것으로 윤보(輪寶)를 들기도 한다. 이들은 모두 불법이 모든 번뇌를 쳐부수고 앞으로 나아가는 것을 비유한 말이다.

● 법인(法印)

불법이 진실하고 확고부동한 것임을 나타내며 외도(外道:불교 이외의 여러 사상들)와 구별하는 '표시'라는 뜻이다. 제행무상(諸行無常)·제법무아(諸法無我)·열반적정(涅槃寂靜)의 세 가지를 삼법인(三法印)이라고 하며, 여기에 일체개고(一切皆苦)를 더한 것이 사법인(四法印)이다. 제행무상이란, 모든 현상은 언제나 변화하며 잠시도 머무르거나 고정되어 있지 않다는 것이다. 제법무아란, 일체의 것은 덧없기 때문에 거기에는 영원불멸한 자아라고 하는 것은 있을 수 없다. 즉 무아(無我)라는 것이다. 열반적정은 모든 번뇌가 소멸되고 고요하고 청정한 깨달음의 경지를 말하며, 마지막 일체개고는 미혹함과 집착의 세계에 살고 있는 중생은 모두 괴롭다고 하는 것이다.

● 보리(菩提)

석가모니 부처님은 부다가야의 한 장소에 앉아서 깨달음을 열었는데 그 깨달음이 바로 보리이다. 산스크리트 어 bodhi를 음사한 말이다. '눈뜨다'라는 의미의 동사 'bud'에서 파생한 명사이다. 이 'bud'의 과거분사가 바로 'buddha' 즉 눈을 뜬 사람, 불타(佛陀)이다. 석가모니 부처님이 깨달음을 얻은 나무는 보리수(菩提樹)라 불리고, 앉았던 장소는 보리도량(菩提道場)이다. 또한 보리심(菩提心)이라고 하면 깨달음을 구하여 수행하는 마음이다.

● 보살(菩薩)

산스크리트 어 bodhisattva의 음사어 '보리살타(菩提薩埵)'의 줄인 말이다. '깨달음을 구하고 있는 중생'이라는 의미이다. 원래는 석가모니 부처님이 성불하기 전의 준비 단계를 말하고 있었지만 차츰 부처님에 버금가는 지위의 존자(尊者)나 고덕대승(高德大僧) 등도 보살이라 불리게 되었다. 경전에 나오는 보살은 석가여래의 양쪽에서 모시고 있는 보현보살과 문수보살, 아미타여래의 전생의 몸인 법장보살, 그리고 아미타여래의 양쪽에 모시고 서 있는 관음보살과 대세지보살 등 그 숫자는 매우 많다. '보살계(菩薩戒)'는 대승의 보살이 지켜야만 하는 계율을 말하며, '보살행(菩薩行)'이란 보살이 성불에 이르기 위한 자리이타의 실천 수행을 말한다. 또한 '보살도(菩薩道)'란 보살행의 길, 또는 그 규범을 말한다.

● 보시(布施)

산스크리트 어 dāna를 번역한 말로서, '준다'라는 뜻이다. 두 글자 모두 베푼다는 뜻을 가진 한자어이다. 육바라밀의 첫 번째로서, 승려에게 사물이나 돈을 베푸는 재시(財施), 신자에게 부처님의 법을 베푸는 법시(法施)의 두 종류가 있다. 베푼 사람과 베풂을 받는 사람, 그리고 베풀어진 물건 이 세 가지는 깨끗하여야 하며 한 점의 티끌도 있어서는 안 되는 것이 매우 중요하므로 이것을 삼륜청정(三輪淸淨)이라고 한다.

● 본각(本覺)

가르침에 의해서 차츰 번뇌를 끊어 버리고 깨달음에 이르는 것을 시각(始覺)이라고 하는데, 본각은 그에 비해서 목숨을 가지고 태어난 자가 본래부터 지니고 있는 청정한 깨달음의 본체를 말한다.

- 본래무일물(本來無一物)

인간은 본래 공(空)이기 때문에 집착할 만한 것은 한 가지도 없으며 어떠한 것으로부터도 자유라는 말이다. 선가(禪家)에서는 이 본래무일물의 경지를 깨달음의 극치라고 한다.

- 본원(本願)

불보살이 과거에 일체중생을 구제하리라고 소원하였던 맹세를 말한다.

- 본지수적(本地垂迹)

불보살의 본체인 본지(本地)가 일체중생을 구제하기 위해 거짓 모습(迹)으로 나타나신(垂:드리우다) 것을 말한다. 쉽게 말하면 불보살이 중생을 교화하기 위해 방편으로 여러 가지 다른 모습을 나타내는 것이다.

- 불과(佛果)

불법을 수행해서 얻게 되는 부처님의 지위, 깨달음에 이르러서야 비로소 맛볼 수 있는 것은 열반의 경지이고, 해탈의 즐거움이다. 석가모니 부처님은 깨달음을 얻고부터 35일 동안 그 깨달은 경지를 몸소 즐기고 계셨다고 한다. 이것이 자수법락(自受法樂)이다. 그리고 나서 이윽고 그 깨달은 법을 널리 가르치고자 소망을 일으켰다. 보신불(報身佛)이다. 이 자수법락과 보신불의 상태가 바로 불과(佛果)이다.

● 불립문자(不立文字)

'불립문자(不立文字), 교외별전(敎外別傳), 직지인심(直指人心), 견성성불(見性成佛)'이라는 말은 달마선(達摩禪)의 주장을 단적으로 나타낸 것으로 유명하다. 문자를 세우지 않고 경전 밖에서 종지를 전하며 곧바로 사람의 마음을 가리켜서 불성을 보는 일이 바로 성불하는 일이라는 뜻이다.

● 불생불멸(不生不滅)

나거나 죽는 일이 없는 것, 즉 열반의 경지를 말한다. 불생불멸이라는 말은 반야경전을 비롯한 다양한 경론 속에서 볼 수 있는데 대승불교사상을 연구하여 널리 '팔종(八宗)의 조사(祖師)'라는 칭호를 얻은 용수의 주요저서《중론(中論)》의 첫머리에 있는 것이 유명하다. 용수는 여기에서 불생불멸(不生不滅), 부상부단(不常不斷), 불일불이(不一不異), 불래불출(不來不出)이라는 이른바 팔불(八不)을 들면서 모든 법은 '연기(緣起)'에 의해서 성립하고 있음을 설하고 있다.

● 불석신명(不惜身命)

불법을 위해서는 목숨을 내어도 아까워하지 않는다는 말이다.《묘법연화경》에는 "나중에 악세(惡世) 중생은 선근(善根)이 점점 줄어들고 증상만(增上慢)이 커지며 이공양(利供養)을 탐하며, 불선근(不善根)이 불어나며, 해탈을 멀리 여의기 때문에 그들을 교화하기란 매우 어려운 일이 될 것이다. 하지만 우리들은 모름지기 커다란 인내력을 일으켜서 이 경을 독송하고 지니고 설하고 베껴쓰고 갖가지로 공양하되 몸과 목숨을 아까워해서는 안 된다."라고 하고

있다. 반대로 몸이나 목숨을 아까워하는 것을 가석신명(可惜身命)
이라고 한다.

● 불성(佛性)

중생이 본래 가지고 있는 부처님이 될 성질을 말한다. 모든 사람
이 구제받고 성불할 것을 원하는 불교는 기본적으로 모든 이들에
게 이런 불성을 인정하고 있다고 말할 수 있다. 《열반경》에 있는
초목국토실유성불(草木國土悉有成佛:일체의 것은 국토에서 초목에 이
르기까지 모두 성불한다.)이라는 말은 그런 사상을 단적으로 보여주
고 있다. '불성동체(佛性同體)'라는 말은 사람에게 본래 불성이 있
어서 부처와 한 몸(同體)이라는 뜻이다.

● 불신(佛身)

불교에서는 부처님이라는 존재를 법신(法身)·보신(報身)·응신
(應身)의 3신으로 나누어서 제시하고 있다. 법신이란 부처님이 깨
달은 진리의 이법(理法) 그 자체이다. 보신은 일체중생을 구제하리
라고 하는 자비와 지혜를 말하며, 응신은 법을 설하기 위해 인간의
모습 등으로 몸을 바꾸어 나타난 것을 말한다. 이 삼신설(三身說)
에서 본다면 석가모니 부처님은 응신불(應身佛)이다.

● 불이법문(不二法門)

깨달음의 정점, 유일하고 절대인 근본진리를 말한다. 불이법문은
말이나 설명으로 할 수도 없고 보여줄 수도 없으며 인식도 할 수
없는, 다시 말하면 어떠한 표현이나 이해도 뛰어넘은 것이라고 한
다. 《유마경》을 비롯하여 《반야경》 등 많은 대승경전에 나오는 말

로서 특히 중국이나 한국, 일본의 선가에서 중시하고 있는 말이다.

● 비구(比丘) · 비구니(比丘尼)

출가해서 불문(佛門)에 귀의하여 구족계(具足戒)를 받은 승려로서, 남성을 비구(比丘), 여성을 비구니(比丘尼)라고 한다. 단, 성인이 되지 못한 사람은 사미(沙彌)와 사미니(沙彌尼)라는 말로 부르고 있다.

〈ㅅ〉

● 사리(舍利)

화장한 뒤에 남은 유골(遺骨)이다. 산스크리트 어 sarīra를 음사한 말이다. 특히 부처님의 유골을 불사리(佛舍利)라고 한다. '사리탑(舍利塔)'은 부처님의 사리를 모시고 경배하는 탑이다.

● 사문(沙門)

산스크리트 어 śramaṇā의 음사어인데 '근식지식(勤息止息)' 즉 '착한 일을 장려하고 악한 일을 멈춘다'라는 뜻으로, 출가하여 불문에 들어간 승려를 말한다.

● 사미(沙彌)

출가할 경우 먼저 남자는 사미, 여자는 사미니라 불리며, 입문식에서는 십계(十戒)를 받는다. 사미와 사미니가 성인이 되면 각각 250, 348가지에 달하는 구족계를 받고 이로써 비구, 비구니가 된다.

'사미십계(沙彌十戒)'는 불살생(不殺生)·불투도(不偸盜)·불사음(不邪淫)·불망어(不妄語)·불음주(不飮酒)의 5계에, 불도식향만(不塗飾香鬘:장신구를 달거나 화장하지 말 것), 불가무관청(不歌舞觀聽: 노래와 춤을 구경하거나 직접 하지 말 것), 불좌고광대상(不坐高廣大牀: 쾌적한 침상에 앉거나 잠들지 말 것), 불비시식(不非時食: 정해진 때 이외에는 식사를 하지 말 것), 불축금은보(不畜金銀寶: 귀금속 등의 재물을 모아두지 말 것)의 다섯 가지 계를 더한 것이다.

- **사생(四生)**

생물(生物)이 태어나는 상태를 각각 네 가지로 나눈 것이다. 태생(胎生)·난생(卵生)·습생(濕生)·화생(化生)이다. 태생은 인간이나 짐승들과 같이 모태 속에서 발육하여 태어나는 상태이다. 난생은 새나 파충류, 물고기 종류와 같이 알에서 태어나는 상태이다. 습생은 아메바나 모기 등과 같이 습지에서 생겨나는 상태이다. 화생은 모태나 알 등을 거치지 않고 돌연히 생겨나는 것이다. 불보살 등이 이에 해당하는 경우인데 가장 최초의 인간도 진화한 것이 아니라 처음부터 인간으로서 화생하였다고 하는 설도 있다.

- **사십팔원(四十八願)**

아미타불이 법장(法藏)보살(수행하던 시절의 이름. 법장비구라고도 한다.)이었을 때에 중생들을 구제하기 위해 세자재왕불(世自在王佛) 앞에서 세운 48가지 서원. 특히 그 중에서 '아미타정토에 태어나고 싶다고 소망하여 단지 열 번만이라도 소리내어 염불하는 모든 중생을 내가 구제하지 못한다면 부처가 되지 않겠다'라는 18번째 소원은 왕본원(王本願)이라고 불리며 정토 사상의 중심이 되는 소원이다.

● 사은(四恩)

우리들이 이 세상에서 받는 네 가지 은혜이다. 《심지관경(心地觀經)》에 의하면 부모의 은혜, 중생의 은혜, 국토의 은혜, 삼보의 은혜라는 네 가지가 있으며, 《정법념처경(正法念處經)》에 의하면 아버지, 어머니, 여래, 설법하는 법사에 대한 은혜를 사은(四恩)이라고 들고 있다. 불교에서는 이 네 가지 은혜에 보답하는 것이 중생의 의무라고 가르치고 있다.

● 사제(四諦)

연기의 도리를 깨달아서 성도한 석가모니 부처님이 다른 미혹한 사람들을 교화하기 위해서 최초로 설한 네 가지 진리를 말한다. 사성제라고도 한다. 첫번째는 고제(苦諦)이니, 생로병사의 네 가지 고통에, 원증회고(怨憎會苦 : 미워하는 사람과 만나는 괴로움), 애별리고(愛別離苦 : 사랑하는 사람과 헤어지는 괴로움), 구부득고(求不得苦 : 구하여도 얻지 못하는 괴로움), 오취온고(五取蘊苦 : 심신이 치성해 있는 괴로움)의 네 가지 고통을 더하여 팔고(八苦)를 들고 있다. 둘째는 집제(集諦)이니, 구체적인 애욕인 욕애(欲愛), 미래 세상에서 행복을 바라는 욕구인 유애(有愛), 고뇌에 가득찬 존재를 떠난 무(無)를 원하는 욕구인 무유애(無有愛)의 3애이다. 셋째는 멸제(滅諦)이니, 불교가 구하는 이상적인 경지인 열반이다. 넷째는 도제(道諦)이니, 이것은 팔정도이다.

228

● 사홍서원(四弘誓願)
보살의 네 가지 위대한 서원이다.('홍서(弘誓)' 항목 참고)

● 산화(散華)
꽃을 흩뿌려서 부처님을 공양하는 일이다. 종교의식 등에서 부처님 앞이나 도량을 깨끗하게 하는 의미에서도 행해지고 있으며 불교에서는 물을 뿌리거나 향을 태우거나 꽃을 뿌리는 것이 일반적이다.

● 삼계(三界)
중생이 윤회전생(輪廻轉生)하는 미혹하고 괴로운 세계로서, 욕계(欲界)·색계(色界)·무색계(無色界)의 세 종류이다. 욕계(欲界)란 탐욕과 성욕, 수면욕 등의 본능적인 욕망이 매우 치성한 세계이며 아래로부터 지옥·아귀·축생·수라·인간·천상까지의 육도(六道)로 나뉜다. 이 가운데 지옥과 아귀, 축생을 삼악취(三惡趣:또는 三途, 三惡道라고도 한다.)라고 부르고, 인간과 천상은 선취(善趣:또는 善道라고도 한다.)라고 말한다. 또한 천상계에서는 사천왕(四天王)·도리천(忉利天:三十三天)·야마천(夜摩天)·도솔천(兜率天)·화락천(化樂天)·타화자재천(他化自在天)의 여섯 가지가 있어서 이것을 육욕천(六欲天)이라고 말한다. 미륵보살이 설법을 하고 있다고 여겨지는 곳은 도솔천이며, 제석천이 살고 있다는 곳은 도리천에 있는 수미산 정상이다. 이 모든 곳은 생전에 쌓은 선업의 정도에 따라서 얻어지는 것이다.
이 욕계 위에 있는 것이 색계인데, 욕망이 없어진 청정한 세계로서 초선천(初禪天)·제이선천(第二禪天)·제삼선천(第三禪天)·제사선천(第四禪天)의 네 가지가 있으며 각 선천이 더욱 세분화되어 색계사선천(色界四禪天)은 전부 18천이 된다. 생전에 닦은 선정(禪定)의 차원에 따라서 얻게 되는 곳이다.

최상층에 있는 무색계는 물질적인 것을 떠나 순수하게 정신으로만 존재하는 영역이다. 공무변천(空無邊天)·식무변천(識無邊天)·무소유천(無所有天)·비상비비상천(非想非非想天)의 4천이 있다. 무색계의 수준은 상당한 경지의 성자 이외에는 얻을 수 없음은 말할 것도 없다.

'삼계일심(三界一心)'이라는 말은 삼계 전부는 자신의 마음에 있다고 하는 것이다. 삼계유일심(三界唯一心)이라고 하기도 한다. 또한 '삼계화택(三界火宅)'이라는 말은 미혹과 고통이 끊이지 않는 삼계는 불타고 있는 집과 같다고 비유한 말이다.

● 삼관(三觀)

세 가지 진리 즉 삼제(三諦)를 관찰하는 것이다. 삼제란 공제(空諦)·가제(假諦)·중제(中諦)이다. 모든 것은 인연에 의해서 일어나고 사라지며 고정된 존재가 아니기 때문에 일체는 공이라고 하는 것이 공제이다. 그렇지만 형체는 보이기 때문에 이것은 거짓 모습(假)이라고 하는 것이 가제이다. 공(空)과 가(假) 어느 것에도 집착하지 않는 중(中)에 실체가 있다고 하는 것이 중제이다. 이 삼제는 중국의 고승인 천태 대사 지의(智顗)의 말이다. '차제삼관(次第三觀)'이라는 말은 삼관을 순서대로 관찰하는 것이다. 또 '일심삼관(一心三觀)'이라는 말은 삼관을 일시에 관찰하는 것이다.

● 삼귀(三歸)

삼귀의라고도 한다. 불법승의 삼보를 의지처로 하여 믿는 것이다. 귀의불(歸依佛)·귀의법(歸依法)·귀의승(歸依僧)에 의해서 불교인임을 확인하는 것이다.

● 삼독(三毒)

인간의 마음을 미혹시켜서 불법을 향한 정진을 방해하는 탐(貪)·진(瞋)·치(痴) 즉 탐욕과 성냄과 어리석음의 세 가지 독을 말한다. 특히 어리석음은 도리를 깨닫지 못하는 것을 말한다. 삼독번뇌(三毒煩惱)라고도 한다.

● 삼매(三昧)

산스크리트 어 samādhi의 음사어로서, '정수(正受)'라든가 '정(定)'으로 번역한다. 마음을 한 가지에 집중해서 다른 생각이나 동요가 없는 것이다. 삼매는 대승불교를 실천하는 데에 있어서 중심과제가 되어 있으며 수많은 삼매에 관한 경전이 만들어졌다.

● 삼밀(三密)

밀교에서는 부처님의 몸과 말씀과 마음작용(業)은 불가사의한 것이라고 하여 이것을 신밀(身密)·구밀(口密)·의밀(意密)의 삼밀(三密)이라고 부른다. 특히 몸으로 인(印)을 맺고, 입으로 진언(眞言)을 외며, 마음으로 본존(本尊)을 떠올리는 것을 유상(有相)의 삼밀이라고 한다. '삼밀가지(三密加持)'란 수행자의 삼밀이 부처님의 삼밀과 융합되어 동일감을 체험하는 것이다. 삼밀상응(三密相應), 삼밀유가(三密瑜伽)와 같다.

● 삼법인(三法印)

세 가지 법인(法印) 즉 제행무상 · 제법무아 · 열반적정을 말한다.

● 삼보(三寶)

불교의 세 가지 보배로서, 불 · 법 · 승 즉 부처님과 부처님의 가르침, 수행자 집단을 말한다. 다시 말하면 종교를 연 개조(開祖)와 교의(敎義)와 교단(敎團)을 말하므로 종교나 종파의 기본 구성요소인 셈이다.

● 삼업(三業)

몸과 입과 뜻에 의한 세 가지 활동. 선인선과(善因善果), 악인악과(惡因惡果)를 초래하는 인간활동의 기본적 분류이다. '삼업상응(三業相應)'이란 말은, 세 가지 업으로 나타나는 것은 서로 호응하여 배반하는 것이 없다는 뜻이다.

● 삼륜신(三輪身)

부처님이 부처님 그 자체의 몸(佛體)으로 중생을 가르쳐 인도하는 자성윤신(自性輪身), 보살의 몸으로 나타나서 정법을 설하는 정법윤신(正法輪身), 명왕(明王)의 몸으로 나타나서 분노하는 모습으로 명령하고 교화하는 교령윤신(敎令輪身)의 세 가지 윤신(輪身)을 말한다.

● 삼천세계(三千世界)

삼천대천세계(三千大千世界)의 줄인 말. 중생이 사는 모든 세계를 가리킨다. 하나의 소세계(小世界) 중심에 수미산이 있고 그 주변에 아홉 개의 산과 여덟 개의 바다가 있으며 가장 외곽에 있는 바다에는 네 개의 섬이 있는데 이곳이 인간이 살고 있는 곳이며 네 개의 섬 가운데 남쪽의 섬이 지구라고 한다. 이것이 일세계(一世界)로서, 이것을 천 개 합한 것이 소천세계(小千世界), 소천세계를 천 개 합한 것이 중천세계, 중천세계를 천 개 합한 것이 대천세계이다. 이 대천세계는 대·중·소천(大中小千)이 세 가지 겹친 것이므로 삼천대천세계가 된다. 그 넓이는 삼계 가운데 욕계와 색계까지를 포함한다고 말하며 한 분의 부처님이 교화하는 범위라고 한다.

● 상즉상입(相卽相入)

'일(一)'과 '다(多)' 또는 '일(一)'과 '전체(全體)'는 서로 밀접하게 관계를 맺고 있으며 끊을래야 끊을 수 없는 연(緣)을 가지고 있다는 말이다. '상즉(相卽)'이란 일은 다 속의 상대적인 일이고, 다는 개개의 일의 집합 이외에 그 어떤 것도 아니다. 그렇게 서로 상호관련되어 있다는 뜻이다. 또한 '상입(相入)'은 일의 작용은 다에 영향을 미치고, 전체란 그런 작용의 집합이며, 상호작용한다는 것을 의미하는 말이다. 《화엄경》에서 설하고 있는 중요한 교의이다.('일즉일체(一卽一切)' 항목 참조)

● 색즉시공(色卽是空)

색이란 중생의 구성요소인 오온(五蘊) 가운데 하나인 색온(色蘊)으로서 형체가 있는 물질이나 육체를 말한다. 그런데 이러한 유형의 물질은 모두 인연에 의해서 생주이멸(生住異滅)이라는 사상(四相)을 나타내면서 유전(流轉)하는 것이므로 그 본성은 실체가 없

는 공이라는 것이 색즉시공(色卽是空)이다. 《반야심경》 등에서 설
하고 있는 것으로서 불교의 근본이 되는 교리이다.

• 서방(西方)

서방정토(西方淨土)의 줄인 말이다. 인간이 살고 있는 이 세계로
부터 서방 10만억 불국토 건너편으로 가면 존재한다고 하는 아미
타불의 극락정토이다. 서방안락국(西方安樂國), 서방십만억토(西方
十萬億土)라고도 한다. '서방염불'이란 말은 서방정토로 왕생하기
를 원하여 행하는 염불이다. '서방의 가르침'이란 말은 정토교를
말하거나 또는 서쪽에 있는 천축, 즉 인도에서 전래된 불교를 말하
는 것이다.

• 서원(誓願)

불보살이 중생을 구제하고자 원하여 마음을 굳게 정한 맹세.('홍
서(弘誓)' 항목 참조)

• 선(禪)

산스크리트 어 dhyāna의 음사어이며, 선나(禪那)의 생략형이다.
마음을 안정시키고 자재로운 경지에 들어가 깨달음을 얻는 일이다.
일반적으로 천태종은 《법화경》, 진언종은 《대일경》, 정토종은 《아
미타경》을 근본 경전으로 삼고 있는데 이처럼 각 종파는 각각 석
가모니 부처님이 설한 경전에 의지하고 있다. 그런데 선종에서는
'교외별전(敎外別傳)', '불립문자(不立文字)'라고 하는 말이 말해 주
듯이 경전 등의 문자에 의하지 않고 불법을 좌선이라고 하는 한
가지 행으로 귀결시켜서 마음에서 마음으로 전할 것을 근본으로

한다. 부처님이 깨달은 심경(心境)은 교화의 방편인 경전 밖에서 전해지고 있다고 하여 그와 같은 문자나 입으로 설할 수 없는 경지를 향하여 수행하는 것이 선인 것이다. 한편 조계종은 참선을 중심으로 하는 종파이지만《금강경》을 소의경전으로 하고 있다.

● 선정(禪定)

산스크리트 어 dhyāna의 음사어는 선인데, 그 한역이 정(定)이다. 선이나 정, 선정은 모두 기본적으로는 내용상 구별이 없다. 모든 잡념을 없애고 일심으로 무아의 경지에 들어가는 것을 말한다. '입정(入定)'이라는 말은 선정에 들어가는 것, 또는 수행을 많이 한 사람이 세상을 떠나는 것을 말하기도 한다.

● 성도(成道)

성불득도(成佛得道)라는 뜻이다. 깨달음을 열어서 부처가 되는 것이다. '깨닫다'라는 뜻의 산스크리트 어 sambodhi를 번역한 말이다. 특히 석가모니 부처님이 보리수 아래에서 깨달음을 열었던 것을 말한다. 성도절(成道節)은 석가모니 부처님이 깨달음을 얻었다고 전해지고 있는 12월 8일을 기념하는 날이다.

● 성문(聲聞)

부처님이 가르침을 설하는 음성을 듣고 깨달은 사람이라는 뜻이다. 다시 말하면 석가모니 부처님께서 세상에 계실 때의 제자를 가리킨다. 그런데 이런 기본적인 뜻을 지닌 말이 시간이 흐름에 따라 소승불교에 속하는 승려나 소승 불교신자를 국한하여 가리키는 말이 되었다. 타인에게는 가르침을 설하지 않고 자신의 해탈만을 목적으로 하고 있기 때문에 연각(緣覺:부처님의 가르침에 의하지 않고 자신만을 위해서 수행하는 사람)과 함께 이승(二乘)으로 불린다. 이에 비해서 다른 사람도 깨달음에 도달시키려고 노력하는 사람을 보살(菩薩)이라고 부르며 이들을 모두 합하여 삼승(三乘)이라고 부른다. 《법화경》에서는 연각은 사슴이 끄는 수레(鹿車), 보살은 소가 끄는 수레(牛車)에 비유하고 있는 것에 비해서 성문은 양이 끄는 수레(羊車)에 비유하고 있다.

● 소승(小乘)

산스크리트 어 hīna-yāna를 번역한 말로서, 작은 수레, 저열한 수레라는 뜻이다. 자기 한 사람만이 피안에 도달하는 것을 목적으로 한 불교인을 가리키는 말인데, 가르침의 차원을 수레의 크기에 비유한 것이다. 대승불교가 일어났을 때에 기성 불교교단을 경멸하여 부른 칭호로서, 소승 스스로가 자신을 소승이라는 이름으로 부르지는 않았다.

● 수행(修行)

부처님의 가르침을 따라서 도(道)를 얻는 것인데 그것은 관념적인 측면뿐만 아니라 일상의 행동거지 전부에 걸쳐서 행하지 않으면 안 된다고 한다. 육바라밀·팔정도·두타행 등 수행의 내용이나 방법에는 여러 가지가 설해지고 있는데 원칙적으로 가장 중요시되는 것은 삼학(三學)이다. 삼학이란 계율(戒律 : 몸과 입과 뜻의 세 가지 업으로 악을 짓지 않는 것), 선정(禪定 : 마음이 산란한 것을 가라앉히고 조용히 생각에 잠기는 것), 지혜(智慧 : 진리를 투명하게 꿰뚫어서 옳고 그름을 판단 분별하는 일)이다.

• 순석(巡錫)

고승이 각 지역을 돌아다니면서 불교를 널리 전파하는 것을 말한다. 길을 떠날 때 석장(錫杖)을 들고 산을 넘고 강을 건너고 계곡을 따라 내려가며 순행하기 때문에 이런 이름이 붙여졌다. 말하자면 순석은 포교가 목적인데 수행승이 선지식을 찾아서 이리저리 돌아다니는 것은 행각(行脚)이라고 한다.

• 시심시불(是心是佛)

마음 밖에 부처님이 계시지 않는다는 뜻으로, 중생의 마음은 번뇌로 인해 더럽혀져 있지만 그 마음 그대로가 부처님이라는 것이다. 일본의 고승인 공해(空海)는 《즉신성불의(卽身成佛義)》에서 "부모로부터 태어날 때 받은 이 몸뚱이가 그대로 부처님의 경지(佛位)이다."라고 하고 있다. 불교에서는 52위(位)나 되는 보살 수행을 거쳐 비로소 부처가 될 수 있다고 설하고 있지만 진정한 종교는 부처를 깨닫는 때가 그대로 부처의 모습이라고 말한다. 즉심즉불(卽心卽佛), 시심즉불(是心卽佛), 시심작불(是心作佛) 등의 용어도 같은 내용이다.

• 십만억토(十萬億土)

《아미타경》에서 "이곳으로부터 서쪽으로 10만억 불국토를 지나면 한 세계가 있는데 이름하여 극락(極樂)이라고 한다."라고 설명하고 있는 나라이다. 우리들이 사는 현실세계로부터 서쪽으로 십만억의 불국토 즉 부처님이 교화하는 국토를 지나면 극락이 있다는 것인데 도저히 상상이 미치지 못하는 아득한 거리임에는 틀림없다.

- **십이인연(十二因緣)**

십이연기(十二緣起)라고도 한다. 부처님이 인간 생존의 기본적인 구조를 밝혀내신 가르침으로 불교사상의 기본이라고도 말할 수 있다. 열두 가지 연(緣)이란 즉 무명(無明 : 밑바닥에 있는 무지), 행(行 : 행위), 식(識 : 식별), 명색(名色 : 정신적인 작용과 물질적인 것), 육처(六處 : 대상을 인식하는 여섯 가지 감각기관), 촉(觸 : 부딪침), 수(受 : 느낌), 애(愛 : 욕심을 내어서 구하는 애욕), 취(取 : 집착), 유(有 : 생존), 생(生 : 태어남), 노사(老死 : 늙고 죽음)이다. 다시 말하면 근본적인 무지로 인하여 행동과 인식이 시작되고, 마음과 대상에 대해서 여섯 가지 감각기관이 작용을 하며, 부딪침으로 인하여 느끼고, 욕망과 고집이 생겨서 인간 존재가 규정되고, 그런 까닭에 탄생이 있고, 그리하여 늙다가 죽어가는 과정을 보여주고 있다. 그렇다면 어찌하여 늙고 죽는 것인가? 그것은 태어남 때문이며, 태어남 때문이라고 하는 역순(逆順)의 인과관계도 경전에서 제시하고 있다.

- **십지(十地)**

《화엄경》이나 《인왕반야경》 등의 대승경전에 나오는 대승보살의 십지(十地)를 말한다. 보살의 수행단계를 52위로 나누고 있는 가운데 제41위에서 50위까지의 열 단계를 말한다.

- **십팔계(十八界)**

인간의 열여덟 가지 구성요소. 육근(六根 : 눈・귀・코・혀・몸・의지의 여섯 가지 감각기관)과 육경(六境 : 색・소리・냄새・맛・촉감・법의 인식대상), 그리고 근(根)과 경(境)의 화합에 의해서 식별되는 육식(六識 : 눈・귀・코・혀・몸・의지의 식별작용)을 말한다.

〈ㅇ〉

● **아라한**(阿羅漢)

산스크리트 어 arhan의 음사어로서 응공(應供)이라고 번역한다. '공양을 받기에 적합하다'라는 뜻이다. 본래는 불법을 수행하는 가운데 가장 높은 단계로 나아간 사람을 가리키는 존칭이다. 그런데 후에 대승불교에서는 이들을 자신의 해탈만을 목적으로 하고 다른 것에는 조금도 관심을 두지 않는 지나치게 냉정한 이기주의자로 간주하게 되었다. 줄여서 나한(羅漢)이라고 하기도 한다.

● **아사리**(阿闍梨)

산스크리트 어 ācārya의 음사어로서 사범(師範)·교수(教授)로 번역한다. 제자의 행위를 바르게 교육할 만한 덕높은 승려, 계율에 밝고 갈마에 능한 사람을 말한다. 밀교의 비밀한 법을 전수하는 고승을 가리키며 천태종(天台宗)이나 진언종(眞言宗)의 승위(僧位)의 호칭이기도 하다.

● **아집**(我執)

자신이 변하지 않고 실재하고 있다는 집착, 고집을 말한다. 불교에서는 이런 아집을 부정하여 일체의 중생은 무아(無我)라고 설한다. 살아 있는 것은 모두 오온(五蘊) 즉 색(色 : 형성하는 물질), 수(受 : 감수작용), 상(想 : 想像), 행(行 : 마음의 작용), 식(識 : 의식)의 다섯 가지 요소의 집합으로 이루어졌으며 거기에는 영구불변한 '나(我)'인 것은 존재하지 않는다고 한다. 이런 아집은 말할 것도 없이 모든 집착을 버리는 곳에서 깨달음의 길이 열린다는 것이 불교의 근본사상이다. '아견(我見)'이라는 말은 아집(我執)에 의한 그 릇된 견해 즉 악견(惡見)이다.

• 아함(阿含)

산스크리트 어 āgama의 음사어인데 '전승(傳承)'이라는 뜻이다. 소승불교의 경전을 총칭하여 말한다. 넓게는 법귀(法歸) 즉 다시 말하면 모든 법의 원천이 되는 것이며, 제자가 스승으로부터 이어 받은 교의 또는 성전(聖典) 일반을 말한다. 북방불교에서는 장· 중·잡·증일의 4아함을 말하고, 남방불교에서는 이 4아함에 소 (小)아함을 첨가한 5아함을 들고 있다.

• 악인정기(惡人正機)

착한 사람은 물론이겠지만 악한 사람까지도 아미타 부처님에게 구제받아서 극락왕생할 수 있다고 하는 설이다. 친란(親鸞)의 《탄 이초(歎異抄)》에 "선인(善人)이야 당연히 왕생하겠거늘 하물며 악 인(惡人)이 제외되겠는가."라고 하는 유명한 대목이 있다. 이것은 사람은 누구라도 자신을 완전히 착한 사람이라고 잘라 말할 수 있 는 사람은 없으며, 또한 저 악한 사람이 구제받지 않고서는 불교의 존재의의가 과연 있겠는가 하는 깊은 종교적 통찰을 보여주는 것 이다.

• 안심입명(安心立命)

안심이란 말은 '신앙에 의해서 마음을 평안하게 하는 것'인데 특 히 정토문(淨土門)에서는 아미타불에게 귀의하여 극락에 왕생하는 것을 믿어 의심하지 않는 마음을 말하며, 또한 선문(禪門)에서는 안에서나 밖에서 구하지 않고 무엇에도 의지하지 않는 경지를 말한다. 입명(立命)이란 유교용어인데 '천명(天命)을 오롯하게 하다'라는 뜻이다. 다시 말하면 안심입명이란 안심에 의해서 모든 것을 천명에 맡기고 어떤 일에도 마음의 평안을 흐트러뜨리지 않는 것이다.

• 업(業)

산스크리트 어 karman의 번역어이며 행위를 의미한다. 행위에는 반드시 선악이 따르며 그것은 인과의 도리에 의해서 선악이나 고락 등의 과보를 받는다고 하는 것이 불교의 사상이다.('삼업(三業)' 항목 참조)

• 업보윤회(業報輪廻)

업이란 행위와 그 행위를 낳고 또한 멸하게 하는 잠재적인 힘의 총칭이다. 선한 행위에는 행복한 과보가 있고, 악한 행위로부터는 불행한 결과 밖에는 나오지 않는다고 하는 것이 업보이다. 즉 선인선과(善因善果), 악인악과(惡因惡果)이다. 범부가 생사를 반복하면서 지옥·아귀·축생·수라·인간·하늘의 육도(六道)를 흘러 다니는 것이 윤회인데, 업보는 그 전생(轉生)하는 새로운 육체에 언제까지나 깃든다고 한다. 따라서 이 세상에서 악한 행위를 한 자는 언제까지라도 괴롭고 미혹한 세계로부터 벗어날 수 없다. 하지만 석가모니 부처님은 과거의 미흡한 자신을 반성하고 불법을 수행하고자 뜻하는 일이 바로 이 업보윤회를 끊는 출발점이라고 하였다. 그것이 깨달음의 세계이다.

● 여래(如來)

부처님을 가리킨다. 산스크리트 어 tathāgata를 번역한 말로서, 원어는 '이와 같이 온 자'라는 뜻인데 부처님과 중생의 관계를 좀 더 가깝게 하기 위해서 '이와 같이 오신 분'이라고 한역한 것이다. '여래장(如來藏)'이란 말은 번뇌에 뒤덮인 마음의 근저에 있는 불성을 가리킨다. 즉 여래의 깨달음을 말한다.

● 여몽환포영(如夢幻泡影)

만물은 무상하며, 실체가 없다는 것을 꿈(夢), 환상(幻), 물거품(泡), 그림자(影)에 비유한 것이다. 일체제법이 실재하지 않음을 비유한 표현으로는 《유마경》에 나오는 취말(聚沫 : 매우 세밀한 거품), 물거품(泡), 아지랑이(炎), 파초(芭蕉), 환상(幻), 그림자(影), 메아리(響), 뜬 구름(浮雲), 번개(雷)가 있으며, 《대일경》에 건달바성(乾闥婆城 : 제석천을 모시는 팔부중 가운데 하나인 건달바가 만든 환상의 누각), 물에 뜬 달(水月), 허공에 핀 꽃(虛空華), 빙빙 도는 불의 둘레(旋火輪) 등이 널리 알려져 있다.

● 여시아문(如是我聞)

'이와 같이 나는 들었다'라는 뜻이다. 경전의 처음에 등장하는 말인데 '나'란 석가모니 부처님의 제자인 아난이며, '이와 같이'라는 말은 다음에 등장할 경전의 내용을 가리킨다. 이 말은 불교경전임을 밝힘과 동시에 부처님의 가르침을 이와 같이 받아들었다고 하는 주체적인 관계를 나타내고 있다. 산스크리트 어 evaṃ mayā śrutam을 번역한 것이다.

242

● 여인성불(女人成佛)

고대 인도에서 여성은 범천왕, 제석천, 마왕, 전륜성왕, 부처님이 될 수 없다는 다섯 가지 장애를 가지고 있다고 하였다. 하지만 이런 생각은 중생이라면 누구나 부처님이 될 수 있다고 하는 대승불교의 가르침에 어긋난다. 그래서 변성남자(變成男子) 즉 여성이 다시 남성으로 태어나서 성불한다고 하는 여인성불이라는 견해가 생겨났던 것이다.

● 역연(逆緣)

부처님의 가르침을 거슬렀던 것이 연(緣)이 되어 불교에 들어가는 것을 말한다. 이에 비해서 부처님의 교설에 감응하여 그대로 불법 수행을 하게 되는 것을 순연(順緣)이라고 한다. 또한 자식이 부모보다 먼저 세상을 떠나는 것이나 연장자가 연소자를 위해 공양하거나 생전에 적대감을 가지고 지내었던 사람을 위해 공양하는 일도 역연이라고 한다.

● 열반(涅槃)

산스크리트 어 nirvāṇa를 음사한 말로서, 원뜻은 '불어서 끄다'라는 뜻이다. 일체의 번뇌를 불어서 꺼버려 업이나 윤회가 사라진 상태이다. 즉 깨달음의 경지를 말한다. 원시경전에서는 '탐욕의 멸진(滅盡), 성냄의 멸진, 어리석음의 멸진'이라고 하며 삼독(三毒)이 없어진 상태를 열반으로 정의하고 있다.

소승불교는 이 열반을 둘로 나누어서 석가모니 부처님이 보리수 아래에서 성도하신 뒤 입멸하시기까지 육체가 존재하고 있던 열반을 유여열반(有餘涅槃), 육체가 완전히 사라져 버린 상태의 열반을 무여열반(無餘涅槃 : 般涅槃 · 圓寂)이라고 하였다. 또한 대승불교에서는 여기에서 한 걸음 더 나아가 인간에게 본래부터 갖추어져 있는 불성에 의한 열반인 자성청정열반(自性淸淨涅槃), 생사에 머물지 않고 열반에도 머물지 않는다고 하는 무주처열반(無住處涅槃)의 두 종류를 더하였으며 특히 무주처열반을 이상으로 여겼다.

● 염리예토(厭離穢土)

이 현실세계를 부정하게 물든 것이라고 하여 싫어하여 떠나는 것을 말한다. 더러움이 없는 깨끗한 세계에 다시 태어날 것을 간절히 바라는 '흔구정토(欣求淨土)'라는 말도 있다.

● 염불(念佛)

산스크리트 어 buddha-anusmṛti 또는 buddha-manasikāra를 번역한 말로서, '부처님을 마음에 떠올리는 행위'가 본래의 의미이다. 대승불교에 들어와서는 부처님의 명호나 모습(상호), 공덕 등이 염불의 대상이 되었는데 그중에서도 중국이나 한국, 일본에서는 부처님의 이름을 입 밖에 소리내어 외는 구칭염불(口稱念佛)이 생겨났다. 이 구칭염불에 의해서 '나무아미타불'이라고 일심으로 외우기만 한다면 극락정토에 왕생할 수가 있다는 이행도(易行道)가 널리 퍼지게 되었다.

● 예배(禮拜)

산스크리트 어로 vandana가 원어이며, '반담(伴談)', 또는 '화남(和南)'으로 음사한다. 불보살 앞에 머리를 조아리고 손을 합하여 절하는 것인데 정식 작법(作法)은 오체투지(五體投地)라고 하여 두

팔꿈치와 머리와 두 무릎을 바닥에 대고 부처님의 발에 공손히 엎드리는 모습으로서 존경과 공경의 마음을 나타내는 것이다.

- ● 오계(五戒)

불교신자가 되어 처음으로 받게 되는 재가인의 계이다. 불살생(不殺生)・불투도(不偸盜)・불사음(不邪淫)・불망어(不妄語)・불음주(不飮酒)의 다섯 가지이다. 즉 죽이지 않고, 도둑질하지 않고, 아내나 남편 이외의 사람과 어울리지 않으며, 거짓말하지 않고, 술을 마시지 않는 것이다. 이 오계에 화장을 하거나 장신구로 장식하지 않고, 노래나 춤을 하지도 않고 보거나 듣지도 않으며, 몸에 즐거운 침상에 앉거나 눕지 않는다고 하는 삼계(三戒)를 더한 팔재계(八齋戒)도 있다.

- ● 오근(五根)

근이란 근본을 의미하며, 불교에서는 인간의 감각기관인 근에 눈・귀・코・혀・몸의 5근을 들고 있다. 다시 말하면 눈으로 보고(色), 귀로 듣고(聲), 코로 냄새 맡고(香), 혀로 맛보고(味), 몸으로 느끼는 것(觸)이 오근이다. 이 다섯 가지 감각을 바탕으로 하여 정보를 이해하여 인식하는 의지(意=法)를 더한 것을 육근(六根)이라고 한다. 기쁨과 슬픔, 괴로움과 즐거움의 이 모든 것도 전부 육근에 의한다. 따라서 육근은 번뇌의 근본이 되며, 미혹이나 죄악을 일으키기 쉽기 때문에 이것을 맑게 하는 것이 '육근청정(六根淸淨)'이다.

● 오분법신(五分法身)

깨달음에 도달하기 시작하면서 갖추게 되는 다섯 가지 공덕이다. 세 가지 업의 사악함을 떠나는 '계(戒)', 일체의 미혹과 집착을 버리는 '정(定)', 근본 지혜인 '혜(慧)', 모든 속박에서 자유롭게 되는 '해탈(解脫)', 자신의 해탈을 분명하게 아는 '해탈지견(解脫知見)'이다.

● 오역죄(五逆罪)

다섯 가지 죄악인데 이것을 범하면 고통이 끊일 사이 없는 무간지옥(無間地獄)에 떨어진다고 한다. 이 다섯 가지에 대해서는 여러 가지 설이 있는데 흔히 이야기되는 것으로는, 아버지를 죽이는 일, 어머니를 죽이는 일, 아라한(阿羅漢 : 최고의 깨달음을 얻은 자)을 죽이는 일, 교단의 화합을 깨는 일, 부처님의 몸에서 피를 흘리게 하는 일의 다섯 가지를 들고 있다.

● 오온(五蘊)

오음(五陰)이라고도 한다. 온(蘊)은 집합체라는 뜻으로, 색온(色蘊) · 수온(受蘊) · 상온(想蘊) · 행온(行蘊) · 식온(識蘊)의 다섯 가지를 말한다. 색온은 형체가 있는 것, 즉 물질과 육체이다. 수온은 감각, 지각이다. 상온은 마음에 떠오르는 개념구성 작용이다. 행온은 의지, 기억 등이다. 식온은 사물을 식별하는 순수의식이다. 오온은 인간을 비롯한 모든 존재와 정신의 요소가 된다.

● 오욕(五慾)

오욕이란 수면욕, 음식욕, 성욕, 금전욕, 명예욕을 가리키는 것이 일반적이다. 그런데 불교에서는 색·소리·냄새·맛·촉감의 다섯 가지를 말한다. 이것은 오경(五境)이라고 하는데 각기 눈·귀·코·혀·몸의 감각기관에 의해서 얻어지는 것이다.

● 오지(五智)

밀교에서 말하는 부처님이 갖추고 있는 다섯 가지 지혜를 가리킨다. 그 다섯 가지란 사물의 본성인 법계체성지(法界體性智), 거울과 같이 모든 것을 비추어내는 대원경지(大圓鏡智), 어떤 것도 차별없이 보는 평등성지(平等性智), 사물의 작용을 보는 묘관찰지(妙觀察智), 그 작용을 완성시키는 성소작지(成所作智)이다.

'오지여래(五智如來)'란 오지 각각을 나타내고 있는 대일(大日)·아촉(阿閦)·보생(寶生)·무량수(無量壽)·불공성취(不空成就)여래를 가리킨다. 이 다섯 여래를 그림으로 표현한 것이 '금강계 만다라'이다.

● 오탁(五濁)

인류의 미래가 2만 년을 못다 채우고 타락한 세상이 되었을 때에 일어나는 다섯 가지 더러움이다. 첫째는 겁탁(劫濁)으로서 기근이나 나쁜 질병, 전쟁 등의 천재(天災)와 인재(人災)가 일어나는 것이다. 둘째는 견탁(見濁)으로서 올바른 가르침이 쇠퇴하고 사악한 견해가 들끓게 되는 것이다. 셋째는 번뇌탁(煩惱濁)으로서 탐욕을 향한 집착이 일어나고 탐욕이 치성해지면 다툼이 끊이지 않는 것이다. 넷째는 중생탁(衆生濁)으로서 사람들이 나쁜 일을 하기 때문에 괴로움이 가득해지는 것이다. 다섯째는 명탁(命濁)으로서 인간의 수명이 줄어드는 것이다. '오탁악세(五濁惡世)'란 오탁에 오염

된 사악한 세상을 말하는 것이다.

• 우바새(優婆塞) · 우바이(優婆夷)

불법을 수행하는 모습에는 출가와 재가의 차이가 있다. 출가란 한 마디로 말하자면 일상생활의 형식을 모두 버리고 수행에 전념 하는 사람이다. 이에 비해서 재가자는 다른 사람들과 차이가 없는 생활을 하면서도 수행하는 사람이다. 그리고 출가한 남자가 비구, 출가한 여자가 비구니라고 불리듯이 재가 남자는 우바새, 재가 여 자는 우바이라 불린다. 불교에서는 원칙적으로 이 네 사람은 평등 하다고 하지만 역시 어느 면으로 보나 출가자가 교단을 이끌어왔 음은 부정할 수 없다.

• 원행구족(願行具足)

정토교의 용어로서, '원'과 '행' 다시 말하면 소망과 실천이 함께 갖추어져 있는 것을 말한다. 왕생하고 싶다고 간절히 바라는 마음 이 '원', 염불하는 일이 '행'이다. 이 두 가지가 완벽하게 갖추어져 있으면 왕생을 하게 되는 것이다.

• 유가(瑜伽)

산스크리트 어 yoga의 음사어로서 '상응(相應)'이라고 번역한다. 신체와 호흡을 정돈하고 정신통일을 꾀하는 행법으로서 좌선도 유 가에 포함된다. 인도 철학에 있어서 유가는 일종의 신비주의이지 만 중국의 선문(禪門)은 신비체험이나 초능력을 모두 부정하고 있 다. 밀교에서는 유가에서 여래와 한 몸이 되는 체험을 추구하는 경 향이 높다.

● 유식(唯識)

일체제법은 내심(內心)에만 존재하고 내면의 정신활동을 떠나서
는 아무것도 존재하지 않는다는 것이다. 산스크리트 어 vijñāptimā
tratā를 번역한 말로서, '오직 식(識)'이라는 뜻이다. 인도의 승려
세친이 저술한 《유식이십론(唯識二十論)》에서는 삼계란 유식의 계
속(繼續)에 지나지 않는다고 설명하고 있다.('팔식(八識)' 항목 참
조)

● 유위(有爲)·무위(無爲)

유위란 인연에 의해서 태어나고 또 사라지고 마는 불안정한 현
실을 말한다. 무위는 인연에 의해서 만들어지지 않은 것, 생(生：태
어남)·주(住：머묾)·이(異：변화함)·멸(滅：죽어 사라짐)의 사상
(四相)을 뛰어넘는 절대적 존재를 말한다. 무위가 바로 불법을 수
행하는 사람이 추구하는 바, 즉 열반의 경지이다. 또한 무위는 넓
은 의미에서 부처님의 법을 수행하는 도량의 생활을 가리키는 경
우도 있다.

● 육근(六根)

안근(眼根)·이근(耳根)·비근(鼻根)·설근(舌根)·신근(身根)의
5근에 의근(意根)을 더한 것.('오근(五根)' 항목 참조)

● 육도(六道)

중생이 선악의 업에 의해서 다시 태어나는 지옥·아귀·축생·
수라·인간·천상의 여섯 가지 미혹한 세계. 어리석은 범부가 나
아가는 길이라는 뜻으로 육범(六凡), 육취(六趣)라고도 말한다. '육

도사생(六道四生)'이라는 말은 태·난·습·화의 사생(四生)으로 다시 태어나 유전하고 있는 육도의 세계를 말한다.('사생' 항목 참조)

● **육바라밀(六波羅蜜)**

육바라밀다(六波羅蜜多)라고도 한다. 바라밀(波羅蜜)이란 산스크리트 어 pāramitā를 음사한 것으로서 '미혹한 차안(此岸)에서 깨달음의 피안(彼岸)으로 건너다'라는 뜻이다. 육바라밀은 차안에서 피안으로 건너 깨달음을 완성하기 위한 여섯 가지 수행을 말하는데 보시(베푸는 일)·지계(계율을 지키는 일)·인욕(괴로움을 인내하는 일)·정진(열심히 노력하는 일)·선정(마음을 통일시켜서 어지럽게 하지 않는 일)·지혜(반야: 진실을 통찰하는 일)의 여섯 가지로서 특히 대승불교에서 중시하고 있다.

● **육식(六識)**

색·성·향·미·촉·법의 육경을 식별하는 안식(眼識)·이식(耳識)·비식(鼻識)·설식(舌識)·신식(身識)·의식(意識)을 말한다.

● **윤회(輪廻)**

산스크리트 어로 saṃsara를 번역한 말이다. 중생이 삼계육도에서 생사를 거듭 반복하여 잠시도 멈추지 않는 것을 말한다.

● **이행도(易行道)·난행도(難行道)**

불교는 정토문(淨土門)과 성도문(聖道門)의 두 파로 크게 나뉜다.

정토문은 오직 아미타불의 힘에 의지함으로써 극락왕생하고자 하는 타력(他力) 법문이고, 성도문은 자신의 힘을 믿고 수행에 의해서 깨달음에 이르고자 하는 자력(自力) 법문이다. 이행도는 이러한 정토문의 타력을 가리키고, 난행도는 성도문의 자력을 가리킨다. 용수는 자신의 저서인 《십주비바사론(十住毘婆沙論)》〈이행품(易行品)〉장에서 이행도를 즐겁게 배를 타고 물 위를 가는 것에, 난행도를 힘들게 육지를 걸어가는 것에 비유하고 있다.

• 인상(印相)

불보살의 깨달음이나 서원의 내용을 손가락의 모습 등으로 나타낸 것이다. 인(印), 인계(印契)라고도 말한다. 사람들을 보호하고 두려움을 없애주는 관세음보살의 시무외인(施無畏印), 번뇌의 미혹을 끊은 부처님의 원만한 지혜를 나타내는 대일여래의 지권인(智拳印) 등 인에는 매우 다양한 종류가 있다.

• 인위(因位)

불과(佛果), 즉 성불이라고 하는 결과를 얻기 위해 수행하고 있는 지위(位)라는 뜻이다. 바라문 청년이었던 석가는 머리카락을 땅에 깔고 다섯 송이의 꽃을 뿌리며 깨달음을 위해 수행을 시작하였을 때 그가 예배하였던 연등불(燃燈佛)로부터 장차 성불할 것이라는 예언을 받았다. 이때부터 성불하기까지의 수행의 시기가 인위(因位)의 시절이다.

• 일념삼천(一念三千)

천태종의 개조인 중국 수나라 천태 대사가 주장한 가르침인데,

사람이 일상생활에서 일으키는 마음이 그대로 모든 것, 전 우주라는 사상이다. 삼천(三千)이란 우주에 있는 일체의 것, 모든 현상을 삼천이라는 숫자로 표현한 것이다. 천태사상의 진수를 이루는 것이다.

● 일살다생(一殺多生)

한 사람을 죽여서 많은 사람을 살린다는 뜻이다. 커다란 이익을 위해서는 작은 해(害)를 저지르는 것도 때로는 필요하다고 하는 말이다. 그런데 다생(多生)을 위해서는 일살(一殺)이 허용될 수 있는 것인가라는 근본적인 의문이 떠나지 않는다. 매우 어려운 테마이다.

● 일승(一乘)

오직 하나의 수레라는 뜻인데 이 말은 깨달음에 이르기 위한 오직 하나의 길 즉 대승(大乘)과 같은 뜻으로 폭넓게 쓰이고 있다. 특히 천태종에서는 《법화경》을, 화엄종에서는 《화엄경》을 가리키고 있다. 성문승(聲聞乘), 연각승(緣覺乘)과 대승(大乘: 菩薩乘)을 삼승(三乘)이라고 부르는데, 대승의 입장에서 성문승은 부처님의 가르침을 따라서 깨달음을 향한 수행을 하는 도(道)이고, 연각승은 스스로의 지혜에 의해서 깨달음을 향한 수행을 하는 도이다. 이 두 가지는 자기의 완성에 만족하고 다른 사람을 구제하지 않는, 다시 말하면 자리(自利)이며 소승이다. 이에 비해서 대승은 자신도 수행함(自利)과 동시에 다른 자를 깨달음에 도달시키고자 노력하는 도이다. 즉 성문승이나 연각승 모두 대승이라고 하는 진실한 가르침에 포함되는 것이라고 한다.

● 일월삼주(一月三舟)

오직 하나의 달이라고 할지라도 그 장소에 머물러 있는 배에서 바라보면 그대로 머물러 있는 것처럼 보이고, 남쪽으로 항해하는 배에서 보면 똑같이 남쪽으로 움직이고 있는 것으로 보이고, 북쪽으로 항해하는 배에서 보면 역시 북쪽으로 따라서 가고 있는 것으로 보인다. 이처럼 부처님의 말씀이나 모습도 그것을 받아들이는 사람의 마음작용이나 능력에 의해서 각기 다른 것이 된다는 말이다.

《화엄경》의 〈불승수미정품(佛昇須彌頂品)〉에서 "그때 세존께서는 위신력으로 이 자리에서 일어나지도 않으신 채 수미산 정상으로 올라가셔서 제석전(帝釋殿)으로 향하셨다."라고 하는 구절이 나온다. 징관(澄觀)은 이에 대해서 "보리수 아래에서 일어나지도 않으신 채 어떻게 제석전으로 오를 수 있단 말인가."라고 문제를 제기하면서 동시에 해석을 시도하고 있는데 일월삼주는 바로 여기에서 나오는 비유이다.

● 일즉일체(一卽一切)

화엄종이나 천태종의 중요한 교의로서 '일'이 바로 '일체'라는 말이다. 개개인은 전체 속에 있으며 전체는 개개인 속에 있다고 하는 의미이다. 《화엄경》에서는 "일체 속에 일을 알며 일 속에서 일체를 안다."라고 말하고 있다.

● 일체개고(一切皆苦)

이 세상은 괴로움으로 가득차 있다. 어느 것이나 괴로움의 원인이 되지 않는 것은 없다고 하는 부처님의 가르침을 말한다. 설령 현재 행복하다고 생각하고 있는 사람이 있다고 하더라도 그것이 영원히 지속되는 것이 아니며 또한 좀더 큰 행복을 추구하느라 괴로움을 초래하기도 한다. 모든 집착을 버리고 깨달음을 얻지 못하면 참다운 행복은 없다고 설명하는 것이 바로 일체개고이다.

• 일체중생실유불성(一切衆生悉有佛性)

만물은 한결같이 부처님이 될 성질과 능력을 가지고 있다는 뜻이다. '초목국토실개성불(草木國土悉皆成佛)'이라고도 한다. 인간뿐만 아니라 초목 등의 식물과 국토라고 하는 무생물까지도 본래 부처님이 될 수 있다는 말이다. 하지만 이런 불성도 욕망 등의 번뇌에 의해서 그 기능이 방해받고 있다. 그런 장애를 없애고 내면 깊숙하게 숨어있는 불성을 이끌어내는 것이 종교의 역할이라고 말할 수 있다.

• 입멸(入滅)

생사의 괴로움을 초월하여 부처님이 되는 것. 열반(번뇌를 모두 없앤 절대자유의 경지)에 들어가는 것. 특히 석가모니 부처님이나 성자의 죽음을 의미하는 경우도 있다.

〈ㅈ〉

• 자리이타(自利利他)

대승보살도의 정신으로서, 자신이 수행하여 미혹한 세계로부터 깨달음의 세계로 도달함과 동시에 다른 사람까지도 구제해서 불법의 이익을 얻게 하는 것이다. '자리이타원만(自利利他圓滿)'이라는 말은 자신이 완전하게 공덕을 얻고 동시에 다른 사람에게도 완전하게 이익을 얻게 하는 이상적인 상태이다.

● **자신교인신(自信敎人信)**

중국 당나라 시대에 정토교의 승려인 선도(善導)가 저술한《왕생예찬(往生禮讚)》속에 나오는 말인데 '스스로 부처님 법을 믿고 또한 다른 사람에게도 믿게 하는 것'이라는 뜻이다. 자신이 믿지 않으면 자기 이외의 다른 사람들에게 가르침을 설할 수 없다. 불교에서는 먼저 자신이 믿는 것이 첫째라고 하고 있는데 이것은 말 그대로 쉽지 않다.

● **자연법이(自然法爾)**

다른 것으로부터 어떤 힘도 더해지지 않고 모든 법은 제 스스로 갖추어져 있다는 것. 불길은 하늘로 치솟아 오르고 물은 아래로 흘러가듯이 세상의 이치 그 자체가 그대로 부처님의 가르침이라는 뜻이다.

● **잡행(雜行)**

극락에 왕생하고자 하는 올바른 수행을 정행(正行)이라고 하는데 정행은 중국 정토교를 크게 일으킨 당나라 승려 선도(善導)가 주창한 설로서, 칭명(稱名)·독송·관찰·예배·찬탄·공양의 다섯 가지를 들고 있다. 이것 외의 선업을 행하여 극락왕생하려고 하는 것을 잡행이라고 한다.

● 재가(在家)

산스크리트 어 gṛhin을 번역한 말로서, 집에 살고 있는 사람이라는 뜻이다. 보통 사람들과 마찬가지로 생활을 영위하면서도 불법을 수행하는 사람을 가리키는데 또는 불법을 수행하지 않는 속인(俗人)을 가리키는 경우도 많다.

● 재계(齋戒)

재는 산스크리트 어 upoṣadha를 번역한 말로서 포살(布薩)이라는 뜻이다. 포살이란 불교교단에서 한 달에 몇 차례 서로 죄나 잘못을 고백하고 참회하는 의식이다. 이 의식은 포살설계회(布薩說戒會)라고도 하며, 재가신자도 절에 가서 함께 거행하는 것이 관습이었다. 그때 하루 낮 하루 밤 동안 지켜야만 할 규칙이 바로 재계(齋戒)이다. 재가신자가 지켜야 할 오계(불살생·불투도·불사음·불망어·불음주)에 몸을 장식하지 말 것, 노래나 춤을 멀리할 것, 높은 침상에 눕지 말 것 등의 세 가지를 더하여 팔계가 있다.

● 적멸위락(寂滅爲樂)

적멸(寂滅)이란 번뇌를 버린 경지로서 열반과 같은 뜻이다. 아함경전에 "제행(諸行)은 무상하나니 생겨나면 반드시 죽는다. 생겨나지 않으면 죽음도 없다. 이런 멸(滅)을 즐거움으로 삼아야 한다."라고 하고 있으며, 생사의 괴로움에 대칭하여 적멸의 즐거움을 설하고 있다. 또한 대승경전에서는 "생사의 세계를 떠나서 달리 적멸을 구할 수 없다. 생사가 곧 열반이다."라고 말하고 있다. 어쨌든 생사의 불안함을 뛰어넘은 적멸이야말로 진정한 즐거움으로 삼으라는 것이 적멸위락인 것이다.

● 절복(折伏)

사악한 사람이나 사악한 법을 징계하여 마음으로부터 복종하게 만드는 것. 반면에 마음을 관대하게 하여 다른 사람을 구제한다는 의미의 섭수(攝受)라는 말도 있는데 절복과 섭수는 자비의 양면성을 나타내고 있으며 불법을 교화할 때 매우 중요한 두 가지 요소라고 말할 수 있다.

● 정(正)·상(像)·말(末)

석가모니 부처님께서 입멸하신 뒤에 불교가 얼마나 지속될 것인가를 세 가지 시대로 구분한 것이다. 정은 정법(正法) 시대로서 교(敎)와 행(行)과 증(證:깨달음)이 갖추어져 있는 시절이다. 상은 상법(像法) 시대로서 증(證)은 없지만 교(敎)와 행(行)이 있어 정법의 모습을 모방(像)한 시절이다. 말은 말법(末法)시대로서 행(行)과 증(證)이 없고 오직 교(敎)만이 남아 있는 시절이다. 대체로 정법은 5백년, 상법은 천년, 말법은 만년이라는 설이 일반적이다.

● 정토(淨土)

우리들이 살고 있는 미혹과 괴로움으로 가득 차고 부정한 국토가 아닌 불보살이 머무시는 청정한 국토를 말한다. 동쪽에는 약사불(藥師佛)의 정유리세계(淨瑠璃世界), 아촉불(阿閦佛)의 묘희세계(妙喜世界), 남쪽에는 문수보살의 이진구심세계(離塵垢心世界), 북쪽에는 보현보살의 지수선정공덕세계(智水善淨功德世界) 등 여러 가지 정토를 들 수 있는데 아미타불의 서방극락세계가 우리에게 가장 친숙한 세계이다.

● 제도(濟度)

번뇌의 고해(苦海)에서 미혹하여 괴로워하고 있는 세상 사람들을 구출해서 이상적인 깨달음의 세계인 피안으로 건네주는 일이다.

● 제법실상(諸法實相)

우주에 존재하는 모든 것들의 진실한 존재 모습. 각 시대와 종파에 따라 각각 다양하게 이에 관해서 정의를 내리고 있다. 예를 들면 대승팔종(大乘八宗)의 조사(祖師)라고 일컬어지고 있는 용수(龍樹)는 공(空)인 반야바라밀이 제법실상이라고 말하였고, 중국 천태종의 지의(智顗)는 중도(中道)를 제법실상이요, 열반이라고 규정하고 있다. 어쨌든 제법실상을 말로 규정하기란 곤란한 일이며 부처님의 경지에 도달하고서야 비로소 인식할 수가 있는 것이라고 할 수 있겠다.

● 제행무상(諸行無常)

'행(行)'은 이 경우 '달라지는 것', '현상'이라는 의미이다. 일체의 현상은 시시각각 유전해서 한 순간도 상주해 있는 일이 없다. 이 말은 불교의 근본사상을 나타내는 말로서, 석가모니 부처님은 입멸하시기 직전에 "제행(諸行)은 쇠퇴하고 무상한 것이다. 너희들은 게으르지 말고 목적을 달성하라."라고 제자들에게 당부하셨다.

● 좌선(坐禪)

선종에서는 자신의 내부에 있는 불심(佛心)이나 불성(佛性)을 꿰뚫어보아서 성불하는 것을 근본으로 한다. 경전에 의하지 않고 사람으로부터 사람에게로, 마음에서 마음으로 부처님의 깊고 오묘한 가르침을 전하는 것을 근본으로 삼는 것도 거기에 있다. 좌선은 그러기 위한 가장 중요한 행법(行法)인데 결가부좌하고서 등을 곧게 펴고 눈을 반쯤 감고 침묵하고 깊이 생각에 잠기는 것이다. 그런 무심의 경지에서 자신의 본성인 불성을 구명(究明)하는 것이다.

• 중생(衆生)

산스크리트 어 sattva를 번역한 말로서, 이 세상에서 살아가는 자, 생명이 있어서 살아가는 자라는 뜻이다. 인간을 중심으로 했을 경우는 산천초목 등을 무정물(無情物)이라고 부르는 것에 비해 마음의 작용을 지니고 있다고 하는 의미에서 인간이나 동물을 유정(有情)이라고 부른다. 부처님이 설하는 고집멸도의 사성제를 깨닫지 못한 어리석은 인간, 범부의 집단으로서 부처님의 구제를 기다리고 바라고 있는 자가 중생인 것이다.

• 즉신성불(卽身成佛)

인간이 이 몸뚱이 그대로 깨달음을 열어서 부처님이 되는 것이다. 밀교의 중요한 개념으로서 입으로 진언을 외고, 손으로 인(印)을 맺고, 마음으로 본존(本尊)을 생각하여 몸과 입과 뜻의 삼업(三業)으로 행하면 부처님과 한 몸이 될 수 있다고 한다.

• 지관(止觀)

천태종에서 어지럽게 흩어진 망념을 잠재우고 고요하고 올바른 지혜로 모든 것을 관찰하는 수행법을 말한다. 천태종을 다른 이름으로 '지관종'이라고 부르는데 중요한 성전으로는 《마하지관(摩訶止觀)》이란 책으로 중국 수나라 천태승인 지의의 설인데, 모두 20

권으로 이루어진 불교수행 실천법이며 간단하게 '지관'이라고 줄여서 부르기도 한다.

• 지옥(地獄)

삼악도 중에서 가장 밑바닥에 있는 세계로서 생전에 악업과 죄를 아주 많이 지은 자가 이곳에 떨어져 온갖 괴로움을 받는다고 한다. 섬부주(贍部洲)의 지하 2만 유순(유순이란 고대 인도의 거리단위로서, 1유순은 40리, 30리, 또는 166리라고 한다.) 지점에 위치한 철위산(鐵圍山)이라는 산기슭의 암흑 속에 있다고 한다. 팔열지옥(八熱地獄), 팔한지옥(八寒地獄) 등 종류는 136가지를 헤아리며, 염마(閻魔)가 감독하고 옥졸인 귀신들이 그를 모시면서 죄인을 심문한다고 한다.

• 지혜(智慧)

산스크리트 어 prajñā를 번역한 말로서, 음사어는 '반야(般若)'이다. 단순한 지혜가 아니라 사물의 진실한 모습을 간취하는 능력을 말한다. 또한 지식이 총합하고 분석하는 작용이라면 그에 비해서 지혜는 수행에 의해서 얻어지는 직감적인 능력을 말한다. 대승불교의 수행법인 육바라밀(깨달음에 이르는 여섯 가지 실천덕목) 가운데 여섯 번째 덕목이다.

• 직지인심 견성성불(直指人心 見性成佛)

선종에서 깨달음에 이르는 길을 나타낸 말이다. '직지인심'이란 사람의 마음을 곧바로 가리킨다는 뜻인데 이 말은 사람의 심성을 간파한다는 말이다. '견성'은 꿰뚫은 그것이 그대로 본성이라는 말

이다. 다시 말하면 직지인심 견성성불이란 좌선을 하여 자신의 일
심을 보면 그 마음 이외에 부처가 없고 부처 이외에 마음이 없으
니 따라서 미혹하지 말고 부처의 세계에 들어가라는 의미이다.

● **진공묘유(眞空妙有)**

만물은 일순간도 머물 줄 모르고 유전하는 것이므로 고정적인
본성은 존재하지 않는다고 하는 것이 공(空)이다. 그런 공을 끝까
지 추구한 것이 '진공(眞空)'이다. '묘유(妙有)'란 일체의 미망(迷
妄)으로부터 해방되었을 때에 비로소 눈 앞에 펼쳐지게 되는 존재
의 있는 그대로의 모습이다. 다시 말하면 진공이면 묘유(妙有)인
것이다. 집착할 것은 아무것도 없음을 알고, 모든 존재의 실상을
보게 되는 깨달음의 경지가 바로 진공묘유인 것이다.

● **진언(眞言)·다라니(陀羅尼)**

산스크리트 어를 번역하지 않고 그대로 외는 주문(呪文)의 말이
다. 대승교도의 수행법으로서 일반적으로는 짧은 주구(呪句)가 진
언(眞言), 긴 구절이 다라니(陀羅尼)라고 하는데 엄격한 의미에서
는 이런 설명이 정확하다고 할 수는 없다. 진언의 원어는 mantra로
서, 생각하는 수단이라는 뜻이다. 생각하는 수단은 '말(언어)'이며,
신비로운 주문이 된다. 다라니는 dhāranī의 음사어로서 뛰어난 기
억력이라는 뜻이다. 다시 말하면 다라니는 교리의 기억이며, 교리
의 기억은 교묘한 설법까지도 가능하게 한다는 것이다.('가지·기
도' 항목 참조)

• 진여(眞如)

산스크리트 어 tathātā의 번역어로서 '있는 그대로' 또는 '실체' '진실'이라는 뜻이다. 모든 미혹이나 집착으로부터 벗어나 존재를 있는 그대로 긍정하는 것이 진여이다.

'진여연기(眞如緣起)'라는 말은 우주의 일체 모든 것이 진여의 본체로부터 나타나는 것이라는 말이다. 또한 '진여월(眞如月)'이라는 말은 밝은 달이 어둔 밤을 환히 비추는 것처럼 진여의 이법은 중생의 미망을 소멸시켜 준다는 뜻이다.

〈ㅊ〉

• 천상천하유아독존(天上天下唯我獨尊)

우주 안에 존재하는 모든 것 가운데 자신보다 더 존귀한 것은 없다고 하는 의미이다. 석가모니 부처님이 탄생하셨을 때에 사방으로 일곱 걸음씩 걸으면서 한쪽 손으로 하늘을 가리키고 또 다른 손으로는 땅을 가리키며 이렇게 말하였다고 한다. 부처님의 중생 제도에 대한 자신과 결심을 단적으로 나타낸 말이다.

• 추선(追善)

죽은 사람의 명복을 빌면서 뒤따라가며 선한 일을 행하는 것. 죽은 사람의 기일(忌日)에 불사(佛事) 등을 영위하는 것을 말한다. 불교의 선인선과, 악인악과, 자업자득의 사상으로 보자면 설명이 되지 않는 견해이지만 인과가 삼세에 걸쳐 이루어지는 까닭에 죽은 자의 명복을 비는 일도 의미가 있는 일이다.

● 출가(出家)

집을 나와서 불문(佛門)에 들어가는 것, 또는 그런 사람을 말한다. 일상생활의 영위를 버리고 신자의 보시에 의해서 생활하면서 불법 수행에 전념하는 것이다.

'출가구족계(出家具足戒)'라는 말은 출가하고서 계를 받는 것이다.('계율' 항목 참조) 또한 '출가득도(出家得度)'라는 말은 출가하여 승적(僧籍)을 받고서 비구나 비구니가 되는 것이다. 지금은 머리와 수염을 깎고 불문에 들어가는 것을 말한다.('득도' 항목 참조)

〈ㅌ〉

● 타력본원(他力本願)

타력이란 자력(自力)의 반대말로서 산스크리트 어 paratantrya를 번역한 말이다. 일체 중생을 구제하고자 서원을 한 불보살의 힘을 말하는데 정토문(淨土門)에서는 특히 아미타여래의 힘을 가리킨다. 자력이 '인간 자신의 능력'인 것에 비해서 타력은 '여래 즉 부처님의 능력'이라고 말할 수 있다. 그리고 모든 중생을 구제하고자 서원한 것이 '본원(本願)'이다. 아미타여래는 오랜 세월을 수행한 끝에 이 본원을 성취하였다고 한다. 따라서 '타력본원'이란 그 어떤 인간의 힘으로도 비교할 수 없는, 중생을 구제하고자 하는 아미타여래의 소원의 힘을 말한다. 정토문은 '자력'이란 여래의 구제를 의심하는 일이기 때문에 아미타여래의 '본원'을 믿고 '타력'에 모든 것을 맡기라고 설하고 있다.

● 탁발(托鉢)

발우를 지닌다는 뜻으로 수행법 가운데 하나이다. 원어는 산스크리트 어 piṇḍapāta이며 승려가 경을 외면서 집집마다 돌아다니며 집 문앞에 서서 먹을 것 등의 보시를 받는 것을 말한다.

〈ㅍ〉

● 파사현정(破邪顯正)

'사' 즉 삿된 견해를 타파하여 '정' 즉 바른 뜻을 드러내는 것을 말한다. 유가파(瑜伽派)와 함께 인도 대승불교를 이분한 중관파(中觀派)와, 그 계통을 잇는 중국 삼론종(三論宗)이 주장한 입장이다. 먼저 파사(破邪)가 이루어지면 그런 연후에 뭔가 어떤 방법으로 현정을 행하는 것이 아니라 파사가 그대로 현정이라고 하는 것이 특색이다. 삼론종의 가상대사(嘉祥大師) 길장(吉藏)이 용수(龍樹) 의 《중론(中論)》에 대해 주석을 가한 서적과 자기 저술인 《삼론현의(三論玄義)》에서 이 말을 사용하여 그 후에 널리 쓰이게 되었다.

● 팔만사천법문(八萬四千法門)

석가모니 부처님이 일생을 통해서 45년간 설한 가르침의 모든 것. 팔만사천이란 숫자는 줄여서 팔만(八萬)이라고도 말하는데 중생이 갖는 번뇌의 숫자로 일컬어지며, 이 숫자는 매우 많은 수를 상징하는 것이다. 법문이란 수행자가 깨달음에 이르기 위해 들어가는 문이란 뜻이다.

'팔만지옥(八萬地獄)'이란 팔만사천의 번뇌에 의해서 행한 악업 때문에 괴로움을 받지 않으면 안 되는 수많은 지옥을 말하며 팔만나락(八萬奈落)이라는 말과 같다.

● 팔상(八相)

석가모니 부처님이 전 생애를 통해서 보여준 여덟 가지 모습으로서 다음과 같다.

첫째, 하천(下天):도솔천에서 흰 코끼리를 타고 내려온 모습.

둘째, 입태(入胎):어머니인 마야부인의 오른쪽 옆구리로 들어가 태에 깃드는 모습.

셋째, 강탄(降誕):어머니인 마야부인의 오른쪽 옆구리에서 출생하는 모습.

넷째, 출가(出家):성을 나오는 모습.

다섯째, 항마(降魔):악마를 굴복시키는 모습.

여섯째, 성도(成道):깨달음을 이룬 모습.

일곱째, 설법(說法):가르침을 설하는 모습.

여덟째, 입멸(入滅):열반에 드는 모습.

● 팔식(八識)

유식불교(唯識佛敎:인도 無着과 世親 등이 주장한 설로서, 중국에 들어와서는 法相宗이 되었다. 삼라만상을 정신활동으로서 이해하는 관념론이다.)가 주장하는 여덟 가지 마음의 작용을 말한다. 먼저 색(色)을 느끼는 안식(眼識), 소리를 느끼는 이식(耳識), 냄새를 느끼는 비식(鼻識), 맛을 느끼는 설식(舌識), 촉감을 느끼는 신식(身識)이라는 감각기관으로서의 5식(識)이 있고, 이어서 추리와 상상, 판단 등을 전담하는 의식(意識)이 있으며, 일곱번째 식은 의식의 밑바닥에 있으면서 본능적으로 자아를 지각하는 말나식(末那識)이다. 그리고 기억이나 성격, 유전 등의 모든 것이 보존되어 있는 무의식의 아뢰야식(阿賴耶識)이 여덟번째 식이다.

● 팔정도(八正道)

깨달음에 이르기 위한 여덟 가지 올바른 길. 불법 수행의 지침이라고 할 수 있는 실천덕목으로서 고집멸도(苦集滅道)의 사성제(四聖諦: 네 가지 진리) 가운데 도(道)에 대한 구체적인 항목을 기술한 것이다. 그 여덟 가지란 다음과 같다.

정견(正見 : 올바르게 사물을 본다), 정사유(正思惟 : 올바르게 사물을 생각한다), 정어(正語 : 올바르게 말한다), 정업(正業 : 올바르게 행한다), 정명(正命 : 올바르게 생활한다), 정정진(正精進 : 올바르게 목적을 향하여 노력한다), 정념(正念 : 언제나 불법에 생각을 기울인다), 정정(正定 : 올바르게 마음을 집중해서 안정한다).

이 경우 정(正)이란 '사(邪)'에 상대하는 의미를 지니며, 사성제의 진리를 말하는데 세상의 윤리와도 통하는 면이 있다는 점에서 바로 부처님의 가르침이 위대하다고 하겠다.

● 변조(遍照)

우주의 이법(理法) 그 자체인 법신불(法身佛)의 광명이 두루 비추는 것이다. '변조금강(遍照金剛)'이라는 말은 광명이 널리 세계를 비추되 금강과 같아서 쇠퇴하는 일이 없으므로 바로 이런 점에서 대일여래의 비밀(秘密)의 호칭이라고 한다. '변조자나불(遍照遮那佛)'은 비로자나 부처님을 가리키는데 특히 밀교에서의 대일여래를 뜻한다.

266

- 피안(彼岸)

산스크리트 어 pāra(波羅)의 번역어이다. 번뇌의 강 건너편 언덕, 다시 말하면 깨달음의 세계이다.

〈ㅎ〉

- 합장(合掌)

양손을 합하여 마음을 하나로 하는 것이다. 불교에서 행하는 합장은 일반적으로 부처님에 대한 절대적인 귀의를 표현하는 동작이다. 그런데 선종(禪宗)에서는 합장하여 예배하는 것은 부처님에 한정되지 않고 불법승의 삼보 속에 있는 절대보편적인 것이라고 한다. 합장은 인도나 동남아시아에서는 일상적인 인사 동작이며, 기독교에도 있고 미개사회에도 존재한다. 따라서 합장을 불교 고유의 의례라고 하기보다는 공경하고 삼가는 인간의 마음가짐을 표현하는 고전적인 동작을 불교가 받아들였다고 하는 편이 좋을 것이다.

- 해탈(解脫)

육도(六道), 삼계(三界)를 빙빙 돌며 언제 멈출지 기약이 없는 윤회로부터 벗어나는 것을 말한다. 몸(身), 입(口), 뜻(意)의 삼업(三業)을 깨끗하게 하고 수행에 정진함으로써 이 해탈에 도달하게 되며, 해탈의 궁극은 당연히 번뇌를 끊은 고요하고 청정한 깨달음의 경지이다. 해탈에 근거하여 성불(成佛), 열반(涅槃)이 있다고도 한다.

• 행(行)

첫째로는 산스크리트 어 saṃskāra를 번역한 말로서, 달라져가고 변해가는 일체 현상세계 제행(諸行)이 무상(無常)하다고 할 때의 그 '행'을 뜻하는 경우이다. 둘째로는 만물의 존재를 형성하는 오온(五蘊) 가운데 하나로서 마음의 작용, 의지를 말한다. 셋째는, 인간의 괴로움을 성립시키는 십이인연(十二因緣) 가운데 하나로서 무명(無明 : 근본을 이루는 無知)에 의해서 일어나며 식(識 : 분별하는 것)을 일으키는 것이다. 넷째로는 수행(修行)이라는 말을 줄여서 간단히 행이라고 부르는 경우도 있다.

• 행각(行脚)

스님이 거주지나 가족 등 일체의 것을 향한 집착을 버리고 수행을 위해서 여러 지방을 걸어서 돌아다니는 것이다. 유행(遊行)이라는 말과 같은 뜻이며, 선종에서는 특히 운수(雲水)라든가 두타행(頭陀行)이라고 부르며, 좋은 스승, 좋은 가르침을 구하러 각지를 편력하고 있다. 이런 수행은 옛날 고대 인도의 바라문들이 하던 수행에서 그 기원을 찾을 수 있다.

• 행주좌와(行住坐臥)

행은 움직이는 일, 주는 멈추어 있는 일, 좌는 앉는 일, 와는 눕는 일이다. 즉 이 세상에서 살아가고 있는 인간의 동작, 행동 전부를 의미하는 말이다. 선(禪)은 좌선(坐禪)을 기본행으로 하고 가장 큰 가치를 두고 있지만 동시에 모든 기거동작이 그대로 좌선의 체현이라고 생각하여 이것을 중시하고 일상생활을 엄격하게 다스리고 있다.

• 현교(顯敎)

부처님에게는 법신(法身)·보신(報身)·응신(應身)의 세 가지 몸이 있고, 가르침에는 현교(顯敎)와 밀교(密敎)의 두 가지가 있다. 법신이란 우주의 이법(理法) 그 자체인 부처님의 본체(本體)이다. 보신(報身)은 보살 수행의 결과 완성된 부처님의 모습이고, 응신(應身)이란 이 세상 사람들이 볼 수 있는 부처님의 여러 가지 모습 즉 화신(化身)이다.

그리고 응신에 의한 가르침을 현교(顯敎), 법신이 설한 가르침을 밀교(密敎)라고 한다. 일반 중생은 불법을 닦고자 하는 마음이나 가르침을 이해하는 소질과 능력이 천차만별이기 때문에 부처님도 그에 응해서 어떤 사람에게는 구체적인 예를 들어서 쉽게, 또 어떤 사람에게는 논리를 거듭 반복하여 설하셨다고 한다. 즉 응신불이 문자나 말에 의해서 한 단계 한 단계씩 순서를 두어서 설하여 인도하는 것이 현교라고 하는 것이다. 이에 비해서 법신불인 대일여래가 수행에 의해서 부처님과 한 몸의 경지에 도달한 사람만이 비로소 감득할 수 있는 방법으로 설한 것이 밀교이다. 현교와 밀교라는 이분법은 밀교 쪽에서 내린 것이 일반화된 것이다.

• 혈맥(血脈)

스승에게 계를 받는(受戒) 계보이다. 속세의 경우에 빗대어 말한다면 가계도(家系圖)에 해당한다. 종교적, 정신적인 피의 연결을 의미하는 말로서 스승에게서 제자에게로 정법이 상속하는 것을 뜻하는 말이다. 특히 밀교나 선종에서 중시하고 있다.

● 호마(護摩)

산스크리트 어 homa의 음사이며 '태워서 올리는 것'이란 뜻이다. 바라문교에서 올리던 불의 제사가 원형이라고 한다. 밀교의 수행법으로서 단상의 화로에 나무를 쌓고 그것을 태우고 공양물을 던져넣어서 본존(本尊)을 공양한다.

'내호마(內護摩)'란 마음 속의 불에 의해서 번뇌를 모조리 태워버리는 호마 작법(作法)인데 호마라고 하면 일반적으로 내호마를 가리킨다. '외호마'란 실제로 불을 붙여서 거행하는 호마이다. 외호마를 수법(修法)하기 위해서는 내호마를 거치지 않으면 안 된다고 한다.

● 호법(護法)

불법을 수호하는 것, 또는 불법을 수호하기 위해 일하는 신(神)을 말한다.

'호법신(護法神)'이란 불법을 수호하는 신으로서 범천(梵天) · 제석천(帝釋天) · 사천왕(四天王) · 십이신장(十二神將) 등을 말한다.

● 홍서(弘誓)

널리 세상 사람들을 남김없이 구제하고 깨달음을 얻게 하고자 하는 불보살의 위대한 서원이다. 좁은 뜻으로는 보살의 다음과 같은 사홍서원(四弘誓願)을 들 수 있다.

첫째, 중생이 가없어도 맹세코 그들을 제도하기를 원합니다. - 구제하지 않으면 안 될 사람들이 무한하게 있어도 그들 모두를 반드시 구제할 것을 서원한다.

둘째, 번뇌는 다함이 없어도 맹세코 끊을 것을 원합니다. - 인간의 심신을 괴롭히는 욕망은 다함이 없지만 반드시 끊어 버릴 것을 서원한다.

셋째, 법문은 한량없어도 맹세코 배울 것을 원합니다.-부처님의 가르침은 헤아릴 수 없이 많지만 반드시 올바르게 배울 것을 서원한다.

넷째, 불도(佛道)는 위없어도 맹세코 이룰 것을 원합니다.-부처가 되는 길은 아득하여 손이 닿지 않는 곳에 있지만 반드시 그것을 이룰 것을 서원한다.

'홍서(弘誓)의 바다'라는 말은 불보살의 서원(弘誓)이 광대무변한 것을 바다가 넓고 깊은 것에 비유한 말이며, '홍서(弘誓)의 배'라는 말은 불보살이 중생을 구제하여 피안으로 건네주는 것을 배에 비유한 말이다. 또 '홍서의 갑옷'이라는 말도 있는데 불보살의 서원이 흔들림 없는 것을 갑옷이 견고한 것과 같은 것에 비유한 말이다.

● 화광동진(和光同塵)

우리들은 모두 본래 부처님이 될 불성을 가지고 있음에도 불구하고 온갖 세속적인 욕망과 번뇌에 덮혀 있기 때문에 그 불성이 좀처럼 밖으로 나오지 못하는 것이다. 부처님의 존귀한 가르침도 쉽게 믿지 않으려고 한다. 그와 같은 우리들을 불보살이 그 뛰어난 지덕(智德)의 빛을 낮추고 우리들 범부와 똑같은 위치에 서서 똑같은 먼지에 오염되어 가면서 서서히 자연스럽게 선도하여 깨달음에 이르게 하고자 하는 것, 바로 그것이 화광동진이다. 예를 들면 관세음보살은 중생을 구제하기 위해서 이 세상에 33개의 몸을 나타내셨다고 《법화경》에서는 말하고 있다. 이 용어는 노자(老子)의

《도덕경》에서 "그 빛(光)을 온화하게 하여(和) 저 티끌(塵)과 함께 한다(同)."는 말에서 유래한다.

● 회신멸지(灰身滅智)

몸을 잿더미로 만들고 지혜(智)를 멸한다는 뜻이다. 소승불교가 이상으로 삼는 경지로서 모든 번뇌를 모조리 없애어 심신이 함께 무로 돌아가 깨달음에 들어가는 것을 말한다. 회단(灰斷) 또는 회신(灰身)이라고 줄여서 말하기도 한다.

● 회향(回向)

회향(廻向)이라고도 쓴다. 산스크리트 어 pariṇamana를 번역한 것으로 '나아간다' '익힌다'라는 뜻이다. 자신이 쌓은 수행의 공덕을 다른 사람에게 돌리는 일이다. 자업자득이라고 하여 자신의 행위의 결과는 오직 자기 자신만이 받게 되는 법이다. 하지만 모든 생명체가 함께 행복하게 사는 길을 걸어가서 그 선업의 과보를 자신이 받게 될지라도 기꺼운 마음으로 다른 이에게 그 고마움을 돌리는 것이 회향이다. 즉 자신과 남이 함께 구제받는 것이 바로 회향의 정신인 것이다.

● 희사(喜捨)

아무런 답례도 바라지 않고 기꺼운 마음으로 즐겁게 자신의 것을 주는 것이다. 즉 스스로 자진하여 절에 기증하거나 또는 가난한 사람에게 베푸는 것을 말한다.

지은이 / **최 정 인**

이 책을 지은 정인 스님은 경북 경주에서 출생하여 해인사로
동진 출가했다. 범어사 강원과 동국대학교 불교대학 승가학과
를 졸업하고 일본 愛知學院大學 대학원 종교학 불교과에서 석
사와 박사학위를 받았다. 현재는 중앙승가대학교 불교학과 교
수 · 대학원장, 대한불교 조계종 11대 · 12대 이어 13대 중앙종
회 의원, 대한불교 유아교육협회 회장, 조계종 국제불교교류
위원, 불지사 주지로 있다. 저서 및 논문으로《현대인을 위한
불교》《불교와 세계종교》《석존》《한국 전통 승가제도에 대한
고찰》(일어판)《부처님께 가르침을 직접 받은 열두 직제자》〈제
자 아난다에 관한 연구〉〈부처님의 유행경로 추적(남전대장경
을 중심으로)〉〈부처님이 사용한 언어에 대한 고찰〉 등이 있다.

현대인을 위한 알기 쉬운 불교교리

•
•
•

2000년 4월 19일 초판 1쇄 발행
2012년 12월 20일 초판 7쇄 발행

•

지은이 / 최정인
펴낸이 / 이규만
펴낸곳 / 불교시대사

•

등록 / 1991년 3월 20일 제 1-1188호
주소 / 서울시 종로구 인사동 7길 12 백상빌딩 1305호
전화 / (02)730-2500 725-2800
팩스 / (02) 723-5961
E-mail / kyoon1003@hanmail.net

ISBN / 89-8002-070-8 03220